희망의 발견 : 시베리아의 숲에서

희망의 발견 :
시베리아의 숲에서

2010년 2월부터 7월까지

실뱅 테송
임호경 옮김

Dans les forêts de Sibérie
by Sylvain Tesson
Copyright © Editions Gallimard, Paris, 2011
Korean Translation Copyright © Kachi Publishing Co. Ltd., 2012
All rights reserved.
This Korean edition was published by arrangement with Editions
Gallimard (Paris) through Bestun Korea Agency Co., Seoul.

이 책은 한국어판 저작권은 베스툰 코리아 에이전시를 통해 저작권자와의 독점계약으로 (주)까치글방에 있습니다. 저작권법에 의해 한국 내에서 보호를 받는 저작물이므로 무단전재와 무단복제를 금합니다.

역자 임호경(任浩慶)
서울대학교 불어교육과와 동 대학원 불어불문과를 졸업했다. 파리 제8대학에서 마르셀 프루스트의 소설에 대한 연구로 문학 박사 학위를 취득했으며, 현재 전문 번역가로 활동하고 있다. 옮긴 책으로는 『밀레니엄』 시리즈, 『움베르토 에코 평전』, 『카산드라의 거울』, 『신』(공역), 『갈레 씨, 홀로 죽다』 등이 있다.

편집 교정_이인순(李仁順)

희망의 발견 : 시베리아의 숲에서
저자/ 실뱅 테송
역자/ 임호경
발행처/ 까치글방
발행인/ 박후영
주소/ 서울시 용산구 서빙고로 67, 파크타워 103동 1003호
전화/ 02·735·8998, 736·7768
팩시밀리/ 02·723·4591
홈페이지/ www.kachibooks.co.kr
전자우편/ kachibooks@gmail.com
등록번호/ 1-528
등록일/ 1977. 8. 5
초판 1쇄 발행일/ 2012. 12. 10
    5쇄 발행일/ 2019. 2. 11
값/ 뒤표지에 쓰여 있음

ISBN 978-89-7291-533-1 03860

아르노 위만에게

왜냐하면 난 숲과 고독에 속했으므로.
크누트 함순, 『판』

자유는 언제나 존재한다. 그 대가를 치르기만 하면 된다.
앙리 드 몽테를랑, 『작가수첩』, 1957

차례

한 걸음 옆으로 벗어나기   11

2월, 숲   13

3월, 시간   67

4월, 호수   137

5월, 동물들   179

6월, 울음   233

7월, 평화   277

역자 후기   309

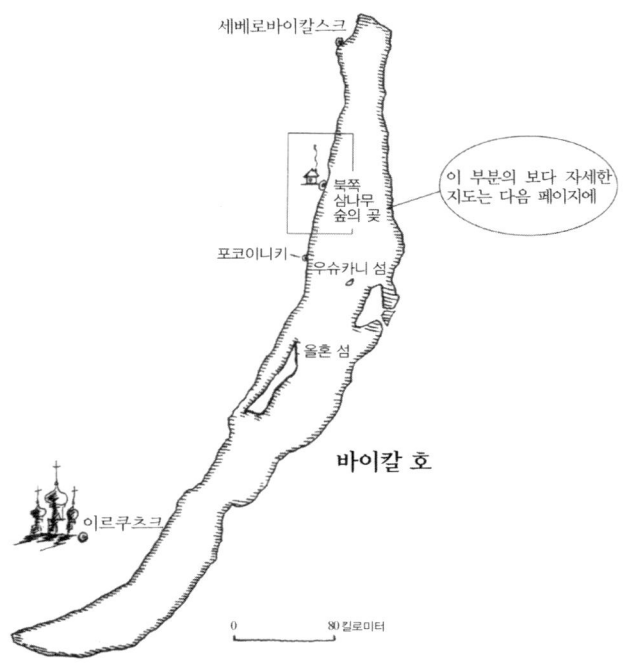

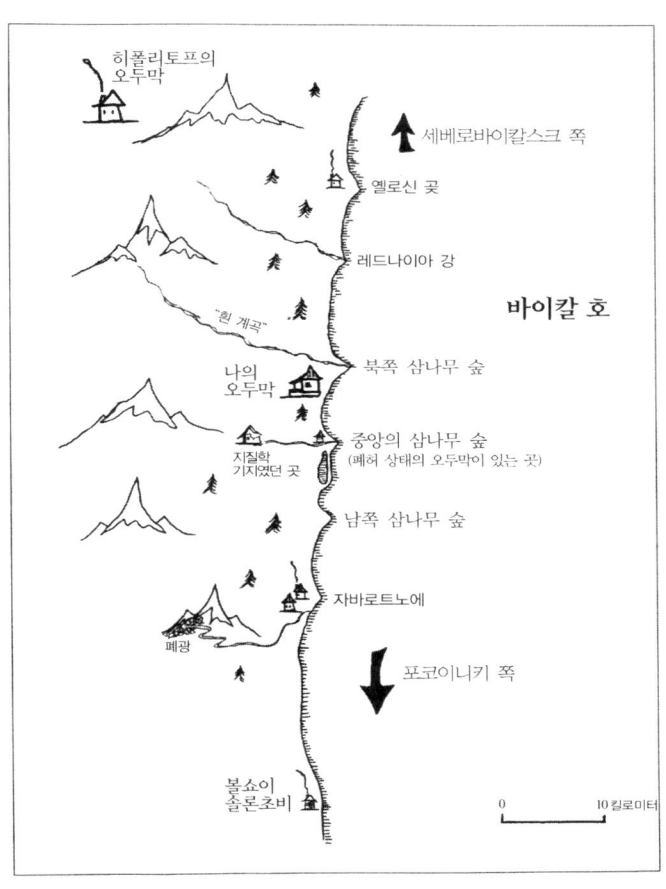

한 걸음 옆으로 벗어나기

나는 마흔 살이 되기 전에 숲속 깊은 곳에서 살아보기로 결심했다.

나는 바이칼 호숫가, 북쪽 삼나무 숲의 곶(串) 끄트머리에 위치한 시베리아식 오두막에서 6개월(2010년 2월부터 7월까지) 동안 지냈다. 가장 가까운 마을은 100킬로미터 떨어져 있고, 이웃도 없고, 접근도로도 없으며, 때로는 방문하는 사람조차 없는 곳이다. 밤에는 기온이 영하 30도로 떨어지고, 여름에는 호숫가의 둔치에 곰들이 돌아다닌다. 한마디로 내게는 낙원이다.

나는 책과 시가와 보드카를 가져갔다. 나머지 —— 공간과 침묵과 고독 —— 는 이미 거기에 있었다.

이 무인지대에서 나는 간단하고도 아름다운 생활방식을 만들었고, 몇 가지 단순한 활동으로 축소된 삶을 영위했다. 나는 호수와 숲을 마주하고서, 하루가 흘러가는 것을 지켜보았다. 장작을 팼고, 저녁거리를 위해서 물고기를 잡았으며, 많이 읽었고, 산에 올랐고, 창가에서 보드카를 마셨다. 오두막은 자연의 미묘한 떨림을 포착하기에 이상적인 관측 장소이다.

나는 겨울과 봄, 행복과 절망, 그리고 마침내 마음의 평화를 체험했다.

침엽수림 깊은 곳에서 나는 완전히 바뀌었다. 움직이지 않는 삶은 여행이 더 이상 주지 못했던 것을 내게 주었다. 장소의 정령이 시간을 길들일 수 있게 도와주었다. 나의 은둔 생활은 이런 변화들의 실험실이 되었다.

매일, 나는 떠오르는 생각들을 한 권의 노트에 적어나갔다.

그 은둔 일기가 지금 당신의 손에 들려 있다.

실뱅 테송

2월

숲

하인츠 사는 15가지 종류의 다양한 소스를 상품화하여 시장에 내놓고 있다. 이르쿠츠크 슈퍼마켓에는 그것들이 모두 구비되어 있어, 나는 뭘 골라야 할지 몰라 고민한다. 벌써 6대의 카트를 각종 파스타와 타바스코 소스 등으로 꽉꽉 채워놓았다. 푸른색 트럭이 나를 기다리고 있다. 운전사 미차는 시동을 끄지 않았다. 바깥 기온은 영하 32도나 된다. 내일 우리는 이르쿠츠크를 떠난다. 그리고 사흘을 달려서 호수의 서쪽 기슭에 있는 오두막에 이를 것이다. 오늘 장을 다 보아야 한다. 나는 하인츠 사의 "슈퍼 핫 타파스"를 고른다. 한 달에 3병씩 소비할 요량으로 모두 18병을 쟁여넣는다.

 15가지 종류의 케첩. 바로 이런 것들 때문에 나는 이 세계를 떠나고 싶었다.

2월 9일

지금 나는 침대에 누워 있다. 프롤레타리아 거리에 위치한 니나의 집이다. 나는 이 러시아의 거리 이름들이 참 마음에 든다. 어느 마을을 가든지 "노동의 거리", "10월 혁명의 거리", "빨치산 거리"가 없는 곳이 없으며, 때로는 우중충한 슬라브 노파들이 느릿느릿 걷고 있는 "열광의 거리"를 발견하기도 한다.

니나는 이르쿠츠크 최고의 민박집 주인이다. 과거 소련 시절에는 잘나가던 피아니스트였는데, 큰 연주회장에서 공연하고 다녔다고 한다. 지금은 민박집을 운영한다. 어제 그녀는 내게 이렇게 말했다. "내가 어느 날 이렇게 크레이프(얇게 부친 전병에 잼, 치즈, 계란 등을 얹어 먹는 프랑스 요리/역주) 공장장이 될 줄 누가 알았겠어요?" 니나의 고양이는 내 배 위에서 갸르릉댄다. 내가 만일 고양이라면 알려줄 텐데. 인석아, 지금 몸을 따뜻하게 하는 것이 목적이라면 넌 번지수가 틀렸어.

나는 7년 된 불망(不忘)의 꿈의 실현을 목전에 두고 있다. 내가 바이칼 호숫가를 처음 찾아왔던 것은 2003년이었다. 모래톱을 걷던 나는 점점이 서로 떨어져 있는 오두막들을 발견했고, 기이하게도 행복한 얼굴을 한 은둔자들을 보았다. 드높은 나무들이 빽빽이 자란 숲에 파묻혀, 고독 속에서 혼자 살아보고 싶다는 생각이 문득 나를 지배했다. 그러고 나서 7년 후, 이렇게 나는 여기에 와 있는 것이다.

힘을 내어 이 고양이 녀석을 밀쳐내야 한다. 침대에서 몸을 일으키는 일은 매우 큰 에너지가 필요하다. 특히 삶을 바꾸기 위해서 일어나야 할 때에는. 갈망하던 것을 손에 넣기 직전에 몸을 돌려 돌아가고 싶은 이 마음. 어떤 사람들은 결정적인 순간에 몸을 돌려버린다. 나도 그런 부류가 될까 두렵다.

미차의 트럭에는 더 이상 들어갈 틈이 없을 정도로 짐이 가득 실려 있다. 호수까지 가려면 얼어붙은 황야를 5시간 동안 달려야 한다. 굳어버린 물결처럼 이어지는 밋밋한 구릉들 사이를 헤쳐가는 항해라고나 할까? 언덕 발치에서 연기가 흐르는 마을들은 여울에 좌초한 기선들을 떠오르게 한다. 이런 풍경들 앞에서 화가 카지미르 말레비치는 썼다. "시베리아를 횡단해본 사람이라면, 더 이상 행복을 꿈꿀 수 없을 것이다." 구릉 등성이에서 호수가 나타난다. 우리는 목을 축이기 위해서 잠시 차를 세운다. 보드카 넉 잔을 입안에 털어넣으니, 머릿속에 이런 질문이 떠오른다. 물의 윤곽에 꼭 맞게 이어지는 호수 기슭의 선, 어떻게 이런 기적이 가능한 것일까?

별로 중요하지 않은 이야기이기는 하지만, 우선 통계숫자부터 살펴보자. 바이칼 호. 길이 700킬로미터, 너비 80킬로미터에 수심 1.5킬로미터. 2,500만 년 전에 형성. 겨울철의 얼음두께 1.2미터. 그러나 태양은 개의치 않고 하얀 호수면에 사랑을 쏟는다. 구름에 여과된 햇살은 수많은 빛의 얼룩들이 되어 눈 위를 미끄러져 지나간다. 시체의 뺨이 밝아진다.

트럭이 호수의 빙판 위로 올라선다. 바퀴 아래는 1킬로미터 깊이의 물이다. 어떤 균열에라도 빠지는 날이면, 트럭은 그대로 검은 심연에 잠겨들리라. 우리의 몸들도 조용히 하강하리라. 이 경우, 익사자들은 천천히 떨어지는 눈송이가 될 것이다. 호수는 몸이 썩는 것을 두려워하는 사람들에게 이상적인 납골

당이다. 제임스 딘은 죽어서 "아름다운 시체"를 남기기를 원했다고 한다. 24시간 내에 시체를 깨끗이 청소해주는 에피슈라 바이칼렌시스라는 작은 새우들 덕분에 호수 바닥에는 상아 같은 뼈들만 남게 될 것이다.

2월 10일

우리는 올혼 섬의 쿠지르 마을에서 밤을 보냈고, 지금은 북쪽을 향해서 달리고 있다. 미차는 한마디도 하지 않는다. 과묵한 사람들을 좋아하는 나는 그들의 생각을 혼자 상상해보곤 한다.

나는 내 꿈의 장소를 향해서 가고 있다. 분위기는 음울하다. 추위는 자신의 머리칼을 바람 속에 풀어헤쳤다. 빙판의 균열들은 눈으로 메워진 하얀 선들이 되어, 달리는 바퀴 앞으로 구불구불 다가온다. 하늘과 빙판 사이에 난 비좁은 틈으로 폭풍이 헤집고 들어온다. 나는 호수 기슭을 바라보면서, 내가 이 레퀴엠 같은 숲속에서 여섯 달을 살아야 한다는 사실을 생각하지 않으려고 애쓴다. 여기에는 '유형지 시베리아'에 결부된 상상적 요소들이 다 모여 있다. 광막한 대지. 창백한 미광(微光). 그리고 수의(壽衣) 같은 얼음. 이 악몽 속에 죄 없는 사람들이 25년 동안이나 갇혀 있었다. 나는 내가 원하는 시간만큼만 체류할 것이다. 대체 무엇을 불평할 수 있단 말인가?

미차가 말한다. "쓸쓸하군요."

그리고 이튿날까지 다시 말이 없다.

나의 오두막은 바이칼-레나 자연보호구역 북부에 위치해 있다. 1980년대에 지질학자들의 대피소로 지은 집으로, 삼나무 숲속의 조그만 빈터에 파묻혀 있다. 지도를 보면 나무들이 이곳에 그들의 이름을 부여했음을 알 수 있다. "북쪽 삼나무 숲의 곶(串)." **북쪽 삼나무 숲**은 꼭 무슨 실버타운의 이름처럼 들린다. 하기야 이곳 또한 일종의 은퇴지이니까.

호수 위를 달린다는 것은 일종의 위법이다. 신들과 거미들만이 물 위를 걸을 수 있다. 나는 어떤 터부를 깨뜨린다는 느낌을 세 번 경험했다. 첫 번째는 인간들이 고갈시킨 아랄 해의 밑바닥을 들여다볼 때였다. 두 번째는 한 여자의 일기를 읽을 때였다. 세 번째는 바이칼 호수의 물 위를 달리고 있는 지금이다. 매번 어떤 베일을 찢는 느낌이다. 열쇠구멍을 통해서 들여다보는 느낌.

나는 이런 것들을 미차에게 설명한다. 아무런 대꾸가 없다.

오늘 저녁, 우리는 자연보호구역 한가운데 있는 포코이니키 과학기지에서 잠시 멈춘다.

세르게이와 나타샤가 그곳을 지키고 있다. 그리스 신들처럼 아름다운 사람들이다. 옷을 걸친 그리스 신들이다. 20년 전부터 밀렵꾼들을 쫓으며 이곳에서 살아왔다. 내 오두막은 그들의 거처에서 북쪽으로 50킬로미터 떨어진 곳에 있다. 이런 사람들을 이웃으로 두어 흐뭇하기 그지없다. 이들을 생각하기만 해도 기분이 좋아지리라. 이 두 사람의 사랑은 시베리아 겨울의 한복판에 떠 있는 섬이다.

우리는 그들의 두 친구와 함께 저녁 시간을 보냈다. 사샤와 유리로, 도스토옙스키적 전형을 체현한 듯한 시베리아 어부들이다. 선홍빛 얼굴의 사샤에게서는 팽팽한 긴장감과 활력이 느껴진다. 몽골인종 특유의 찢어진 눈 깊숙이 무쇠처럼 단단한 시선이 빛난다. 유리는 개흙에서 서식하는 물고기를 먹고 사는 사람처럼, 혹은 라스푸틴처럼 어두운 분위기를 풍긴다. 피부는 톨킨의 작품에 나오는 모르도르의 주민들처럼 극도로 창백하다. 전자는 눈부신 행동을 위해서, 후자는 음모를 위해서 태어났으리라. 유리는 15년 동안 도시에 나간 적이 없다.

2월 11일

아침. 우리는 다시 얼음 위를 달린다. 옆으로 계속 숲이 지나간다. 얼음이 우르릉거린다. 맨틀의 움직임에 의해서 압축된 빙판들이 폭발하는 것이다. 수은 같은 빙판이 지그재그로 갈라지며 맑은 혼돈을 뱉어낸다. 유리의 상처에서 파란 피가 흘러나온다.

"아름답군요." 미차가 말한다.

그리고 저녁까지 더 이상 말이 없다.

저녁 7시, 나의 곶(串)이 나타난다. 북쪽 삼나무 숲의 곶이다. 내 오두막도 보인다. GPS 좌표는 N 54°26'45.12" / E 108°32'40.32"이다.

우리를 맞으러 개들과 함께 다가오는 사람들의 실루엣이 모래톱 위로 조그맣게 보인다. 피테르 브뢰헬도 시골 사람들을 이런 식으로 그랬다. 겨울은 모든 것을 정확하고도 투명한 필치의 네덜란드 그림으로 바꾼다.

2월 12일

삼림감시인 볼로댜 T.는 쉰 살가량의 사내로, 15년 전부터 아내 루드밀라와 함께 삼나무 숲의 오두막에 살고 있다. 뿌연 안경을 낀 온화한 얼굴의 소유자이다. 러시아인들 중에는 꼭 들짐승처럼 보이는 사람들이 있는데, 이 사람에게는 새끼 곰을 맡겨도 될 정도이다. 볼로댜와 루드밀라는 이르쿠츠크로 돌아가려고 한다. 루드밀라가 병이 있어서—정맥염이다—치료를 받아야 하기 때문이다. 채[茶]에 절은 러시아 여인들이 대개 그렇듯이, 그녀의 피부는 개구리 배처럼 하얗다. 그리고 그 진주처럼 새하얀 살갗 아래로 그물처럼 얽힌 정맥이 은은히 내비친다. 그들은 떠나려고 나를 기다리고 있었다.

  삼나무 숲속의 오두막에서 연기가 모락모락 피어오른다. 지붕은 크림색의 눈으로 덮였고, 밖으로 드러난 들보들은 곡물빵 색깔이다. 배가 출출하다.

  이 집은 해발 2,000미터나 되는 산의 발치에 등을 기대고 있다. 타이가(시베리아 같은 한대지방에 분포한 광대한 침엽수림/역주)는 산 정상을 향해서 기어올라가다가 해발 1,000미터쯤 되는 곳에서 항복해버린다. 그 위쪽을 지배하는 것은 바위와 얼음과 하늘이다. 오두막 뒤로는 산비탈이 높직이 솟아 있다. 호수는 해발 450미터 높이에 아늑히 펼쳐져 있는데, 오두막 창문 앞에서면 그 기슭이 보인다.

30킬로미터의 간격으로 이어지는 자연보호구역 감시초소들에는 세르게이의 지휘를 받는 삼림감시인들이 숨어 있다. 북쪽, 옐로신 곶에 있는 이웃의 이름은 볼로댜이다. 남쪽, 자바로트노에의 조그만 촌락에 있는 감시인의 이름 역시 볼로댜이다. 내가 나중에 기분이 울적하여 친구와 술 한잔을 하고 싶으면, 남쪽으로 한나절 혹은 북쪽으로 5시간만 걸으면 될 것이다.

삼림감시인 대장인 세르게이는 포코이니키에서부터 여기까지 우리를 따라왔다. 그가 자기 관자놀이를 손가락으로 가리키며 말했다. "여기는 자살하기에 기막히게 좋은 장소죠." 트럭에는 이르쿠츠크에서 나와 동행해준 아르노도 있었다. 그는 이르쿠츠크에서 15년을 살았다. 그 도시에서 가장 아름다운 여자와 결혼을 했는데, 파리의 몽테뉴 거리와 칸을 꿈꾸는 아가씨였다. 아르노의 머릿속에는 타이가를 헤매고 다닐 생각밖에 없다는 사실을 알게 된 그녀는 그를 떠나버렸다.

앞으로 며칠 동안, 우리는 이곳에서의 나의 체류를 함께 준비할 것이다. 그런 다음에 내 친구들은 나를 혼자 남겨두고 떠날 것이다. 우선 장비부터 차에서 내려야 한다.

6개월간의 숲속 생활을 위해서 필요한 장비

일반 도끼와 장작 패는 큰 도끼
방수포
황마 부대

스케이트

스노슈즈(눈에 빠지지 않고 걷기 위한, 라켓 형태의 설상화[雪上靴].
스키처럼 신에 부착하게 되어 있다/역주)

카약과 노

낚싯대, 낚싯줄, 납봉, 플라이훅, 스푼루어(플라이훅과 스푼루어는
인조 미끼들이다/역주)

주방기구 일습

티포트

얼음 뚫는 수동 드릴

단검과 스위스 만능 칼

숫돌

석유 램프

등유

양초

GPS, 나침반, 지도

태양광 집열판, 케이블, 재충전 배터리

성냥과 라이터

산행용 배낭

더블백

펠트 매트

침낭

고산지 산행장비

얼굴을 가리는 방충망

장갑

방한장화

등산용 피켈

아이젠
의약품(보드카의 부작용을 완화하기 위한 파라세타몰
[해열진통제의 일종/역주] 10갑)
톱
망치, 못, 드라이버, 줄
7월 14일(프랑스 대혁명 기념일/역주)을 위한 프랑스 국기
손에 들고 흔드는 방식의 곰 퇴치용 섬광봉
우비
석쇠
접이식 톱
텐트
야외용 매트
영하 40도 이하용 특수 침낭
캐나다 기마경찰식 재킷
플라스틱 썰매
각반식(脚絆式) 장화
보드카와 술잔
보드카가 떨어지는 경우를 대비한 90도 알코올
읽을 책
시가, 가느다란 시가, 아르메니아 방향지(방향제의 일종으로, 벤조인이
함유된 종이를 태우면 향이 난다/역주)
가습용으로 쓸 수 있는 플라스틱 용기
성화상(聖畵像)(사로프의 성 세라피누스, 성 니콜라우스,
로마노프 왕조의 마지막 황제 니콜라이 2세, 검은 성모)
나무 트렁크
쌍안경

> 각종 전자기기
> 노트와 볼펜
> 식량(6개월분의 파스타, 쌀, 타바스코, 건빵, 과일 통조림,
> 고춧가루, 후추, 소금, 커피, 꿀, 차)

참 우습다. 오두막에 살기로 결심하고, 시가를 피우면서 하늘을 바라보며 명상에 잠긴 나의 모습을 상상해왔는데, 또다시 이렇게 관리장부의 식량목록을 체크하고 있는 것이다. 삶이란 결국 이런 구멍가게 사업에 불과한 것일까?

오두막 문을 밀어 연다. 러시아에서는 어디를 가나 포마이카 천지이다. 역사적 물질주의가 지배한 70년의 세월은 러시아인들의 미적 감각을 완전히 제거해버렸다. 이 형편없는 취향은 대체 어디에서 온 것일까? 왜 차라리 아무것도 없는 상태로 그냥 두지 않고, 이따위 천박한 리놀륨을 까는 것일까? 어떻게 키치가 세상을 정복하게 된 것일까? 민족들의 너나 없는 추(醜)를 향한 쇄도야말로 세계화의 주요 현상이 되었다. 이 사실을 확인하기 위해서는 중국의 한 도시를 한번 둘러보는 것으로 충분하다. 프랑스 우체국의 새로운 장식 패턴들 혹은 관광객들의 차림새들을 관찰해보면 충분히 알 수 있다. 형편없는 취향은 현대 인간의 공통분모이다.

이틀 동안 나는 아르노의 도움을 받아서, 리놀륨 장판이며 벽을 뒤덮은 왁스 천, 폴리에스테르 방수포, 비닐 종이 등을 죄다 뜯어낸다. 그 밑의 골판지 널벽은 장도리로 부순다. 이렇게

옷을 벗기고 나니 송진이 송골송골 맺혀 있는 통나무들, 그리고 아를에 있는 반 고흐의 방을 연상시키는 담황색 마룻바닥이 드러난다. 볼로댜는 입을 딱 벌리고 우리를 쳐다본다. 그는 황갈색의 원목이 왁스 천보다 더 아름다울 수 있다는 사실을 이해하지 못한다. 그는 내가 하는 설명에 귀를 기울인다. 그가 보기에 나는 리놀륨에 대한 나무 마룻바닥의 우월성을 옹호하는 부르주아이다. 미적인 측면을 우선시하는 태도는 하나의 반동적 일탈이다.

우리는 이르쿠츠크에서 밝은 노란색 틀의 이중창 한 짝을 가져왔다. 이중창을 끼우기 위해서 세르게이는 전기톱으로 통나무 벽에 구멍을 낸다. 그는 뭔가 초조한 사람처럼 잠시도 쉬지 않고 작업을 한다. 각도 계산도 하지 않고 서두르는 통에 실수를 범하게 되면 그때그때 수정해가면서. 러시아 사람들은 무엇이든 서둘러 급히 짓는다.

광활한 국토 가운데 점점이 흩어진 마을들에 사는 러시아인들은 자신의 삶의 조건이 얼마나 취약한지 절감한다. 지푸라기 집 안에 숨어 있지만, 안도감을 느끼지 못하는 동화 속 아기 돼지의 심정이라고나 할까? 얼어붙은 늪지 한가운데에 나무 벽 4개를 올리고 그 안에 숨어 지내는 삶은 사람들을 겸허하게 만든다. 이곳의 촌락들은 후대를 위해서 지어지지 않는다. 촌락은 북풍에 삐걱대는 한 무더기의 오두막들일 뿐이다. 러시아인들은 다만 겨울을 무사히 넘기는 것이 문제이다.

몰아치는 폭풍의 격렬함에 비하면, 오두막은 한 통의 성냥갑

일 뿐이다. 그것은 썩어 없어질 운명으로 태어난 숲의 자식이다. 그 벽을 이루는 통나무들도 빈터의 나무들에서 나온 것들이다. 주인이 버리고 떠나면, 숲의 부식토로 돌아갈 것이다. 그러나 이 소박한 오두막은 한겨울의 혹한으로부터 거주자를 보호해주는 완벽한 은신처가 되어준다. 그리고 그것을 품어주는 주위의 숲을 흉하게 만들지도 않는다. 유르트(중앙 아시아 유목민들의 천막/역주)와 이글루와 더불어, 러시아인의 오두막은 환경이 부과하는 시련에 대해서 인간이 내놓은 가장 아름다운 대답 중의 하나이다.

2월 13일

빈터에 산처럼 쌓인 쓰레기를 치우기 위해서 다시 10시간이 필요했다. 러시아인들은 과거는 말끔히 없앴지만, 그들이 만든 폐기물에 대해서는 절대로 그러지 않는다. 뭔가를 버리라고? 그들은 대답하리라, **차라리 죽겠소**. 트랙터 모터를 버리라고? 그 피스톤은 까치발로 쓸 수 있는데, 대체 무슨 말씀을? 옛 소련의 영토에는 숱한 5개년 계획들이 남긴 배설물들이 사방에 널려 있다. 폐허가 된 공장, 각종 기계와 공구, 껍데기만 남은 비행기 등등. 많은 러시아인들이 공사장 혹은 자동차 폐차장이나 다름없는 곳에서 살고 있다. 그들은 폐기물을 보지 **못한다**. 그들의 정신이 그들의 눈앞에 펼쳐진 광경을 마치 존재하지 않는 것처럼 무시해버리는 것이다. "빼버리다"라는 뜻의 러시아어 동사 "아브스트락티바우이트"는 쓰레기더미 위에서 사는 사람들에게는 가장 중요한 단어이다.

2월 14일

마지막 궤짝은 책 궤짝이다. 왜 이곳에 파묻힐 생각을 했느냐고 내게 묻는다면, 읽어야 할 책들이 밀려 있기 때문이라고 대답하리라. 야전침대 위에 소나무 선반 하나를 못질하여 매단 다음, 그 위에 책들을 정리한다. 파리에서 나는 몹시 공을 들여 이상적인 독서목록을 작성했다. 내면의 삶이 빈곤해지는 것을 경계한다면, 좋은 책들을 가져와야 했다. 그러면 언제든 빈속을 채울 수 있을 것이다. 이때 피해야 할 실수는 숲속 생활이 당신의 정신을 매우 높이 고양시킨다고 상상하고는 어려운 책들만을 가져가는 것이다. 눈이 퍼붓는 오후에 읽을 책이 헤겔밖에 없다면, 시간이 몹시도 길게 느껴질 것이다.

나는 여행을 할 때는 그 목적지에 대해서 말하는 책들은 절대로 가지고 가지 말아야 한다는 것을 이미 알고 있었다. 베네치아에서는 레르몬토프를 읽어야 하고, 바이칼 호에서는 바이런을 읽어야 하는 법이다.

나는 궤짝을 비운다. 몽상을 위해서는 미셸 투르니에가, 우수를 위해서는 미셸 데옹이, 관능을 위해서는 로런스가, 혹독한 추위를 느끼고 싶다면 미시마 유키오가 있다. 또 나는 숲에서의 삶에 관한 책들도 몇 권 골라왔다. 철저함을 위해서는 그레이 아울을, 신화를 위해서는 대니얼 디포를, 윤리학을 위해서는 알도 레오폴드를, 철학을 위해서는 헨리 데이비드 소로를 들추어볼 수 있으리라. 이 꼼꼼한 개신교도가 늘어놓는 설교는 살짝 지루한 것도 사실이지만, 반면에 휘트먼은 나를 황홀하게 한다. 그의 『풀잎』에서는 우아함이 풍겨난다. "숲으로의 귀의"라는 말을 만든 에른스트 윙거의 책도 너덧 권 가져왔다. 약간의 시정(詩情)과 철학을 위해서는 니체와 쇼펜하우어와 스토아 철학자들이, 피를 끓게 하기 위해서는 사드와 카사노바가 있다. 스릴러 소설 몇 권은 이따금 숨을 돌리게 해줄 것이다. 들라쇼와 니슬레 총서 중에서 몇 권, 새와 식물과 곤충에 관한 자연안내서도 몇 권 챙겨왔다. 숲에 불쑥 쳐들어갈 때 갖추어야 할 최소한의 예의는 그곳 주인들의 이름을 아는 것이다. 무관심은 더없는 모욕이 되리라. 만일 어떤 사람들이 나의 아파트에 들이닥쳐 무단으로 들어앉았는데, 그것도 모자라 내 이름도 모르고 있다면? 나는 최소한 그들이 내 이름이라도 알아서 이름을 불러준다면 고맙겠다. 플레이아드 총서의 단면이 양초 불빛에 금빛으로 반짝인다. 책들이 성상(聖像)인 셈이다. 나는 태어나서 처음으로 어떤 소설을 단숨에 읽어볼 참이다.

**시베리아 숲에서의 6개월간의 체류에 대비하여
파리에서 공들여 작성한 이상적인 독서목록**

잉그리드 아스티에, 『지옥의 플랫폼』
D. H. 로런스, 『채털리 부인의 연인』
키르케고르, 『죽음에 이르는 병』
에리크 롬므, 『눈 속의 발걸음』

필리프 펜위크, 『걷는 극장』
바실리 페스코프, 『아가피아의 소식』
피트 프롬, 『인디언 크리크』
자크 라카리에르, 『신(神)에 취한 사람들』
미셸 투르니에, 『방드르디』
미셸 데옹, 『보랏빛 택시』
사드, 『규방철학』
드리외 라 로셸, 『질』
대니얼 디포, 『로빈슨 크루소』
트루먼 커포티, 『냉혈한』
올라프 캉도, 『오두막에서의 1년』
카뮈, 『결혼』
카뮈, 『전락』
톰 닐, 『남쪽 바다의 로빈슨』
루소, 『고독한 산책자의 몽상』
카사노바, 『회상록』
지오노, 『세상의 노래』
폴 모랑, 『푸케』
몽테를랑, 『작가수첩』
윙거, 『날아간 70년』 제1권
윙거, 『반역론』
윙거, 『고르기아스의 매듭』
윙거, 『접근, 마약, 취기』
윙거, 『아프리카의 유희』
보들레르, 『악의 꽃』
제임스 M. 케인, 『포스트맨은 벨을 두 번 울린다』

마이클 코넬리, 『시인』
제임스 엘로이, 『피어린 달』
제임스 해들리 체이스, 『에바』
『스토아 철학자들』
대실 해밋, 『붉은 수확』
루크레티우스, 『만물의 본성에 대하여』
미르체아 엘리아데, 『영원회귀의 신화』
쇼펜하우어, 『의지와 표상으로서의 세계』
콘래드, 『태풍』
세갈랑, 『서정시집』
샤토브리앙, 『랑세의 생애』
노자(老子), 『도덕경』
괴테, 『마리엔바트의 비가(悲歌)』
헤밍웨이, 『단편소설집』
니체, 『이 사람을 보라』
니체, 『차라투스트라는 이렇게 말했다』
니체, 『우상의 황혼』
존 헤인즈, 『25년간의 고독』
그레이 아울, 『마지막 변방의 사나이』
앙투안 마르셀, 『외로운 오두막에 대한 시론(試論)』
상드라르, 『세계의 중심에서』
휘트먼, 『풀잎』
알도 레오폴드, 『모래 군(郡)의 열두 달』
유르스나르, 『흑(黑)의 과정』
『천일야화』
셰익스피어, 『한 여름밤의 꿈』

> 셰익스피어, 『윈저의 즐거운 아낙네들』
> 셰익스피어, 『십이야(十二夜)』
> 크레티앵 드 트루아, 『그라알 이야기』
> 모리스 G. 당테크, 『아메리칸 블랙박스』
> B. E. 엘리스, 『아메리칸 사이코』
> 소로, 『월든』
> 쿤데라, 『참을 수 없는 존재의 가벼움』
> 미시마 유키오, 『금각사(金閣寺)』
> 로맹 가리, 『새벽의 약속』
> 카렌 블릭센, 『아프리카 여인』
> 조제 조반니, 『건달들』

 내가 이르쿠츠크를 떠나온 지 엿새째 되는 날, 친구들을 태운 트럭이 빙원의 지평선에서 사라져간다. 어느 해변에 던져진 난파자에게는 자신의 존재를 발견하지 못한 채 점점 흐릿해져가는 배의 돛보다 더 가슴 저미는 광경은 없으리라. 볼로댜와 루드밀라는 새로운 삶이 기다리는 이르쿠츠크로 간다. 나는 그들이 오두막을 마지막으로 보기 위해서 고개를 돌리기를 기다린다.
 그들은 고개를 돌리지 않는다.
 이제 트럭은 하나의 점이 되었다. 나는 혼자이다. 산들이 보다 준엄하게 보인다. 풍경이 비로소 그 강렬한 실체를 드러낸다. 갑자기 산하 전체가 성큼 눈앞으로 다가온다. 인간이란 다른 인간의 주의력을 얼마나 독점해버리는지! 다른 인간의 존재는 세계를 무미건조하게 만든다. 고독이란 우리에게 사물들을 다시 즐길 수 있게 해주는 것, 우리가 정복해야 할 귀중한 것이다.

영하 33도이다. 이제 트럭은 안개에 녹아들었다. 정적은 하얗고 조그만 부스러기들의 형태로 하늘에서 떨어진다. 홀로 된다는 것, 그것은 침묵의 소리를 듣는 것이다. 돌풍이 한소끔 인다. 싸락눈이 시야를 흐린다. 나는 목청껏 괴성을 지른다. 두 팔을 활짝 벌리고 차디찬 허공에 얼굴을 한번 쭉 내민 다음, 따뜻한 곳으로 들어간다.

나는 내 삶의 부두에 닻을 내렸다.

내게도 어떤 내적인 삶이 있는지, 이제 드디어 깨닫게 되리라.

2월 15일

혼자 지내는 첫날 밤이다. 처음에는 몸을 움직일 엄두가 나지 않는다. 앞으로 보내야 할 그 많은 날들을 생각하니 몸이 그대로 마비되어버리는 기분이다. 저녁 10시, 일련의 폭음이 정적에 구멍을 낸다. 하늘은 나부끼는 눈발로 가득한데, 공기는 뜻밖에 따뜻해져 영하 12도밖에 되지 않는다. 포병대가 호수에 포격을 가한다고 해도, 오두막이 이만큼 흔들리지는 않으리라. 나는 일시적 온난현상이 진행 중인 밖으로 나가서 그 쿵쿵대는 소리에 귀를 기울인다. 호수의 물살에 빙판이 요동친다.

갇힌 물은 자기를 해방시켜달라고 애원한다. 얼음이 생명체들(물고기, 꽃과 수초, 수서[水棲] 포유류, 절지동물, 미생물)을 하늘에서 떼어놓았기 때문이다. 얼음이 생명과 별들 사이를 가로막고 있다.

오두막은 가로세로 각각 3미터의 너비이다. 주철난로 하나가 난방을 맡는다. 앞으로 내 친구가 될 녀석이다. 나는 이 친구의 웅웅 코고는 소리를 너그러이 받아들인다. 난로는 세계의 중심축이다. 모든 것이 그것 주위로 짜이게 된다. 그것은 나름의 생명을 가진 하나의 작은 신(神)이라고 할 수 있다. 나는 난로에 장작을 제물로 바치면서, 불을 정복했다는 호모 에렉투스에게 경의를 표한다. 바슐라르는 『불의 정신분석』에서 나무막대기 2개를 문질러 삼 부스러기에 불을 붙인다는 생각은 사랑의 마찰행위에서 영감을 얻은 것이라고 상상했다. 인간은 섹스를 하다가 불에 대한 직관을 얻었을 것이라고. 기억할 만한 이야기이다. 리비도를 채워주고 싶다면, 활활 타오르는 잉걸불을 바라볼 일이다.

이 방에는 창이 2개 있다. 하나는 남쪽으로 나 있고, 다른 하나는 동쪽으로 뚫려 있다. 두 번째 창을 통해서는 100킬로미터 떨어진 부랴트의 눈 덮인 산봉우리들이 아스라이 보인다. 첫 번째 창을 통해서는, 비스듬히 누운 한 소나무의 가지들 너머, 활처럼 굽어들어간 만(灣)의 선을 따라서 하염없이 남쪽으로 나의 시선이 내려간다.

탁자는 동쪽 창문에 딱 붙어 있는데, 러시아식으로 창문의 너비를 다 차지한다. 슬라브 민족은 이슬이 맺히는 유리창을 쳐다보며 몇 시간이고 앉아 있을 수 있는 사람들이다. 그들은 이따금 몸을 일으켜 어떤 나라를 침공하기도 하고 혁명을 일으키기도 하다가, 다시금 후끈후끈하게 데워진 방들로 돌아와 창문 앞에 앉아서 몽상에 잠겨드는 것이다. 겨울철에는 서둘러 나가야 하는 일이 없는 그들은 끝없이 차만 홀짝거린다.

2월 16일

바깥은 정오이다.

하늘이 침엽수림에 하얀 가루를 뿌려놓았다. 갓 내린 눈이 삼나무의 짙은 녹색을 보드랍게 감싸고 있다. 겨울 숲은 굽이치는 대지의 어깨들에 걸쳐진 은빛 모피이다. 식물의 물결이 비탈을 덮고 있다. 온 세상을 점령해버리려는 이 나무들의 의지. 숲은 천천히 넘실대는 물결이다. 그 물결의 한 이랑마다, 가지를 덮은 알부민은 흩뿌려진 검정들로 어두워진다.

왜 사람들은 눈의 결정(結晶)의 아름다움보다 추상적인 환상들을 더 좋아하는 것일까?

2월 17일

오늘 아침에는 8시 17분에 해가 부랴트의 능선들 위에 걸터앉아 있었다. 한 줄기 햇살이 창을 통해서 들어와서는 오두막의 통나무들에 부딪혔다. 나는 침낭 속에 있었다. 나무에서 피가 흐르는 줄 알았다.

난로의 마지막 불꽃이 사윈 것은 새벽 4시경이었다. 새벽녘에 방 안의 공기가 얼어붙었던 것이다. 일어나서 불을 지펴야 한다. 일어난다, 그리고 불을 지핀다. 유인원에서 인간으로의 발전을 기념하는 두 동작이다. 나는 잉걸불을 후후 부는 것으로 하루를 시작한다. 그러고 나서 다시 드러누워 오두막 안이 어떤 알[卵]의 온도가 될 때까지 기다린다.

오늘 아침, 나는 세르게이가 놓고 간 무기에 기름칠을 한다. 선원들이 조난시에 사용하는 것과 같은 종류의 섬광 권총이다. 총신이 눈을 뜨지 못할 정도의 강렬한 발광물질을 내뿜으면, 곰이나 침입자의 기가 한풀 꺾일 것이다.

나는 엽총이 없고, 사냥할 생각도 없다. 우선은 자연보호구역 규정상 금지되어 있기 때문이다. 더구나 나는 사람들이 숲에 손님으로 들어가서는 그곳에 사는 생명체들에게 마구 총질을 해대는 것을 더없이 역겨운 짓이라고 생각한다. 어떤 외국인이 당신을 해치려고 든다면, 기분이 좋겠는가? 나보다 체격이 더 좋고, 더 고귀하며, 나와는 다른 식으로 멋진 존재들이 이 울창한 수림에서 자유롭게 자기 할 일들을 하고 있다고 해서, 내게 문제될 것은 하나도 없다.

이곳은 샹티이(파리 북쪽에 있는 마을. 큰 숲이 있어서 사냥터로 유명하다/역주)와는 다르다. 밀렵꾼들과 밀렵감시인들이 맞닥뜨리게 되면, 대화는 총을 통해서 이루어진다. 세르게이는 장총 없이는 순찰하는 법이 없다. 호수 주변을 돌다 보면, 삼림감시인의 이름이 새겨진 무덤들이 눈에 띈다. 플라스틱 조화(造花)나 고인의 모습이 새겨진 금속 메달로 장식된 단순한 비석 하나가서 있다. 반면, 밀렵꾼들에게는 묘지가 없다.

  나의 또다른 무기는 체첸제 단검이다. 자루가 나무로 된 아주 멋진 칼이다. 낮 동안에는 몸에서 떼어놓는 법이 없다. 저녁에는 내 침대 위의 나무에 박아놓는다. 한창 꿈을 꾸고 있을 때에 떨어져서 내 배를 터뜨리는 일이 없도록 충분히 깊숙이 박아놓는다.

2월 18일

나는 시간과의 해묵은 갈등을 해결하고 싶었다. 전부터 걸을 때면 시간의 흐름이 느려진다는 사실을 느꼈다. 또 여행의 연금술은 각 순간의 농도를 높여준다는 사실도 느꼈다. 길에서 보낸 순간들은 다른 순간들보다 덜 빠르게 흘러갔다. 그러다 어느 순간 나는 열병에 걸려버렸고, 끊임없이 새로운 지평선들을 찾게 되었다. 그곳의 모든 것이 탈출과 출발을 권유하는 공항들에 열광하게 되었다. 심지어는 어느 공항 터미널에서 죽는 것을 꿈꾸기도 했다. 내 여행들은 탈출로 시작되어 결국에는 시간과의 경주로 끝나버리곤 했다.

  2년 전, 나는 우연히 바이칼 호숫가에 위치한 한 오두막집에서 사흘을 보내게 되었다. 밀렵감시인 안톤은 호수의 동쪽 기슭에 서 있는 그의 콩알만 한 이즈바(통나무를 층층이 쌓아서 만든 러시아 농촌의 전통가옥/역주)에서 나를 맞아주었다. 나는 저녁이면 그와 체스를 두었고, 낮에는 호수에 쳐두었던 그물을 올리는 그를 도왔다. 피차 말은 거의 하지 않았고, 대신 많이 읽었다(나는 위스망스를, 그는 헤밍웨이 —— 그는 '레밍바이'라고 발음했다 —— 를 읽었다). 그는 엄청난 양의 차를 들이켰고, 나는 가끔씩 나가서 숲을 거닐었다. 실내는 창을 통해서 들어온 햇살이 그득했고, 기러기들은 쌀쌀한 가을 날씨를 피해 떠나가고 있었다. 나는 내 가족들을 생각했다. 우리는 라디오를 듣곤 했다. 그는 이따금 난로에 장작 한 개비를 던져넣었고, 그러다가도 할 일이 없어지면 체스 판을 꺼냈다. 우리는 보드카를 홀짝거리면서 체스 말을 옮겼다. 나는 항상 흰 말을 잡았고, 지는 쪽은 주로 나였다. 이 한없이 길게 느껴지던 날들은, 그러나 금방 지나갔다. 그 친구와 헤어지게 되었을 때, 머릿속에 이런 생각이 떠올랐다. "내게는 바로 이런 삶이 필요해." 여행이 내게 더 이상 가져다주지 못하는 것, 즉 평온함을 이 움직이지 않는 삶에서 얻을 수 있을 터였다.

나는 몇 달 동안 오두막 생활을 하리라는 맹세를 했었다. 곧, 추위와 정적과 고독은 금보다 더 가치 있는 것으로 인식될 것이다. 인구과잉에 이상고온과 온갖 소음에 시달리는 이 지구에서 숲속의 오두막은 일종의 엘도라도라고 할 수 있다. 이런 시대에 세계 최대의 담수호 기슭의 이 아름다운 숲에서 사는 것이야말로 정녕 사치가 아닐까? 사람들은 좀더 높은 위도로 이동하여 툰드라 지역으로 와야 한다. 행복은 북위 60도 위쪽에 위치한다는 것을 알게 될 것이다.

야생의 숲에서 즐겁게 사는 것이 도시 한복판에서 시들어 죽어가는 것보다 훨씬 더 낫다. 아나키스트 성향의 대가이며 약간은 구식의 문장가인 지리학자 엘리제 르클뤼는 그의 저서 『인간과 자연』 제6권에서 기가 막힌 생각을 펼친다. 인류의 미래는 "문명과 야성의 완전한 결합"에 있다는 것이다. 기술적 진보에 대한 갈증과 순결한 공간에 대한 허기 사이에서, 반드시 한쪽을 선택해야 할 필요는 없다는 말이다. 숲속의 삶은 이 시원성(始原性)과 미래주의의 화해를 위한 이상적인 장소를 제공한다. 숲의 우뚝한 거목들 밑, 부식토와 가장 가까운 곳에서 태곳적부터 이어져온 삶이 펼쳐진다. 여기에서 우리는 차고 기우는 달의 진실과 다시 만나고 숲의 논리에 순응하는 동시에 현대문명의 혜택들을 또한 누릴 수 있는 것이다. 나의 오두막은 미래와 고대가 결합하는 행복한 신방(新房)이다. 출발하기 전에 나는 문명세계의 백화점에서 책, 시가, 보드카 등의 나의 행복에 필요불가결한 몇 가지 물건들을 뽑아왔다. 숲의 거칠고도 투박한 삶 속에서 내가 누릴 수 있는 것이다. 또한 나는 르클뤼의 직관에 너무나도 공감한 나머지 오두막에 태양광 집열판까지 설치했다. 소형 컴퓨터에 전력을 공급하기 위해서이다. 내 태양전지의 실리콘 칩들은 광자(光子)를 먹고 살게 되리라. 나는 설경을 바라보며 슈베르트를 듣고, 숲에서 땀을 흘린 후에 마르쿠스 아우렐리우스를 읽으며, 성공적인 저녁낚시를 축하하기 위해서 하바나 한 대를 피울 것이다. 엘리제는 흡족해 할 것이다.

『나는 여기에서 무엇을 하고 있는가?』에서 브루스 채트윈은 스탕달을 인용하는 윙거를 재인용한다. "문명의 묘미는 가장 섬세한 쾌락들을 상존하는 위험과 결합시키는 데에 있다." 자, 르클뤼의 권면과도 일맥상통하는 바가 있지 않을까? 중요한 것은 삶이 고착되는 것을 피하는 것이다. 상반된 세계들을 가르는 능선을 넘는 것이다. 쾌락과 위험 사이를, 러시아 겨울의 추위와 난로의 열기 사이를 넘나드는 것이다. 한 곳에 정착하지 않고, 감각의 스펙트럼의 한쪽 끝에서 다른 쪽 끝으로 항상 왕복하는 것이다.

숲속의 삶은 우리에게 부채(負債)를 정리할 수 있는 기회를 준다. 우리는 공기를 마시고, 과일을 먹고, 꽃을 따고, 강물에 멱을 감으며 살다가는, 어느 날 우리의 행성에 이 모든 것들의 값을 치르지도 않은 채로 죽어간다. 이 경우 삶은 뻔뻔스러운 무전취식(無錢取食)이다. 이상(理想)은 히스 꽃들 위에 아무 흔적도 남기지 않고 벌판을 달린다는 스칸디나비아의 요정처럼 사는 것이리라. 우리는 이런 충고를 삶의 원칙으로 삼아야 한다. "야영장소를 떠날 때는 두 가지를 잊지 말 것. 첫째, 아무 것도 남기지 말 것. 둘째, 감사의 말을 남길 것." 요점은? 지구 위에 너무 무거운 짐을 올려놓지 말라는 이야기이다. 통나무로 짠 정육면체에 갇힌 은둔자는 지구를 더럽히지 않는다. 다만 오두막의 문턱에서 사계절이 추는 영원회귀의 원무(圓舞)를 구경할 뿐이다. 기계가 없는 그는 자신의 몸을 관리하게 된다. 모든 소통에서 단절된 그는 나무들의 언어를 해독하게 된다. 텔레비전에서 해방된 그는 창문이 화면보다 더 투명하다는 사실을 발견하게 된다. 그의 오두막은 호숫가를 유쾌하게 꾸며주며, 안락함을 준다. 어느 날 우리는 "반(反)성장"과 자연에 대한 사랑에 대해서 떠들어대는 일에 지치게 된다. 우리의 행위들과 생각들을 반듯하게 정돈하고 싶은 생각이 머릿속에 들어선다. 도시를 떠나고, 장황한 말들 위로 숲의 커튼을 내려야 할 때가 온 것이다.

오두막은 단순화의 왕국이다. 소나무 가지들을 지붕으로 삼는 삶은 본질적인 몇 가지 활동으로 축소된다. 번잡한 일상잡사들로부터 해방된 시간은 휴식과 명상과 소소한 즐거움들로 채워진다. 해야 할 일들의 가짓수는 축소된다. 책 읽기, 물 긷기, 장작 패기, 글쓰기, 차 따르기 등이 전례(典禮)가 된다. 도시에서 하나의 행위는 다른 무수한 행위들의 희생 위에 펼쳐진다. 그러나 숲은 도시가 흩어놓은 것을 다시 모은다.

2월 19일

저녁 9시이고, 나는 창문 앞에 있다. 수줍은 달이 자기 영혼의 짝을 찾고 있건만, 하늘은 텅 비어 있다. 매 초(抄)의 목덜미에 달려들어 그 즙을 흡수하려고 발버둥치던 내가 이제 관조(觀照)를 배운다. 수도원의 평온함을 받아들일 수 있는 가장 좋은 방법은 자신을 그 안에 가두는 것이다. 차 한 잔을 받쳐들고 창가에 앉아, 시간들이 우러나오도록 두면서 혹은 풍광이 펼쳐 보이는 뉘앙스들을 발견해가면서, 더 이상 아무런 생각도 하지 않다가는, 문득 스쳐가는 생각이 있으면 수첩에 서둘러 적는다. 창문의 사용법? 아름다움은 들어오라고 청하고, 영감은 그대로 흘러나가게 할 것.

나는 반 고흐가 그린 가셰 씨와 같은 자세로, 한 손 위에 뺨을 기대고 멍하니 허공을 응시한 채로 2시간을 보낸다.

갑자기 정적 속에서 붕붕대는 소리가 올라오더니 헤드라이트 빛줄기들이 어둠을 붓질한다. 저 위 북쪽 빙판 위에 자동차 몇 대가 달리고 있다. 쌍안경으로 확인해보니, 10여 대나 된다. 내가 있는 모래톱 쪽으로 달려오고 있다. 20분 후, 광고 현수막을 두른 사륜구동차 8대가 모래톱에 나란히 선다. 이르쿠츠크의 유지들이다. 좀더 정확히는 푸틴의 당(黨)인 통합 러시아 당의 당원들이며, 8일 일정으로 호수를 한 바퀴 도는 중이다. 그들은 여기에 천막을 치고 밤을 보낼 참이다.

나는 오두막 안에 처박혀서는, 곤두선 신경을 250밀리리터들이 보드카로 달래보려고 한다. 그들이 빙판 위에서 고래고래 고함치는 소리가 들린다. 그들은 전기톱으로 빙판에 구멍을 하나 뚫고는, 비디오 카메라의 조명 램프 빛이 비추는 가운데, 차례차례 고함을 지르면서 물속으로 풍덩풍덩 뛰어든다. 체첸의 러시아군 병영의 어느 신병신고식이라고 하면 어울릴 만한 광경이다.

이 소음, 이 추함, 이 남성 호르몬 냄새가 물씬한 떼거리들. 내가 피하려고 떠나왔던 이 모든 것들이 나의 작은 섬에 몰려든 것이다. 이런 판국에 장 자크 루소의 『고독한 산책자의 몽상』을 탁자 위에 올려놓고, 나의 은신처에 대해서 요설(饒舌)

이나 늘어놓는 내 멍청한 꼴이라니! 문득, 관광객 방문단을 안내해야만 하는 베네딕트 수도사들이 떠오른다. 고독과 정적 속에서 신앙생활을 하려고 수도원에 들어갔지만, 성 베네딕트가 세운 수도회칙을, 그런 것에는 아무 관심도 없는 무리들에게 하나하나 설명해주어야 하는 신세가 되어버린 그 불쌍한 수사들 말이다.

   4세기의 사막 교부들은 고독을 너무나도 사랑한 나머지 그 어떤 방해도 견디지 못하게 되었다. 그리하여 그들은 사막 깊은 곳으로 들어가서 동굴 속에 숨어들었다. 그들의 사랑의 에너지는 온통 인간들이 없는 세계에만 쏟아부어졌다.

나는 끓어오르는 피를 조금 식히려고 —— 그들은 달리는 자동차에 매달려 빙상 스키를 즐기고 있다 —— 오두막을 나와 호수로 내려간다. 그렇게 부랴트 방향으로 2킬로미터 정도 걸은 후, 빙판 위에 벌렁 드러눕는다. 2,500만 년이나 묵은 액체화석 위에 누워 있는 셈이다. 하늘에는 나이가 그보다 백배는 더 많은 별들이 반짝인다. 나는 고작 서른일곱 살일 뿐이었고, 기온은 영하 34도였기 때문에, 다시 오두막으로 기어들어갔다.

2월 20일
인간들은 떠나가고, 짐승들이 돌아온다.

   오늘 아침에 나를 가장 행복하게 한 것은 무엇일까? 그 한심한 친구들이 8시에 떠나버린 일일까, 아니면 몇 분 후, 유리창 뒤로 검은머리 박새 한 마리가 방문한 일일까?

나는 숙취로 무겁기 이를 데 없는 몸을 간신히 일으킨다. 어젯밤, 나는 다 잊어버리려고 진탕 마셨다. 박새에게 먹을 것을 조금 준 다음, 난롯불을 지핀다. 오두막 안이 금방 훈훈해진다. 어제 만들어놓은 나무틀 위에 태양광 집열판들을 설치한다. 이 집열판들은 그렇게 불쾌한 삶을 살지는 않을 것이다. 이렇게 아름다운 경치 앞에 누워서는 아침부터 저녁까지 광자를 실컷 받아먹을 수 있을 테니까.

찻잔에서 모락모락 피어오르는 김을 보고 있으니, 무수한 상념도 더불어 피어오른다.

찻잔 앞에서 여동생을 생각한다. 아기는 태어났을까? 소식을 얻는 것은 불가능하다. 그저께 컴퓨터가 널을 뛰는 온도차를 견디지 못하고 터져버린 탓이다. 내가 가져온 위성 전화는 아무 신호도 수신하지 못하게 되었다. 파리에서 출발하기 전에 전자 장비를 구비하겠다고 법석을 떨었는데, 공연히 귀중한 시간만 허비한 꼴이 되었다. 숲에서 믿을 수 있는 것은 오직 도끼와 난로와 단검뿐이라는 데르수 우잘라(구로사와 아키라 감독의 영화 「데르수 우잘라」[1974]에 나오는 시베리아의 원주민 사냥꾼/역주)의 철학을 새겨들었어야 했다. 컴퓨터가 없으니 남는 것은 생각뿐이다. 그러나 추억이란 것도 하나의 전기 임펄스가 아닐까?

2월 21일

영하 32도. 수정같이 투명한 하늘. 시베리아의 겨울은 얼음성의 천장, 불모(不毛)이며 순수하다.

그저께 왔던 한심한 친구들이 모든 것을 엉망으로 만들어놓았다. 바람이 쌓은 눈더미들을 뒤집어놓았고, 사방에 그들의 흔적을 남겨놓았다. 눈폭풍이나 한번 몰아쳐야 다시 눈이 기슭을 말끔하게 덮어서 내 마음을 달래줄 수 있을 것이다.

오두막에서 남쪽으로 50여 미터 떨어진 곳에, 가로세로 각각 5미터에 난로 하나로 내부를 따뜻하게 하는 바냐가 한 채 서 있다. 볼로댜가 작년에 지은 것이다. 슬라브판 사우나라고 할 수 있는 이 바냐는 절제를 경멸하는 러시아인들의 성정을 잘 보여주는 예이다.

러시아에서는 묵은 찌꺼기를 제거하기 위해서 일주일에 한두 번씩 바냐에 들어간다. 바냐에 들어가니, 열기가 마치 레몬을 짜듯이 몸을 압착한다. 답답했던 마음까지 다 풀린다. 나쁜 기름기, 때, 그리고 알코올이 배출된다.

저녁 6시, 폭풍이 인다. 나는 털장화만 신은 알몸뚱이로 바냐를 나와서 오두막으로 돌아간다. 손에는 석유 램프를 들고 있다. 눈보라가 치는 어느 날 밤에 소변을 보러 밖으로 나왔던 강제 노동수용소 굴라크 수인들의 이야기를 나는 기억하고 있다. 그들은 눈보라 속에서 방향을 잃고 다시 돌아오지 못했는데, 다음날 아침에 보니 막사에서 불과 50미터 떨어진 곳에서 죽어 있었다고 한다. 나는 펄펄 끓는 차를 1리터나 들이킨다. 바냐, 세상에 이런 호사가 또 있을까? 완전히 새 사람이 된 듯한 기분이다. 여기에 삽 한 자루와 빨간 머플러 한 장만 쥐어준다면, 나는 그대로 사회주의를 건설할 수 있을 것이다.

2월 22일

숲속 생활은 일종의 도피일까? '도피'란 습관의 늪에 빠져 옴짝달싹하지 못하는 사람들이 생명의 약동에 갖다붙이는 이름이다. 그렇다면 놀이? 물론이다! 한 궤짝의 책, 그리고 스노슈즈까지 준비해가지고 호숫가의 숲에서 얼마 동안 파묻혀 살아보는 이런 식의 자발적 체류를 놀이 말고 달리 부를 수 있을까? 구도(求道)행위? 너무 거창한 표현이다. 실험? 과학적인 의미의 실험을 말하는 것이라면, 맞다. 오두막은 일종의 실험실이다. 자유와 침묵과 고독에 대한 욕구들을 올려놓는 실험대이다. 하나의 느린 삶이 발명되는 실험의 장이다.

생태학 이론가들은 '반(反)성장'을 권고한다. 자원이 날로 고갈되어가는 이 세계에서 계속 무한한 성장을 추구할 수는 없으므로, 우리는 우리의 리듬을 완화하고 삶을 단순화하고 우리의 요구수준을 하향조정할 필요가 있다는 논리이다. 우리는 이런 변화들을 기꺼이 받아들일 용의가 있다. 그리고 장차 일어날 경제위기들은 우리에게 이런 변화들을 부과하게 될 것이다.

그러나 반성장은 결코 하나의 정치적 옵션이 될 수 없을 것이다. 이것을 적용하려면 일종의 계몽군주가 필요하리라. 국민들에게 이런 식의 요법을 부과할 용기를 가진 통치자가 과연 존재할까? 대중을 금욕의 미덕으로 개종시키는 것이 과연 가능할까? 수십억의 중국인, 인도인, 유럽인에게 치즈버거를 먹어치우는 것보다는 세네카를 읽는 것이 더 좋다고 설득해보겠다고? 유토피아로서의 반성장, 그것은 다이어트의 원칙들을 따르기를 갈망하는 사람들을 위한 하나의 시적인 수단일 뿐이다.

오두막은 간소함의 기반 위에 하나의 삶을 세우기 위한 완벽한 장소이다. 은둔자의 간소함이란 거추장스러운 물건들과 인간들이 없는 것을 말한다. 이전의 잡다한 욕구들로부터 벗어나는 것이다.

은둔자의 사치는 아름다움이다. 그의 시선은 어디로 향하든지 더없는 아름다움을 발견한다. 시간의 흐름은 끊기는 법이 없다. 그는 기술이 창조하는 욕구들의 굴레에 갇히지 않는다. '숲에의 호소'라는 악보는 한정된 수의 연주자에 의해서만 연주될 수 있다. 운둔의 실행은 엘리트를 위한 것이다. 내가 오늘 아침 난롯불을 지피자마자 읽기 시작한 『모래 군(郡)의 열두 달』에서 저자가 하는 말이 바로 이것이다. "야생의 삶의 보호는 필연적으로 실패할 수밖에 없다. 왜냐하면 무엇인가를 사랑하기 위해서는 그것을 보고 보살펴야 할 필요가 있는데, 충분히 많은 사람들이 보고 보살피고 나면 더 이상 사랑할 것이 남지 않기 때문이다." 다시 말해서 군중이 숲으로 몰려들 때, 결국 숲은 도끼로 찍혀나가게 된다는 것이다. 숲속의 삶은 환경문제에 대한 해결책이 될 수 없다. 이 현상은 그것의 반대원칙을 품고 있다. 군중이 숲으로 들어올 때에는 그들이 도시를 떠나며 피하려고 했던 병(病)들 또한 들여올 것이다. 그것은 벗어날 수 없는 굴레이다.

하얗게 눈이 내리는 날이다. 멀리, 어부의 트럭이 보인다. 창문과의 긴 대화. 오전이 끝날 무렵, 나는 보드카 대여섯 병을 갓 쌓인 눈 속에 던져놓는다. 석 달 후, 해빙기가 되면 쌓인 눈을 뚫고 삐죽 고개를 내미는 병들이 스노드롭보다도 더 화창한 날씨를 예고해주리라. 변함없이 돌아오는 봄에게 겨울이 주는 선물이다.

오후 시간은 이것저것 정리하고 수선하며 보낸다. 물이 새는 오두막 현관 처마에는 판자를 못 박아 덮었고, 식품 궤짝의 정리도 마쳤다. 그러나 나중에는? 못 박아야 할 판자도, 정리해야 할 궤짝들도 없게 되면?

오후 5시에 해가 서쪽 능선 너머로 사라진다. 빈터에 그늘이 지는가 싶더니 오두막이 컴컴해진다. 마음 또한 답답해졌지만, 즉효를 볼 수 있는 치료제를 하나 찾아냈다. 빙판 위로 몇 걸음만 내려가면 된다. 거기에서 얼어붙은 수평선에 눈길을 한번 던지면 내가 선택한 이 오두막, 이 삶이 얼마나 옳은 것인지를 확인하게 되는 것이다. 나는 아름다움이 세상을 구원하리라고는 말하지 않겠다. 그러나 아름다움은 나의 저녁 시간을 구원했다.

2월 23일
『현기증』, 에브게냐 긴즈부르크가 자신의 굴라크 시절을 회고한 이야기의 제목이다. 나는 포근한 침낭 속에서 이 책을 몇 페이지 읽는다. 아침에 깨어보면, 무엇인가로 채워지기를 갈망하는 순결한 날들이 백지처럼 나를 기다린다. 그리고 내 창고 안에는 이런 백지들 수십 장이 더 남아 있다. 이 날들의 일초 일초는 전적으로 나의 것이다. 그것들을 가지고 무엇을 하든 내 자유이다. 빛의 장(章)을 만들 수도, 잠의 장을 만들 수도, 아니면 우울의 장을 만들 수도 있다. 이런 삶의 흐름에 아무도 끼어들 수 없다. 이 날들은 내가 점토로 빚어야 할 존재들이다. 나는 어떤 추상적인 동물원의 주인인 셈이다.

나는 암벽에 매달린 클라이머의 수직적 현기증이 무엇인지 알고 있다. 발밑의 아찔한 허공을 내려다보면 간담이 서늘해진다. 나는 여행자가 광활한 평원에서 느끼는 수평적 현기증도 기억하고 있다. 끝없이 뻗은 소실선(消失線)들은 정신을 멍하게 만든다. 또 나는 술에 취한 자가 자신이 어떤 기막힌 생각을 하고 있다고 믿을 때 느끼는 현기증도 알고 있다. 대뇌는 그것을 명확히 표현하기를 거부하지만, 그의 내부에서는 그것이 한없이 커지는 것이 느껴진다. 그리고 지금 나는 은둔자의 현기증을 발견하고 있다. 그것은 시간적 허공이 주는 두려움이다. 아득한 절벽 위에서 — 아래에 있는 것이 아니라 앞에 펼쳐져 있는 것을 볼 때 — 우리를 사로잡는 심장이 옥죄는 그 느낌 말이다.

나는 지금 해야 할 일이 전혀 없는 어떤 세계에 있고, 여기에서 무엇을 하든 자유이다. 눈앞에 성 세라피누스(51쪽 참조)의 성화가 보인다. 그에게는 신(神)이 있었다.

인간들이 아무리 기도해도 결코 지겨워하지 않는 신은 최고의 소일거리이다. 그렇다면 나는? 나에게는 글쓰기가 있다.

아침 차를 마신 후, 얼어붙은 호수 위를 산책한다. 수은주가 내려가서인지 빙판은 더 이상 삐걱대지 않는다. 추위가 호수를 옥죄고 있다. 드넓은 호수 중심을 향해서 걸어간다. 눈 위에 막대로 "눈의 하이쿠" 연작의 첫 번째 시를 쓴다.

눈 위에 점점이 찍히는 발자국.
걸음은 하얀 천에 봉합자국을 남긴다.

눈 위에 새기는 시의 이점은 오래가지 않는다는 점이다. 시는 바람에 실려가리라.

기슭에서 2.5킬로미터 떨어진 빙판에 긴 균열이 생겼다. 그 갈라진 틈새로 투명한 얼음덩어리들이 치달린다. 그 속의 물이 기슭과 평행하게 흐르고 있는 까닭이다. 그 열린 틈새로 꾸룩꾸룩 소리가 들린다. 바이칼이 신음하고 있다. 나는 거리를 유지하며 그 상처를 따라 걷는다. 잘못하면 순식간에 물에 빠질 수 있다.

갑자기 머릿속에서 나와 가까운 사람들의 모습이 솟아오른다. 기억 가운데 불쑥 튀어나오는 얼굴들, 이 정신적 메커니즘의 신비. 고독은 사람들의 추억으로 가득한 나라이다. 그들을 생각할 때, 그들의 부재로부터 나는 위로받을 수 있다. 나의 가까운 사람들이 여기, 기억의 한 겹 주름 속에 숨어 있다. 그들의 모습이 보인다.

오두막에 돌아온 나는 나의 제단을 세우기로 결심한다. 톱으로 가로 30센티미터, 세로 10센티미터의 판자를 하나 잘라서 작업 테이블 위에 못질하여 고정시킨 다음, 거기에 이르쿠츠크에서 구입한 성 세라피누스의 성화상 3개를 올려놓는다. 성 세라피누스는 러시아 서부의 숲에서 15년을 보냈다. 그 은거생활이 끝날 무렵에는 곰들에게 먹이를 주고 사슴의 언어를 구사했다고 한다. 그 옆에는 성 니콜라우스의 성화상 하나, 검은 성모상 하나, 그리고 정교회 총주교 알렉시스 2세에 의해서 시성(諡聖)되었으며, 화려한 황제복 차림으로 그려진 차르 니콜라이 2세의 성화상도 적절히 배치한다. 그런 다음 양초 하나를 켜고, "파르타가스 시리즈 4" 한 대에 불을 붙인다. 하바나 시가 연기 사이로, 성화상의 금빛 액자들이 양초 불꽃에 부드럽게 녹아내리는 것이 보인다. 시가는 속인(俗人)의 향불이다.

　오두막 개수작업은 이미 끝났다. 마지막 궤짝도 정리했다. 침대에 몸을 쭉 뻗고 누워 시가를 피우고 있으려니, 내가 딱 한 가지를 잊고 왔다는 생각이 든다. 멋진 회화사 책을 한 권 가지고 왔다면, 이따금 사람 얼굴을 들여다볼 수 있을 텐데.

　사람 얼굴을 기억하게 해줄 것이라고는, 거울밖에 없다.

2월 24일

오늘 아침에는 온 세상이 하얗다. 러시아 사람들이 "바다"라고 부르는 호수는 하늘에 잠겨 있다. 수은주는 영하 22도를 가리킨다. 나는 난로에 불을 지피고, 카사노바의 『회상록』을 펼친다. 로마, 나폴리, 피렌체, 그리고 침실에서 티레타와, 또 다락

방에서 앙리에타와 있었던 일들이 이어진다. 그 다음에는 우편 마차 여행, 베네치아의 두칼레 궁전 감옥에서의 탈출, 잉크와 눈물이 뒤섞이는 연서들, 곧장 배신하게 되는 사랑의 맹세들, 같은 저녁에 서로 다른 두 여인에게 약속한 영원한 사랑. 우아함, 경쾌함, 스타일. 나는 자코모 카사노바가 "더 이상 커지는 것이 불가능해졌을 때에야 비로소 멈추었던" 어떤 쾌락을 묘사하는 구절을 외운다. 나는 책을 덮고 털장화를 신는다.

하루가 길게 늘어진다. 파리에서 나는 자신의 내적 상태들을 주의깊게 살핀 적이 없었다. 영혼의 지진파 기록지만 들여다보는 것이 삶은 아니라고 생각했기 때문이다. 반면 여기에서는, 이 폐쇄된 침묵 속에서는 나 자신의 지질구조의 미묘한 뉘앙스들을 인식할 수 있는 시간이 있다. 은둔자에게 제기되는 문제는 이것이다. 나는 나 자신을 견뎌낼 수 있을까?

창밖에 펼쳐지는 저 흥미로운 광경. 이런 곳에서 어떻게 집안에 텔레비전을 모셔둘 수 있을까?

박새가 돌아온다. 나는 조류안내서 한 권을 펼치고 녀석에 대한 전문자료를 찾아본다. 1941년 생이며, 유럽의 연작류(燕雀類)에 대한 이 **유명한** 안내서를 비롯하여 수많은 저서를 쓴 스웨덴 학자 라르스 스벤손에 따르면, 북쪽 박새는 "지-지 테에 테에 테에" 하는 울음소리로 구별된다고 한다. 그런데 내 오두막에 온 저 녀석은 입도 벙긋하지 않는다. 그 다음 페이지를 읽어보니, "음산한 박새"라는 이름의 박새도 있다.

이 조그만 동물의 방문에 나는 행복을 느낀다. 녀석 덕분에 오후 전체가 환해지는 기분이다. 단 며칠 만에 고작 이런 광경 하나로 만족할 수 있게 되었다. 번잡한 도시생활의 습관에서 이렇게 빨리 벗어날 수 있다는 것이 놀라울 따름이다. 파리에서는 하루를 처치하려면 얼마나 많은 활동들을 벌여야만 했던가! 얼마나 많은 만남들과 방문들과 독서가 필요했던가! 그런데 지금 나는 이 박새 앞에서 노망이 든 노인처럼 입을 벌리고 있는 것이다. 오두막의 삶은 어쩌면 일종의 퇴행인지도 모른다. 그러나 바로 이 퇴행 속에 진행이 있다면?

2월 25일

나는 휘몰아치는 바람 속에서 정오에 출발한다. 나의 오두막에서 북쪽으로 15킬로미터 떨어진 옐로신 곶에 있는 밀렵감시인이자 이웃인 볼로댜를 방문하려는 것이다. 그는 아내 이리나와 함께 통나무 집 이즈바에서 살고 있다. 그들의 관할구역은 바이칼-레나 자연보호구역의 남쪽 경계를 이룬다. 그를 처음 만난 것은 7년 전, 사이드카를 타고 빙판 위로 바이칼 호를 일주하고 있을 때였다. 나는 빽빽한 머리칼로 덮인 그의 납작한 머리통이 무척이나 마음에 들었다. 제철소 노동자의 그것과도 같던 그의 억센 손이 아직도 생각난다. 내 손을 으스러뜨릴 듯이 꽉 붙잡던 그 솥뚜껑 같은 두 손이.

오두막을 보호해주는 곶의 뒤쪽에서는 지금까지 불규칙하게 불던 바람이 거센 북풍으로 바뀌었다. 삼나무들이 바람 속에서 우듬지를 흔든다. 난파신호를 보내는 모습이다. 그러나

누가 와서 이 나무들을 구조해주랴?

바람이 이렇게 거세지리라고는 예상하지 못했다. 기슭에서 1-2킬로미터의 거리를 두고 호수를 가로질러 옐로신으로 향하는 나는 영하 40도의 날씨도 견딜 수 있다는 캐나다산 오리털 파커를 뒤집어쓰고 있었다. 얼굴은 전문 등반가용 방한 마스크로, 손은 극지 탐험대용 벙어리 장갑으로 무장했다. 옷을 입는 데만도 20분이 걸렸다. 중요한 것은 바깥 공기에 단 1센티미터의 피부도 노출시키지 않는 것이다.

오늘, 바이칼 호는 피부경화증에 걸렸다. 빙판에 쌓인 눈이 떨어져나간다. 강풍이 눈더미를 뭉텅뭉텅 물어뜯어서는, 범고래 피부의 그것만큼이나 새하얀 반점들을 흑요석 같은 빙판 위 여기저기에 흩어놓는다. 그렇게 빙판이 드러나게 되면 호수면이 검어진다.

그 옻칠한 듯한 빙판면에 아이젠이 철컥철컥 물린다. 아이젠이 없다면, 나는 그대로 바람에 휩쓸려 호수 한가운데로 날려 가버리리라. 강풍은 산비탈을 타고 내려와서 타이가를 후려친다. 나중에 볼로댜가 알려준 바에 의하면, 오늘의 풍속은 시속 120킬로미터에 달했다고 한다. 잔뜩 웅크리고 걸어야만 한다. 때로는 걸음을 멈추어야 할 정도로 바람이 세다.

나는 코요테 털을 댄 방한모가 제공하는 좁다란 시야 속의 빙판을 응시한다. 거울 같은 빙판 위에 하얀 눈줄기들이 우아하게 구불구불 이어진다. 결빙하여 다시 봉합된 균열들을 따라서 터키옥빛의, 산호초 바다색의 빙판이 이어진다. 그리고 이

열대의 간주곡에 뒤이어 거무스름한 유리의 긴 얼룩이 나타난다. 태양은 빙판 속의 깨진 틈에 허연 알부민을 불어넣는다. 공기방울들도 얼음 속에 갇혀 있다. 나는 이 진줏빛 해파리들 위로 발을 디디는 것조차 망설여진다. 마스크의 열린 틈 사이로 해저의 이미지들이 물결치듯이 흔들린다. 그리고 눈을 감으면 나의 망막에 인쇄되어 남는다.

걸은 지 3시간 정도 되었을 때, 나는 몰아치는 바람에 감히 눈을 맞대어 서쪽의 산들을 훑어본다. 나무들이, 산이 더 이상 그들을 원하지 않는 지점, 해발 900미터 높이까지 보초를 서고 있다. 옷자락처럼 드리워진 산비탈들 사이로 골짜기들이 구불구불 내려온다. 넉 달 후면, 골짜기들은 해빙한 물을 받아서 이 거대한 수반에 쏟아부을 것이다. 골짜기가 내려오는 곳에 다다르자, 병목현상으로 바람이 한층 더 거세진다. 이런 장소의 아름다움을 작가들이 감히 묘사해보겠다고 나선 것을 생각하면!

나는 잭 런던, 그레이 아울, 알도 레오폴드, 페니모어 쿠퍼와 같은 작가들의 거의 모든 작품들과, 미국의 이른바 네이처 라이팅(Nature Writing) 계열의 이야기들을 무수히 읽었다. 그러나 그 많은 책들의 그 어느 페이지에서도 지금 이 기슭 앞에서 느끼는 감동의 단 10분의 1도 느낀 적이 없었다. 그러나 나는 계속해서 읽고, 또 글을 쓸 것이다.

한 시간에 두어 번 꼴로 어떤 충격이 상념을 흔들어놓는다. 호수에 균열이 가는 소리이다. 철썩이는 파도소리, 폭포소리, 혹은 새 울음소리처럼 얼음이 구겨지는 소리에는 잠을 이루지 못하게 하는 뭔가가 있다. 반면에 모터 소리, 사람이 코 고는 소리, 혹은 지붕이 새어 떨어지는 물방울소리는 참을 수 없을 만큼 고약하다.

죽은 이들을 생각하지 않을 수 없다. 수만 명의 러시아인들이 호수 밑으로 가라앉았다.* 익사자들의 영혼은 다시 수면에 올라올 수 있었을까? 얼음이 그 영혼들을 막고 있는 것일까?

옐로신까지 가는 데에는 5시간이 걸렸다. 볼로댜는 "안녕하쇼, 이웃양반!"이라고 말하며 나를 포옹한다. 이제 모두 7-8명 되는 사람들이 나무 탁자에 둘러앉아 차에 비스킷을 적셔 먹는다. 그렇게 살아가는 이야기들을 나누는데, 나는 벌써부터 지쳐버린다. 어부들은 입씨름을 벌인다. 좁은 방 안에 북적대고 있으니 중독이라도 된 것일까? 서로 말끝마다 말꼬리를 잡고, 어이가 없다는 몸짓을 해가며 면박을 준다. 오두막은 감옥이다. 우정이란 참으로 허약한 것이라서, 그 어떤 장애물도 극복하지 못한다. 심지어는 함께 사는 삶조차 극복하지 못한다.

창 저편에서는 바람이 계속 으르렁댄다. 눈안개가 유령열차처럼 규칙적인 간격으로 지나간다. 박새가 생각난다. 벌써부터 녀석이 그리워진다. 얼마 되지도 않았는데, 정이 들어버린 것

---

* 일설에 의하면, 1919년 로마노프 왕조의 부활을 꿈꾸는 알렉산드르 콜차크 제독을 비롯한 50만 명의 백군과 75만 명의 민간인들이 시베리아 오지 쪽으로 이동을 시도했다고 한다. 그러나 2,000킬로미터에 달하는 대장정 끝에 상당수는 시베리아의 혹한 속에서 동사하고, 바이칼 호수 연안의 이르쿠츠크에 도착한 것은 불과 25만 명이었는데, 이들 역시 호수의 동안[東岸]으로 건너가다가 한파에 치명적인 피해를 입었다고 한다/역주

이다. 생명체들에 대한 애착은 왜 이리도 빨리 자라나는 것인지! 이 투쟁 중인 동물들에 대한 안쓰러움이 나를 사로잡는다. 박새들은 혹한 속에서 숲을 지키고 있다. 녀석들에게는 이집트에서 겨울을 보내는 제비들 같은 속물근성이 없다.

20분이 지나자 모두가 잠잠해졌고, 볼로댜는 창밖을 내다본다. 그는 창유리 앞에 앉아서 몇 시간을 보낸다. 얼굴의 반은 호수의 빛에 잠겼고, 다른 쪽 반은 어둠에 싸여 있다. 빛이 그의 얼굴을 깎아서 어떤 영웅적인 보병의 모습을 드러낸다. 시간이 피부에 대해서 가지는 힘, 그것은 물이 땅에 대해서 가지는 힘과 비교할 수 있으리라. 시간은 흐르면서 무엇인가를 새기는 것이다.

2월 26일

볼로댜와 이리나는 외줄타기 삶을 살고 있다. 그들은 반대편 기슭의 사람들과는 접촉하지 않는다. 호수를 건너는 사람은 아무도 없다. 맞은편 기슭은 해가 뜨는 나라, 전혀 다른 세계이다. 그들을 찾는 사람들은 이따금 어부들이나, 그들 기지의 남쪽 혹은 북쪽에 사는 다른 감시인들이다. 그들은 그들의 관할 구역에 속한 산에도 올라가는 일이 별로 없다. 실처럼 이어지는 기슭의 한 지점에서, 호수와 숲 사이에서 아슬아슬한 균형을 잡으며 살고 있다.

오늘 아침, 이리나는 영광스럽게도 내게 자신의 서고(書庫)를 공개했다. 그녀는 구소련 시대의 판본으로 스탕달, 월터 스콧,

발자크, 푸시킨 등의 작품들을 소장하고 있다. 가장 최근의 책은 『다 빈치 코드』이다. 문명의 수준이 약간 내려갔다고나 할까.

그리고 나는 호수의 빙판을 걸어서 집으로 돌아왔다.

2월 27일

서로 몸을 부비고 사는 일이 중요한 문제로 부상하게 될 이 세계에서 혼자 산다는 것은 사치스러운 일이다. 이르쿠츠크에서 나는 한 프랑스 작가가 『함께 있을 수 있다면, 그것만으로도 족하다』라는 제목의 두툼한 소설을 출간했다는 사실을 알게 되었다. 함께 있는 것, 그것은 꽤 어려운 일이다. 심지어는 핵심적인 과제이기도 하다. 그런데 내가 보기에, 우리는 이 과제를 제대로 풀지 못하고 있다. 식물들이나 동물들은 균형 속에 공존한다. 그들은 서로를 파괴하고, 죽이고, 번식하면서 조화를 이루며 살고 있다. 이들의 솔페지오는 잘 조율되어 있다. 반면에 인간의 전두피질들은 좀처럼 평화롭게 공존하지 못한다. 우리의 합주는 불협화음을 낸다.

눈이 내린다. 나는 4세기 이집트 사막에서 전개된 은둔 수행 운동에 관해서 쓴 책을 읽는다. 태양에 매혹된 수염이 텁수룩한 예언자들이 자기 가족을 떠나서 사막으로 들어갔다. 그들은 동굴들을 전전하며 삶을 보냈다. 신은 한번도 그들을 찾아오지 않았으니, 모든 정상적인 사람들과 마찬가지로 신 또한 웅장한 돔형 천장이 있는 비잔틴 성당을 더 좋아했기 때문이다. 은둔 수도자들은 속세의 유혹에서 벗어나기를 원했다. 어떤 수도자들은 속세에 대한 불신과 인간에 대한 경멸을 혼동하는 교만의 죄를 범했다. 그들 중 누구도 고독한 삶의 유독(有毒)한 과일을 맛본 후에는 세상에 돌아오려고 하지 않았다.

　사회는 은둔자들을 좋아하지 않는다. 그들이 도피하는 것을 용서할 수 없는 것이다. 사회는 다른 사람들에게 "나 없이 잘들 해봐"라고 내뱉고서 훌쩍 떠나버리는 은둔자의 그 가벼움을 비난한다. 은둔한다는 것은 사람들에게 작별 인사를 외치고 떠나버리는 것이다. 은둔자는 문명의 소명을 부정하며, 살아 있는 비판자가 된다. 그는 신성한 사회계약을 파기한다. 바람 부는 대로 발길 닿는 대로 떠나버리는 이런 인간을 기존의 사회가 어떻게 받아들일 수 있단 말인가?

　오후 4시, 유리가 예고 없이 방문했다. 그는 올혼 섬에 위치한 옥수레 기지의 기상관이다.

　기슭에 닿는 부분의 호수얼음이 열렸다. 1.2미터 너비의 균열이 생겨 자동차들이 기슭에 올라올 수 없다. 눈이 내린 덕분에 나의 모래톱은 순결함을 유지할 수 있었다. 유리는 그의 승합차를 빙판의 균열 옆에 세워놓았다. 지금 그는 한 오스트레일리아 여자 관광객에게 호수 일주를 시켜주는 중이다.

　나는 탁자 위에 보드카 잔들을 늘어놓는다. 우리는 모태와도 같은 따스함 속에서 서서히 취해간다. 오스트레일리아 여자에게는 조금 이해되지 않는 점들이 있다.

　"Do you have a car?" 그녀가 묻는다.

　"No." 내가 대답한다.

"TV?"

"No."

"If you have any problem?"

"I walk."

"Do you go to the village for food?"

"There is no village."

"Do you wait for a car on the road?"

"There is no road."

"Are those your books?"

"Yes."

"Did you write all of them?"

나는 늪을 닮은 사람들보다는 얼어붙은 호수를 닮은 사람들이 좋다. 얼어붙은 호수는 표면은 차갑고 딱딱하지만, 그 밑은 깊고 역동적이며 활기차다. 늪은 겉보기에는 부드럽지만, 그 밑바닥은 활기가 없고 꽉 닫혀 있다.

오스트레일리아 여자는 민걸상 대신 쓰고 있는 통나무 조각 위에 선뜻 앉지 못한다. 그녀는 나를 이상한 눈으로 쳐다본다. 무질서한 집 안 꼴은 프랑스 국민의 후진성에 대한 그녀의 생각을 확인시켜주었으리라. 유리는 떠났고, 나는 취해 있었다. 이제는 스케이트를 즐길 시간이다.

바람이 빙판을 반들반들하게 닦아놓았다. 나는 옻칠한 듯한 빙판 위에서 유영하는 물개처럼 우아하게 얼음을 지친다. 내부의 균열들은 청록색 빙괴 속에 겹겹이 펼쳐지는 하얀 베일처럼 보인다. 나는 다시 얼어붙어 상아색으로 메워진 틈새들 위도 지난다. 산들의 모습이 빙판에 비친다. 그 모습은 하얀 드레스를 입고서, 왈츠 플로어에 올라오기를 망설이고 있는 수줍은 무희들과도 닮았다.

스케이트 날이 틈새에 걸려 빙판에 코를 처박기 직전에 나는 무엇을 생각하고 있었을까?

발목이 퉁퉁 부은 한심한 꼴로 오두막으로 돌아왔다.

저녁이 되니, 하늘이 숨을 쉬고 기온이 내려간다. 나는 흰 옷으로 몸을 칭칭 두른 채, 나무 벤치 위에서 더없이 행복한 1시간을 보낸다. 나는 지금 숲의 언저리, 남쪽 창문 앞쪽에 서 있는 나무 아래에 앉아 있다. 끊임없이 불어오는 서풍을 받아서 호수 쪽으로 누워버린 이 나무의 가지들은 비스듬한 지붕을 만들었다. 나는 따뜻함의 환상을 안겨주는 이 솔잎의 정자 안에서 검은 우물 같은 호수를 바라본다. 그 거대한 얼음덩어리는 어떤 악몽의 도가니처럼 보인다. 나는 이 얼음의 덮개 밑에서 꿈틀대는 힘을 느낀다. 이 지하묘지 속에는 으깨고, 삼키고, 절단하는 동물들의 우주가 숨어 있다. 저 밑 깊은 곳에는 해면(海綿)들이 그들의 가지를 느릿느릿 흔들고 있다. 조개들은 시간의 리듬을 새기며 껍질에 나선을 그리고, 진줏빛 보석들을 만들어 성좌처럼 늘어놓는다. 괴물 같은 메기들은 개펄 위를 배회한다. 육식 물고기들은 밤의 향연과 갑각류의 홀로코스트를 위해서 수면으로 이동한다. 곤들매기 무리는 저생생물의 군무가 무엇인지를 보여준다. 박테리아들은 찌꺼기들을 휘젓고

소화시켜서 물을 정화한다. 이 음울한 반죽작용은 별빛조차 비치지 않는 거울 아래에서 조용히 이루어진다.

2월 28일

오늘 아침은 풍급(風級)이 8이다(시속 62-74킬로미터로, 나뭇가지가 꺾일 정도의 강풍/역주). 강풍에 날아오른 눈가루는 맹렬한 눈보라가 되어 삼나무 숲 언저리를 청동색 벽처럼 에워싼 나무들에 들러붙는다. 2시간 동안 집 안 정리를 한다. 오두막의 삶은 조그만 배의 선상생활과 마찬가지로 편집증적 성향을 발달시킨다. 그 자체가 목적이 되어버린, 정리정돈에 열중하는 선원들처럼 되지는 말자. 부두에 영원히 닻을 내린 다음에는, 꺼져버린 삶 속에서 정리하고 다시 정리하느라고 나날을 보내며 썩어가는 선원들처럼 되지는 말자.

시베리아의 통나무 오두막에 들어와 산다는 것은 눈사태 같은 물건들과의 싸움에서 이긴다는 것을 의미한다. 숲속의 삶은 군살을 빼준다. 우리는 거추장스러운 것들을 벗어버리고, 삶의 비행선에서 쓸데없는 짐들을 던져버리게 된다. 2,000년 전, 평원의 유목민 사르마티아 족은 소유물 전체를 조그만 나무 궤짝 하나에 담고 다녔다고 한다. 소유한 물건들이 적을수록 오히려 그것들에 대한 애착은 강해진다. 시베리아 숲의 사냥꾼들에게는 살과 피로 이루어진 동반자만큼이나 소중한 존재가 칼과 엽총이다. 우리와 생사고락을 같이한 물건은 결국 어떤 실체를 획득하고, 특별한 광채를 내게 된다. 시간은 물건들에 우리의 손때를 묻힌다. 세월은 물건들을 더욱 견고하게 만든다. 우리가 소유한 보잘것없는 물건들을 사랑하는 법을 배우기 위해서는 그것들과 오랜 시간을 함께해야 할 것이다. 그러나 칼, 찻주전자, 램프 같은 물건들을 사랑의 눈으로 보고 있노라면, 얼마 안 있어 그 시선은 물질들과 원소들—수저의 나무, 양초의 밀랍, 불꽃—에게로 전달된다. 물건들의 본성이 드러나고, 우리는 그 본질의 신비들을 인식하게 된다. 병아 난 널 사랑한다, 조그만 칼아 너도 사랑해. 그리고 연필 너도, 나의 잔 너도, 그리고 파손된 배처럼 연기를 내뿜고 있는 티포트 너도. 바깥에는 바람과 추위가 악귀처럼 날뛰고 있는 이때, 내가 사랑으로 가득 채워주지 않는다면, 이 오두막은 그대로 해체되고 말 것이다.

기적적으로 다시 작동하기 시작한 위성 전화를 통해서, 누이의 아기가 탄생했다는 사실을 알게 되었다. 오늘 저녁, 나는 아기의 건강을 위해서 한잔 할 것이다. 그리고 대지의 허락을 구하지도 않고 또 하나의 생명이 태어났지만, 그래도 이 작은 생명체를 선선히 받아준 이 대지에게도 보드카 한잔을 따르리라.

눈 위에 쓴 시

만(灣)은 나의 영지,
오두막은 나의 성,
박새는 나의 어릿광대,
추억들은 나의 신민(臣民)이다.

오전 나절은 통나무 토막을 쪼개며 보냈다. 처마 밑에 낮게 쌓는다. 열흘치 땔감으로 충분한 장작이다.

은둔 생활을 하면, 육체적 에너지 소모량이 엄청나다. 살아가면서 우리는 기계를 돌리든지, 아니면 자신이 직접 일을 하든지, 둘 중의 하나를 선택할 수 있다. 첫 번째 경우, 우리는 자신의 필요를 채우기 위한 일들을 기술에 맡긴다. 이렇게 육체적 노역의 의무에서 벗어나게 되면, 몸은 활력을 잃는다.

두 번째 경우, 우리는 각종 필요성에 부응하기 위해서 몸의 장치들을 가동한다. 그리고 기계의 봉사 없이 지낼수록 근육은 부풀고 몸은 탄탄해지며 피부와 얼굴은 단단해진다. 에너지는 재분배된다. 그것은 기계들의 배에서 인간의 몸으로 이전된다. 숲속을 돌아다니는 사냥꾼들은 활력을 생산하는 발전소들이다. 그들이 방 안에 들어오면, 그들이 내뿜는 빛이 방을 가득 채우는 것을 느낀다.

이곳에 온 지 며칠이 지난 지금, 나는 내 몸의 최초의 변화들을 발견한다. 팔은 굵어졌고, 다리에는 근육이 붙었다. 그러나 ─ 물 밑바닥에 사는 동물이나 알코올 중독자의 특성인데 ─ 배는 헐렁해지고 피부는 하얘졌다. 긴장을 덜하게 되었고, 심장박동도 느려졌다. 비좁은 오두막 안에 갇혀 있으니, 어떤 동작을 하더라도 천천히 하는 법을 배우게 된다. 정신마저도 굼떠진다. 대화와 모순과 상대방의 빈정거림이 없는 환경에서 사는 은둔자는 그의 도시 사촌만큼 재미있지도, 재치가 있지도, 예리하지도, 사교적이지도, 재빠르지도 않다. 은둔자는 민첩함을 잃고, 대신에 시정(詩情)을 얻는다.

  이따금, 아무것도 하고 싶지 않는 순간이 찾아온다. 1시간 전부터 나는 의자에 앉아서 햇살이 탁자 위를 천천히 나아가는 광경을 지켜보고 있다. 빛은 그것이 건드리는 모든 것을 고귀하게 만든다. 나무, 책들의 단면, 칼자루, 얼굴의 곡선, 그리고 흘러가는 시간의 곡선, 심지어는 공중에 떠 있는 먼지 알갱이까지도. 이 세상에 먼지 알갱이 하나로 존재한다는 것도 결코 사소한 일이 아니다.

이제, 내가 이렇게 먼지에까지 관심을 가지게 되었다. 3월은 무척 긴 시간이 될 것이다.

3월

시간

3월 1일

나의 아버지의 생일이다. 나는 저쪽, 기즈(프랑스 북부, 벨기에와 가까운 피카르디 지방의 작은 읍/역주) 부근에서 마련될 그들의 저녁 식사를 생각한다. 매년 그렇듯이, 18세기의 마구간을 개조한 그 레스토랑에 온 가족이 모인다. 벨기에의 사촌들과 맥주, 포도주, 고기, 궁륭 형태의 벽돌천장에서 내려오는 불빛. 그들은 빗속에 도착하여, 지금은 훈훈한 실내에서 식사를 즐기고 있으리라. 짐승들이 꼴을 먹던 시렁들 아래에는 식탁이 놓여 있다. 이 마구간 안에 따뜻하게 있어야 할 많은 말들이 칼바람이 몰아치는 바깥에서 자야 한다. 나는 연회장소로 둔갑한 이 마구간들을 무기창고로 전용된 성당들만큼이나 싫어했다. 5센티미터짜리 보드카 잔 하나를 채워서는 서쪽에 대고 건배한 다음 입속에 털어넣는다.

　아버지는 지금 내가 있는 이곳에서 행복하실 수 있을까? 아버지는 이런 종류의 자연을 좋아하지 않는다. 토론과 연극과 대화를 좋아한다. 아버지는 말이 난무하는 우주에서 살고 계신다. 시베리아의 숲에서는 그 어떤 대화도 가능하지 않다. 물론 여기에서도 인간은 얼마든지 자신을 표현할 수 있다. 아무것도 그것을 막지 않는다. 방앗간 주인처럼 고래고래 외칠 수도 있다. 다만, 그렇게 외쳐도 여기에서는 소용이 없다. 자연주의적 관점에서 보면, **반항하는 인간은 쓸데없는 것이다.** 숲의 나라에서 의미가 있는 유일한 미덕은 '받아들임'이다. 스토아주의자들의 받아들임, 동물들의 받아들임, 나아가서는 돌멩이들이 보여주는 그 묵묵한 받아들임 말이다. 타이가가 우리에게 제공할 수 있는 것은 단 두 가지, 하나는 자원 — 물론 우리는 이 고마운 선물의 내용을 철저히 파악하려고 애쓴다 — 이고, 다른 하나는 무관심이다. 달을 예로 들어보자. 어제, 달빛이 무척 고왔다. 나는 수첩에 이런 글을 적어보았다. **코뿔소 달이 상아빛 뿔로 아프리카 색깔의 밤에 상처를 입힌다.** 그러나 경찰서 앞에서나 오갈 법한 이런 시시한 아포리즘을 달은 거들떠보지도 않았다.

자정녘, 호수에 나가서 잠시 거닌다. 7년 전, 내가 이 진회색 기슭에 처음 왔을 때 느꼈던 그 인상을 어떻게 해야 되찾을 수 있을까? 그때 나는 벅찬 행복감에 영혼이 그대로 해체되어버리는 느낌이었다. 이 호숫가에서 보낸 최초의 밤들 속에서 나의 정신을 온통 깨어 있게 했던 그 **장소의 가득한 기쁨**은 어디로 갔을까? 오두막의 안락함이 지각능력을 무디게 하고 있다.

지나치게 쉬운 삶이 나의 영혼을 검댕으로 덮는다. 이곳의 주인이 되기 위해서는 단 15일로 충분했다. 조금만 더 있으면, 전나무 하나하나를 파리에 있는 우리 동네 술집만큼이나 세세하게 알게 되리라. 어떤 장소가 익숙하게 느껴지는 것, 그것이 바로 죽음의 시작이다.

변소는 오두막에서 120걸음쯤 떨어진 곳에 있다. 땅바닥에 구덩이를 파고, 그 위에 판자를 얼기설기 엮어 지붕을 만들었다. 오늘 밤 변소로 가고 있으려니까, 단편소설 「사과나무」가 생각난다. 몹시 추운 어느 날 밤, 한 사내가 자신이 미워하던 어떤 여자가 전에 심어놓은 나무의 뿌리에 발이 걸려 넘어지는 이야기이다. 나도 영하 30도의 날씨에 길을 가다가 넘어지는 상황을 상상해본다. 나도 그대로 죽어가리라. 집에서 불과 50미터 떨어진 곳에서, 연기가 가늘게 피어오르는 지붕을 바라보며 얼음이 발하는 폭음들을 추도사 삼아서. 나는 헛된 몸부림을 멈추고는 "이건 너무 황당한 일이 아닐까?"라고 중얼거리면서 아름다운 정적 속으로 천천히 잠겨들어가리라. 아, 길을 잃고 대피소에서 몇 미터 떨어진 곳에서 죽어간 그 모든 사람들이여!

구원의 장소는 불과 몇 걸음 떨어진 곳에 있지만, 대피소의 문에는 영원히 이를 수 없다는 이 아이러니! 구로사와 아키라도 이 주제를 가지고 영화를 만들었다. 눈보라를 만나 베이스캠프에서 몇십 미터 떨어진 곳에서 얼어 죽는 어느 등반대의 이야기이다. 남극 탐험가 스콧도 마찬가지였다! 보급기지에서 20킬로미터도 되지 않는 곳에서 맞이한 그의 최후를 기억하는가? 스벤 헤딘의 모험은 정반대였다. 타클라마칸 사막에서 조난당한 그는 가망이 없다고 생각하며 죽음을 느끼다가, 자신도 모르는 사이에 오아시스에 이르렀다.

3월 2일

오두막에서 남쪽으로 800여 미터 떨어진 곳에 화강암 언덕 하나가 숲을 뚫고 우뚝 서 있다. 그 정상은 낙엽송 6그루로 덮여 있어 마치 솔방울처럼 보인다. 이 원뿔은 높이 100미터로, 호수를 굽어보고 있다. 해안에서 꼭대기 돔 지붕의 발치에까지 이르는 경사지에는 스라소니의 자취가 여기저기 흩어져 있다. 나는 눈 덮인 돌밭을 힘겹게 올라간다. 허벅지까지 푹푹 빠지고, 가끔씩 발이 돌덩이 틈으로 빠지기도 한다. 정상에 서니, 새하얀 눈줄기가 정맥처럼 얽힌 바이칼 호가 펼쳐진다. 숲의 고요가 세상을 감싸고, 이 고요의 메아리는 수천만 년 전부터 울리고 있다. 나중에 다시 와야겠다.

보름 전에 세르게이의 집에서 만났던 사샤와 유리가 지나가는 길에 나의 오두막에 들렀다. 그들은 어부이다. 나는 당연히 술을 대접한다. 삶에서 친구와 술 한잔을 나눌 수 있다는 것, 훈훈한 은신처 안에서 지금 자신이 안전하다고 느낄 수 있다는 것은 결코 작은 일이 아니다. 난로는 활활 타오르고, 분위기는 나른하다. 어떤 부드러운 막대 같은 것이 눈썹을 아늑하게 눌러오는 느낌, 생물학적 행복감의 표시이다. 보드카가 뱃속으로 내려간다. 정신은 둥둥 떠오르고 몸은 흡족해한다. 우리는 담배를 피운다. 공기가 탁해지고, 말수는 적어진다. 나는 러시아의 숲 사나이들을 만날 때면 언제나 어떤 안도감을 느끼는데, 아마도 숲속에서 내가 태어나고 싶은 인간적 환경을 드디어 찾아냈다는 느낌에서 기인하는 것이 아닐까? 그들과는 끊긴 대화를 이으려고 굳이 애쓸 필요가 없어서 좋다. 우리의 사회생활이 힘든 이유는 무엇일까? 항상 뭔가 할 말을 찾아내야 한다는 그 강박관념 때문이 아닐까? 잘 알지도 못하는 이상한 사람들——얼빠진 듯한 얼굴로 내게도 똑같은 말을 하는 사람들——에게 "안녕하시죠?" 그리고 "언제 한번 다시 뵙겠습니다"와 같은 말들을 불안스레 연발하면서 파리를 돌아다니던 날들이 생각난다.

"춥지 않아요?" 한동안의 침묵 끝에 사샤가 입을 연다.
"괜찮아요." 내가 대꾸한다.
"눈은?"
"많이 왔죠!"
"사람들은?"
"그저께."
"세르게이?"
"아니, 유리 우조프."
"유리 우조프?"
"네, 유리 우조프."

시간 73

"아, 그 유리……."

"네, 그래요."

이런 종류의 대화는 장 지오노의 『세상의 노래』에서도 찾아볼 수 있다. 소설의 초반부에서 강의 남자 안토니오가 숲의 남자 마틀로에게 말을 건다.

"사는 게 다 그렇죠." 안토니오가 말한다.

"숲은 더 나아." 마틀로가 말한다.

"그 맛이라니." 안토니오가 말한다.

"말을 적게 할수록 더 오래 살아요"라고 유리가 말한다.

사샤가 5리터짜리 맥주 한 통을 남겨놓고 갔다. 난 저녁에 2리터를 천천히 비운다. 맥주, 혹은 '라소무아르(L'Assommoir).'* 맥주, 가난한 사람들의 술. 맥주는 생각을 마비시키고, 반항정신을 해체시키는 진통제이다. 전체주의 국가들은 맥주를 내뿜는 소방 호스로 사회적 화재들을 진압한다. 니체는 이 오줌 같은 액체를, 이 액체가 **둔중한 정신**을 만든다는 이유로 혐오했다.

눈 위에 막대로 이렇게 쓴다.

우리는 세계의 얼룩이 되기도 하고, 붓이 되기도 한다.

---

* 에밀 졸라의 작품 제목(『목로주점[L'Assommoir]』)이기도 한 이 단어에는 '서민들의 싸구려 선술집'이라는 뜻과 함께 '도살용 도끼', '덫', '함정'이라는 뜻도 있다/역주

3월 3일

히말라야에서의 도보여행이 생각난다. 또 톈산 산맥을 말을 타고 넘은 일과 우스튜르트 사막을 자전거로 건넌 일도 생각난다. 준령을 하나 정복할 때마다 나는 기쁨을 느꼈다. 앞에 놓인 킬로미터들을 거꾸러뜨리고 싶은 육식동물 같은 맹렬한 투지에 사로잡혀 있었다. 걷다가, 앞으로 나아가다가 죽고 싶었다. 때로는 무엇에 씐 사람처럼, 정신이 오락가락해질 때까지, 탈진할 때까지 걸었다. 고비사막에서는 더 이상 발걸음을 뗄 수 없어 허물어지듯이 주저앉은 곳에서 밤을 보냈고, 다음날에는 눈을 뜨자마자 기계적으로 다시 출발했다. 그때 내가 늑대였다면, 지금은 곰이다. 그때 내가 바람이었다면, 지금은 뿌리를 내리고 땅이 되고 싶은 것이다. 나는 움직여야 한다는 강박관념에 사로잡혀 있었고, 드넓은 공간이라는 마약에 중독되어 있었다. 나는 시간을 쫓아 달렸다. 그것이 지평선 저 끝에 숨어 있다고 믿었다. "시간이 너무도 급히 흘러가는 것을 그것의 강렬한 사용으로 보상할 것(몽테뉴, 『수상록[*Essais*]』 제3권)", 이것이 내가 달아나는 시간에 대응하는 방식이었다.

자유로운 인간은 시간을 소유한다. 공간을 지배하는 인간은 단순히 강할 뿐이다. 도시에서 분(分)들과 시간들과 해[年]들은 우리를 피해 달아난다. 그것들은 시간의 상처를 통해서 빠져나간다. 반면, 오두막에서는 시간이 진정된다. 그것은 착한 늙은 개처럼 당신의 발치에 엎드려 있고, 어느 순간 당신은 그것이 여기에 있다는 사실조차 모르게 된다. 내가 자유로운 까닭은 나의 날들이 자유롭기 때문이다.

여느 아침과 마찬가지로, 나는 난롯불을 지펴놓은 다음, 기슭에서 30미터 떨어진 빙판에 뚫려 있는 물구멍으로 간다. 밤사이에 얼음막이 다시 형성되어, 물을 긷기 위해서는 얼음막을 깨야 한다. 나는 한동안 타이가를 바라보며 거기에 서 있었다. 그런데 갑자기 하얀 손 하나가 (이 호수는 익사자들을 무수히 삼켰다) 구멍에서 쑥 솟아오르더니 내 발목을 꽉 움켜쥔다. 그 순간적인 환영에, 나는 얼음 깨는 꼬챙이를 떨어뜨리며 화들짝 놀라 뒤로 물러선다. 심장이 쿵쿵 울린다. 잠들어 있는 물은 불길하다. 호수는 꽉 막힌 물속에 갇혀 서성대며 슬픔을 되새기는 귀신들 때문에 우울한 분위기를 발산한다. 호수는 지하묘지이다. 바닥의 개흙은 유독한 공기를 퍼뜨리고, 수풀은 수면에 어두운 그림자를 드리운다. 바다에서는 큰 파도와 자외선과 소금이 모든 신비를 녹여버리며, 빛의 힘이 더 강하다. 이 호수의 만(灣)에서는 대체 어떤 일이 있었던 것일까? 어떤 배가 조난당했던 것일까? 처절한 복수극이 있었던 것일까? 나는 여섯 달 동안을 힘들어하는 어떤 영혼과 함께 지내고 싶은 생각은 없다. 그런 영혼은 내 것 하나로 충분하다. 나는 양동이 2개를 들고 따뜻한 오두막으로 돌아온다. 창밖을 보니 창백한 빙판에 검은 점처럼 구멍이 찍혀 있다. 서로 다른 세계들이 통하는 위험한 바늘구멍인 셈이다.

   오후가 되고, 나는 스노슈즈를 신는다. 숲의 위쪽 언저리에

이를 때까지, 1시간 반 동안 숲속을 걷는다.

나는 숲에 들어가는 것을 좋아한다. 숲속에서는 바깥의 소리들이 희미해진다. 프랑스나 벨기에에서 어떤 고딕 성당의 궁륭 천장 아래로 들어갈 때에도 같은 종류의 적막함을 느끼게 된다. 어떤 부드러움이 내 안에 흘러들어오면서 눈꺼풀이 무거워지고, 이마뼈 뒤가 뜨끈해진다. 수지류(樹脂類) 식물들이 내뿜는 광채에 대해서와 마찬가지로, 석회석의 광채에 대해서도 내 안의 무엇인가가 반응한다. 지금으로서는 성당의 홀보다는 거목들이 서 있는 울창한 숲이 더 좋다.

나무들 밑에는 눈이 깊이 쌓여 있다. 바람은 눈을 쓸어가지 못한다. 스노슈즈를 착용했지만, 발이 푹푹 빠진다. 밤중에는 스라소니, 늑대, 여우, 담비들이 돌아다닌다. 야생의 비극이 있었음을 알려주는 흔적들이 눈에 띈다. 어떤 것들 주위에는 선혈이 흩뿌려져 있다. 이 흔적들은 숲이 하는 말들이다. 짐승들은 적설에 발이 빠지지 않는다. 녀석들의 발바닥은 체중에 맞게 발달되어 있다. 인간은 눈 위를 걷기에는 너무 무겁다. 가끔 어치의 울음소리가 들리는 것 말고는 숲에는 정적만이 감돈다. 전나무 꼭대기에서 외쳐대는 녀석들은 뾰족탑 위에 있는 보초병들이다. 녀석들이 외쳐대는 까닭은 내가 그들의 영토에 침입했기 때문이다. 동물들의 영토를 지나기 전에 그들에게 허가를 요청하는 사람은 아무도 없다.

나무들에는 이끼가 늘어져 있다. 오래 전에 읽었던 어떤 이야기에서, 그 작가는 이끼가 어떻게 생겨났는지를 상상했다.

한 신이 숲속을 헤매다가 망토자락이 나뭇가지에 걸려, 그 쭉 찢어진 천조각들이 이끼가 되었다는 것이다.

  소나무들은 무척 슬퍼 보인다. 마치 추위에 떨고 있는 것 같다. 1시간을 걸어올라가니 고도계가 해발 750미터를 가리킨다. 조금 더 힘을 내어 해발 900미터 위쪽으로 올라가니 숲이 무기들을 내려놓는다. 그곳의 눈은 폭풍에 깎여져나가서 단단한 빙면을 드러내고 있다. 다행히 이 미끄러운 표면에도 잘 대응하는 스노슈즈 덕분에 나는 좁다란 계곡을 통해서 빠른 속도로 올라갈 수 있다. 숲의 경계 위쪽에도 몇 그루의 낙엽송이 살아남아 있다. 드문드문 서 있는 그들의 굽은 가지들은 별모양으로 갈라진 균열들로 장식된 호수의 청금석 빛깔의 바탕 위로 뚜렷이 부각된다. 가지의 금색, 호수의 청색, 그리고 빙판 균열의 백색. 일본의 화가 가쓰시카 호쿠사이(葛飾北齋)가 즐기는 색깔들이다.

  때로 발밑이 푹 꺼져버린다. 무고소나무(고산지대에서 자라는, 높이가 최대 1미터 정도 되는 관목/역주) 무리 위에 쌓여 있던 눈이 내 무게에 허물어지는 것이다. 나는 가지들이 만든 그물을 뚫고 떨어져내리고, 스노슈즈는 얽힌 가지들에 걸리게 된다. 구덩이 속에서 욕설을 내뱉는다. 나는 시베리아의 굴라크에서 수용생활을 했던 한 수인이 수용소를 둘러싼 무고소나무들을 회상한 것을 기억한다. 5월에 날씨가 따뜻해지면, 이 나무들은 두텁게 덮은 눈에서 해방되었다. 그렇게 다시 일어서면서 봄을, 그리고 희망을 예고했던 것이다.

1,000미터 고도에 이르러, 나는 계곡을 양쪽에서 옹위하듯 솟은 바위투성이 능선을 향해 기어오른다. 톱니 같은 화강암 능선이 호수를 배경으로 떠오른다. 나의 몇몇 친구들은 오직 이 기분을 위해서 산다. 투명한 공기가 머리를 핑 돌게 하는 고지에 올라, 아무 냄새도 없는 추상적인 형태들의 왕국에서, 하늘과 땅 사이에 떠 있는 이 기분 말이다. 다시 골짜기로 내려오면 삶은 악취를 풍긴다. 도시에서 등산가들은 불행한 사람들로 되돌아가는 것이다. 눈밭에 불쑥 솟은 두 바위 사이에서 나는 불을 피우고 차를 끓인다. 모닥불은 연기를, 나는 담배를 피운다. 우리는 두 종류의 소용돌이 연기를 늙은 호수에 바친다. 그 높은 곳에 오르는 날이면, 나는 존재하는 순수한 즐거움에 빠져든다. 그것은 호수 앞에 홀로 앉아 시가를 깊숙이 빠는 것이다. 그 무엇에도 해를 끼치지 않고, 그 누구의 강요도 받지 않는 것이다. 자신이 느끼는 것 이상으로 삶에 대한 욕심을 내지 않는다. 그리고 자연이 우리를 거부하지 않는다는 사실을 아는 것이다. 삶에는 세 가지만 있으면 된다. 태양과 망루와 두 다리에 젖산의 형태로 남은 힘든 노력의 추억. 또 몽테크리스토 소형 시가도 몇 개비 있으면 좋으리라. 행복은 한 모금의 시가 연기처럼 순간적인 것이다.

　영하 30도. 명상에 잠기기에는 너무 추운 날씨이다. 나는 하산을 위한 통로로 한 협곡을 택하여, 어린 물푸레나무들과 산수유나무 가지들을 붙잡고 미끄러져가면서 내려온다. 그렇게 소나무와 자작나무들로 이루어진 숲으로 돌아와서는 잠들어 있는 눈에 푹푹 빠져가면서 1시간 만에 기슭에 다다른다. 어림 짐작으로 방향을 잡아 내려왔는데, 어느새 나의 오두막에서 그리 멀지 않은 모래톱에 이르렀다. 오두막이 눈에 들어오니 정말 행복하다. 오두막은 나를 반갑게 맞아주고, 나는 집으로 들어간다. 문을 닫고 난롯불을 지핀다. 5월이 되면 나의 영토에서 가장 높은 봉우리들에 올라가보리라.

히페리온의 제사(題詞)는 이렇게 말한다. "광대함에 짓눌리지 말 것. 가장 좁은 공간에 갇혀 있을 줄 알 것. 신성한 것은 그 안에 있느니." 요컨대, 한 바퀴 산책을 한 후에, 호수의 위대함에 흠뻑 취한 후에, 눈송이, 이끼, 박새처럼 아름다움에 봉사하는 작은 봉사자들에게도 윙크를 한번 해줄 것.

3월 4일

창유리로 들어오는 햇살의 애무는 사랑하는 사람의 그것만큼이나 감미롭다. 세상을 피하려고 숲속에 은둔한 사람이라도 적어도 해의 침입만큼은 용인할 수 있으리라.

하루를 잘 시작하기 위해서는, 우선 밖에 나가서 문안인사를 드리는 것이 중요하다. 먼저 해에게, 그 다음에는 호수에게, 또 나의 오두막 앞에 서서 저녁이면 달이 그의 각등을 걸어놓는 조그만 삼나무에게도.

여기에서 나는 예측 가능성의 왕국에 살고 있다. 흘러가는 하루하루는 전날의 거울이고, 다음날의 스케치이다. 시간마다 달라지는 하늘의 색깔, 문득 왔다가 가버리는 새들, 그리고 깨닿고 분간하기 힘든 수많은 뉘앙스들이다. 인간세상이 더 이상 신호를 보내지 않게 되었을 때, 삼나무 잎사귀에 나타난 새로운 색깔, 쌓인 눈의 반사광은 아주 중요한 사건이 된다. 나는 이제 비나 화창한 날씨에 대한 이야기를 늘어놓는 사람을 더 이상 경멸하지 않으려 한다. 날씨에 대한 성찰은 우주적 차원을 담고 있다.

은둔자에게 예측 밖의 요소는 자신의 상념이다. 단조로운 시간의 흐름을 끊는 것은 오직 그것뿐이다. 자신을 놀라게 하고 싶다면 몽상해야 한다.

  2년 전, 프랑스 해군의 연습함 잔느 호를 탔던 일이 생각난다. 우리는 수에즈에서 출발하여 지중해를 천천히 항해했다. 섬들과 곶들이 지나갔다. 함교의 지휘실에서 장교들은 섬과 곶들이 지나가는 것을 바라보았다. 정적만이 감돌았다. 해안에서 돌출부가 나타날 때마다 모두가 속으로 몹시 좋아했다. 오늘, 나는 지휘실 창밖을 바라보던 그때와 비슷한 시선을 창밖에 던지고 있다. 호안(湖岸)의 모양이 변하는 것을 살피려고 한 것이 아니라, 바깥 분위기에 어떤 미묘한 변화라도 없는지, 어떤 빛의 떨림이라도 없는지 살피기 위해서였다. 갑판에서 우리는 펼쳐지는 공간이 우리의 무료함을 풀어주기를 은근히 바랐었다. 오두막에서는 시간이 몰고 오는 이 미세한 변화들만으로도 충분하다. 나는 지금 움직임을 멈춘 채 항해하고 있는 것이다. 만일 누군가가 몇 달 동안 뭘 했느냐고 묻는다면, 나는 이렇게 대답하리라. "크루즈 여행을 했지요."

오두막 안과 바깥은 시간이 흐르는 느낌이 서로 다르다. 안에서는 평온한 시간들이 시냇물처럼 잘도 흘러간다. 반면 영하 30도의 바깥에서는 일초 일초가 후려치는 채찍처럼 길게 느껴진다. 빙판 위에서는 시간의 걸음이 더욱 느려진다. 추위에 흐름이 굳어버린다. 오두막의 문턱은 따뜻함과 차가움, 풍족한 환경과 적대적 환경을 나누는 판자조각이 아니라, 시간이 같은 속도로 흐르지 않는 모래시계의 두 구(球)를 잇는 조절 밸브이다.

시베리아의 오두막은 문명세계의 주거규범에 맞추어 짓지 않았다. 여기에서는 안전성, 확실성 등은 절대적인 요구사항이 아니다. 러시아인들의 원칙에는 '절대 안전'이라는 항목이 없다. 9제곱미터 남짓한 공간에서 몸은 이글거리는 난로, 대충 걸려 있는 톱, 들보에 박힌 칼과 도끼 등을 피해 다녀야 한다. 사고예방이 무엇보다도 중요한 유럽에서라면 이런 오두막은 당장 허물어버릴 것이다.

나는 삼나무 둥치 하나를 톱으로 자르느라고 오후 내내 씨름한다. 진을 빼는 작업이다. 목질이 얼마나 치밀한지 톱니가 물리지 않을 정도이다. 잠시 숨을 돌리려고 남쪽을 한번 바라본다. 둥글게 굽이진 만, 점점이 뿌려진 황백색 구름, 삐죽삐죽 솟은 소나무, 웅장하게 드리워진 화강암질 산기슭 등, 완벽한 구조의 건축물처럼 짜인 경치가 펼쳐져 있다. 이 티베트 불화

(佛畵) 탄카의 중심에, 각각 죽음과 영원회귀와 신성한 순수성을 상징하는 호수의 세계와 산의 세계와 숲의 세계가 만나는 접점에, 나의 오두막이 놓여 있다.

이곳의 삼나무는 굵기는 가늘어도 수령이 족히 200살은 되어 보인다. 생명은 풍부하지는 않지만, 그 어느 곳보다도 강렬하다. 나무들은 울창한 수풀을 이루지는 못하지만, 그들의 살은 대리석만큼이나 단단하다.

다시 한번 숨을 돌린다. 작년에 나는 러시아 극동지방 사마르가 계곡 사면(斜面)의 벌채기지들을 방문했었다. 러시아 정부는 타이가를 중국인들에게 팔아치우고 있다. 변방의 정적을 찢는 전기 톱소리와 함께, 중국인들은 도축한 소를 토막내듯이 숲을 해체한다. 그리고는 나무좀 같이 치밀하게 통나무들을 다시 잘게 자른다. 이 나무들 중 어떤 것들은 기이한 운명을 겪게 될 것이다. 사람의 발길이 닿지 않은 어느 깊은 골짜기에서 싹을 틔운 후, 시베리아의 혹한 속에서 100년, 아니 150년 동안 살아남은 이 삼나무들은 토막나고 쪼개어져 결국 젓가락이 되어서는, 고향을 떠나온 이들을 위한 어느 쇼핑센터 신축공사장에 고용된 상하이 인부의 목구멍에 국수를 넣어주는 신세가 되고 말 것이다. 나무들에게는 참으로 가혹한 시대이다. 세르게이의 말로는 바이칼 호를 따라서 뻗은 저 바위투성이 능선들 뒤쪽, 레나 강 자연보호구역 깊은 곳에서는 벌목꾼들이 벌써 작업을 개시했다고 한다.

잘 보존된 국토에 대해서 그토록 자부심이 강한 러시아인들이 이런 조직적 벌목에 대해서는 별로 신경을 쓰는 것 같지 않다. 한없이 큰 나라에 산다는 환상에 사로잡혀, 그들의 자연이 고갈될 리 없다고 생각하는 것이다. 하기야 자투리땅으로 이루어진 스위스 목초지에서야 금방 생태주의자가 되겠지만, 러시아의 광막한 평원에서 불안한 하루하루를 이어가야 하는 처지에서 그것은 쉽지 않은 일이리라.

나는 죽은 자작나무도 한 그루 베어낸다. 목피(木皮)는 불을 피울 때 불쏘시개로 사용할 생각이다. 나무 표면에는 홈 같은 균열들이 죽죽 그어져 일종의 줄무늬처럼 보인다. 어떤 숲의 정령이 세월을 세고 있었던 것일까?

오두막으로 돌아가고 있을 때, 탐스러운 눈송이들이 떨어져 경사지에 울퉁불퉁 솟은 자작나무 그루터기와 뿌리들을 덮는다.

3월 5일

또다시 저 위쪽의 왕국을 침입한다. 나는 세르게이가 알려준 폭포를 찾아가고 싶었다. "1시간 반 정도 걸으면, 해발 1,000미터쯤 되는 곳에 있어요." 나는 삼나무 생장한계선 위쪽, 돌밭이 이어지는 등고선을 따라, 스노슈즈를 신은 채로 폭포를 찾아 헤맨다. 우묵한 분지에 패인 한 협곡의 상단부, 해발 900미터 되는 곳에서 폭포와 마주친다. 편암 절벽의 꼭대기에 부채꼴로 깎인 부분에서 시작되는 얼음줄기는 허공에 퍼지듯이 분출된 뒤에 시커먼 바위를 진줏빛 빙막으로 뒤덮었다.

새 한 마리 울지 않는다. 겨울이 생명을 석화시켰다. 세계는 깨어날 시간을 기다린다. 눈과 폭포와 구름, 심지어는 정적마저도 정지해 있다. 어느 날, 삼라만상은 다시 활동을 재개하리라. 하늘에서는 따뜻한 기운이 내려오고, 봄의 흐름이 자연의 세포조직들을 부풀어오르게 하리라. 동물들의 혈관은 새 피로 고동치고, 계곡들은 다시 물로 채워지며, 나무들에는 수액이 힘차게 흐르리라. 새순은 눈의 외피를 뚫고 나오고, 눈은 호수로 돌아가겠다고 속삭이며, 알 속의 애벌레들은 깨어나고, 곤충들은 땅 밖으로 나오리라. 산자락마다 졸졸거리는 물로 뒤덮이리라. 생명은 비탈을 타고 흘러내리고, 짐승들은 호수의 물을 마시러 내려오고, 여름의 구름은 기어서 북쪽으로 올라가리라. 그러나 지금으로서는 오두막으로 돌아가려고 눈 속에서 몸부림을 치는 것은 오직 나 혼자이다.

저녁에는 스케이트를 즐긴다. 반들거리는 어두운 빙판 위에 1시간 동안 얼음을 지친다. 흑요석 색깔의 반점들, 그리고 그 사이사이에 산호초 바다처럼 파란 줄무늬들.

바람이 남겨놓은 얼마간의 눈이 빙판 위에 조그만 섬을 이루었다. 나는 시가 한 대를 피우려고 그 위에 올라선다. 바이칼이 우드득거리자 내 뼛속에서도 반향이 일어난다. 호수 가까이에 산다는 것은 좋은 일이다. 호수는 우리에게 대칭의 광경(기슭과 그것이 물에 비친 그림자)과 균형의 교훈(흘러드는 물과 빠져나가는 물 사이의 등식)을 제공한다. 일정한 수위가 유지되기 위해서는 기적에 가까운 정확성이 필요하다. 호수의 장부에 기입되는 물은 한 방울도 빠짐없이 재분배되어야 한다.

오두막에 산다는 것은 이런 것들에 관심을 가지게 된다는 것을 의미한다. 이런 것들을 글로 쓰고, 또 쓴 글을 읽어볼 시간이 있는 까닭이다. 더 좋은 것은, 이 모든 일들을 하고 나서도 시간이 남아돈다는 사실이다.

오늘 저녁에는 나의 천사, 박새가 오두막 유리창을 찾아왔다.

3월 6일

오늘 아침에는 침대에서 꾸물거린다. 빠끔히 열린 침낭 주둥이를 통해서, 그리고 창문을 통해서 부랴트 위쪽으로 커다란 붉은 복숭아가 솟아오르는 광경이 보인다. 언젠가 태양은 우리에게 비밀을 알려주리라. 아침마다 다시 떠오를 수 있는 그 힘을 대체 어디에서 찾아내는지를.

한 줄기 강풍이 얼음 같은 공기를 문 아래 틈으로 밀어넣는다. 은둔자가 고립되었다고? 그러나 무엇으로부터? 바깥 공기는 들보들 사이로 미끄러져 들어오고, 햇살은 탁자 위에 넘쳐흐르며, 호수의 물은 지척에 다가와 있다. 부식토는 마룻바닥 바로 밑에 숨어 있고, 숲의 냄새는 여기저기에 벌어진 틈으로 흘러들어오고, 눈은 오두막의 기공들을 통해서 스며들고 있는데, 곤충 한 마리까지 제 발로 기어들어와서는 마룻바닥 위에 척 올라앉는다. 도시에서는 아스팔트가 발과 흙 사이의 모든 접촉을 가로막으며, 사람들 사이에는 돌벽이 서 있다.

호수가 끔찍이도 우지끈거린다. 찻잔을 앞에 두고, 주황색 표지의 『의지와 표상으로서의 세계』를 펼친다. 쇼펜하우어의 이 책은 파리의 나의 서가에도 꽂혀 있었지만, 감히 열어보지는 못했다. 책들 중에는 우리가 그 주위를 서성거리기만 하는 것들이 있는 법이다. 사실, 내가 숲속에 파묻힌 이유 중 하나는 나를 항상 주눅들게 했던 책들을 돌파하기 위해서였다. "음악의 형이상학"을 다룬 제39장에 이런 구절이 있다. 가장 낮은 파트들과 상응하는 것은 가장 열등한 단계들, 즉 아직 생명은 없지만 벌써 어떤 속성들을 갖춘 물체들이다. 높은음자리들은 식물들과 동물들을 표상한다. [……] 모든 물체들과 생명체들은 그들의 기반이자 근원인 지구라는 덩어리의 다양한 진화단계들에서 나온 것으로 간주되어야 한다. 이것은 음악에서의 기저 파트와 높은음자리들 사이에 존재하는 관계와 똑같은 관계이다. 그렇다! 호수가 내는 우지끈 소리와 폭음이 바로 이것이었다! 그것은 아직 생명이 없는 것의, 미분화된 것의 음악, 세상의 가장 깊은 곳에서 나오는 멜로디, 초기의 세계가 연주하는 교향악이었다. 아직 이름을 부여받지 못한 물질이 움직이는 것이었고, 이 경련들이 계속 저음부 배경으로 깔리는 가운데, 그 위에서 눈송이 하나, 혹은 박새 한 마리가 어떤 가벼운 멜로디를 시도해보는 것이었다.

  갑자기 기온이 뚝 떨어진다. 영하 35도의 날씨 속에 나무를 하다가 훈훈한 오두막으로 들어오니 세상에 다시없는 사치를 누리는 기분이다. 추위에 떨다가 들어와 난로 옆에서 보드카 병마개가 튀어오르는 소리를 들으면, 베네치아 대운하변의 어느 특급 호텔에서도 맛볼 수 없는 기쁨을 누리게 된다. 통나무집이 특급 호텔 못지않다는 사실을 스위트룸에 익숙해져 있는 사람들은 절대로 이해하지 못하리라. 그들은 거품목욕을 하기 전에 추위로 손이 곱아본 경험이 없는 것이다. 사치란 어떤 상태가 아니라, 어떤 선을 넘는 것이다. 일순간에 모든 고통이 사라져버리는 그 문턱을 넘는 것이다.

정오이다. 바람이 세차게 불지만, 그래도 나는 출발한다. 오두막에서 130킬로미터 떨어진 우슈카니 섬으로 가는 것이다. 여행기간은 총 9일로 잡았다. 세르게이의 기지까지 가는 데에 사흘, 거기에서 섬까지 가는 데에 하루, 그 섬에서 하루를 보낸 다음, 뭍까지 돌아오는 데에 또 하루, 그러고 나서 사흘 걸려서 나의 오두막으로 돌아올 것이다. 나는 아동용 썰매에 의복 배낭과 식량과 스케이트를 싣고 끌고 간다. 또 루소의 『고독한 산책자의 몽상』과 어제부터 읽기 시작한 윙거의 일기도 챙겨 넣었다. 인본주의 철학자와 슈바벤의 곤충학자. 친구는 이 정도면 충분하지 않을까?

나는 얼어붙은 호수의 혼돈을 건너간다. 눈은 파란 빙판 위에 하얀 크림을 얹어놓았다. 신이 만든 케이크 위를 걷는 기분이다. 불규칙하게 튀어나온 얼음조각들이 이따금 햇빛을 받아 빛난다. 대낮에 별들이 반짝이는 것 같다. 어떤 부분들에서는 월계관 형태로 금이 가 있다. 이런 곳에서는 투명한 빙판 위를 사방팔방으로 달리는 균열들이 빈번히 나타나는 어떤 도식에 따라서 갈라지기를 반복하여 수형도(樹型圖) 형태 혹은 어떤 종류의 식물의 복잡다단한 가지를 이룬다. 이것은 어떤 수학적 구조를, 우주의 법칙들에 의해서 결정되는 어떤 문자를 보여주고 있는 것이 아닐까? 물은 어떤 기억을 가지고 있다고 한다. 그렇다면 얼음에게도 어떤 지성(물론 그것은 차가운 지성이리라)이 있는 것이 아닐까?

6시간을 걸은 뒤에 곶 하나를 끼고 돌아서니 자바로트노에의 촌락이 나타난다. 포구 기슭에 목재로 지은 집 몇 채가 옹기종기 서 있다. 1년 내내 사람이 사는 집은 단 한 채로, V. E.라는 이름의 삼림감시인이 주인이다. 가로 10킬로미터, 세로 20킬로미터의 면적에, 자연보호구역으로 둘러싸인 이 자바로트노에 지역은 러시아인들이 가장 좋아하는 활동, 즉 '제멋대로 하기'를 즐길 수 있는 자유로운 땅이다. 이 마을은 해발 1,000미터의 산에 위치한 마이크로쿼차이트 광산에서 작업하는 광부 팀들의 후방기지 역할을 했었다. 마이크로쿼차이트는 전축용 금강석이나 진동자 바늘을 만드는 데에 쓰이는 광물이다. 이런 흥미로운 사실들을 알려준 사람은 나를 자신의 이즈바에서 반갑게 맞아준 V. E.이다. 그의 부엌은 돼지우리나 다름없다. 벽은 기름때가 절어 있다. 바닥은 매우 위험하다. 생선 내장을 밟아 미끄러질 수도 있고, 이곳에서는 주인이나 다름없는 개들에게 줄 물개 비계가 끓고 있는 냄비를 엎을 수도 있다. 그는 여기에서 남쪽으로 40킬로미터 떨어진 솔네치니의 기상관측 기지의 책임자로 오랫동안 일했다. 전에는 알코올 중독자였다고 한다. 지금은 좋아졌지만, 치아를 많이 잃었다.

그는 나에게 어떤 지질학자에게서 선물로 받았다는 화산암 조각을 보여준다.

"세계에서 가장 오래된 광물이지요." 그의 설명이다.

"몇 살이나 되었는데요?"

"40억 년이요. 내 꿈에 영감을 줄 수 있게, 베개 속에 넣었죠."

"그래서요?"

"아직 아무 결과도 없어요."

그는 이어 말한다.

"배고파요?"

"네."

"생선 좀 먹을래요?"

"좋죠."

그가 소련이 무너지고 난 이후로 한번도 청소한 적이 없는 부엌 식탁 위에 얼어붙은 생선을 올려놓고 망치로 두드리는 모습은 참으로 유쾌하다. 러시아인들은 격식을 차리는 법이 없지만, 생선 맛은 기가 막히다.

3월 7일

빙판에서의 하루. 호수를 덮은 얼음외투의 무늬들에서 눈을 뗄 수가 없다. 빙판 속의 쪼개지고 갈라진 면들은 이 얼어붙은 물속에 겹겹이 풀어놓은 천들, 찌릿한 전류를 방사하며 너울거리는 옥빛 천들처럼 보인다. 선들은 수축하여 다시 합쳐지다가는, 또다시 갈라져나가기를 반복한다. 얼음은 충격의 에너지를 이 신경다발들을 따라서 분배함으로써 흡수했다. 몇 차례의 굉음이 정적을 깨뜨린다. 수십 킬로미터 떨어진 어떤 곳에서 일어난 폭발의 여파로 생기는 소리이다. 폭발음이 그물처럼 얽힌 혈관들을 타고 흘러나가는 것이다. 이 문합(吻合) 체계 안에서 햇빛이 굴절된다. 실타래가 환해진다. 빛은 이 터키옥빛의 혈관들을 비추며, 금빛으로 그들을 수정시킨다. 얼음이 경련한다. 얼음은 살아 있고, 나는 얼음을 사랑한다. 구불구불 이어지는 진줏빛 끈들은 신경섬유나 우주먼지 장(場)과도 비슷한 매듭들을 그린다. 이 얽히고설킨 그림은 환각의 영역에 속한다. 술도 마약도 하지 않았건만, 나의 뇌는 환각적인 장면들을 지각한다. 세계가 어떤 미지의 문자를 보여준다. 아편의 연기에서 솟아난 듯한 무늬들이 줄줄이 지나간다. 자연은 우리가 정신의 스크린에 새로운 이미지들을 투사할 수 있다고 자위(自慰)하는 것조차 허락하지 않는다.

  5월이 되면 이 작품은 사라져버릴 것이다. 물이 작품을 삼켜버릴 것이다. 바이칼의 얼음은 그 공들인 그림이 더위와 바람에 의해서 지워지게 될 만다라이다.

  자바로트노에 남쪽 20킬로미터 되는 지점에 이른 나는 볼쇼이 솔론초비 오두막에서 밤을 보내기로 한다. 상태가 형편없는 이 오두막은 자연보호구역 삼림감시인들의 임시 숙박소로 사용되고 있다. 3년 전, 나는 당국이 개전(改悛)의 기회를 주었던 전과자인 막심과 함께 여기에서 이틀을 보냈다. 삼림감시인으로 임명된 그는 오두막에 갇혀 몹시 따분한 나날을 보내고 있었다. 그는 생긴 것은 험상궂었지만, 미소만큼은 지극히 부드러웠다. 그의 삶은 그다지 즐겁지 못했다. 얼마 전부터 곰 한 마리가 부근을 어슬렁거리는 통에 집 바깥에 나갈 수가 없었던 것이다. 그는 한탄했다. "찻주전자에 오줌을 싸야 하는 신세가 됐다니까요!" 그의 상관들은 이르쿠츠크 감옥에서 나온 지 얼마 되지 않은 이 마약중독자에게 엽총을 맡기고 싶은 마음은 없었던 것이다. 저녁마다 곰이 문 앞까지 찾아와서는 우리를 꼼짝 못하게 만들었다. "염병할! 차라리 감방 안에 있을 때가 더 안전했다니까!" 막심은 으르렁거렸다.

그동안 곰은 사살되었고, 막심은 재범으로 다시 형을 살고 있는 중이며, 볼쇼이 솔론초비 오두막은 다시 비게 되었다.

나는 나 자신을 상대로 체스를 둔다. 저물어가는 햇살이 유리창으로 들어와서 칼날에 반사된다. 비숍의 영웅적인 돌격에도 불구하고 흰 말들이 패한다. 들보마다 사진들이 붙어 있다. 매끈한 피부와 당당한 젖가슴을 숨김없이 드러낸 백인 아가씨들이 별로 대화욕구를 일으키지 않는, 약간 사람을 오그라들게 하는 포즈들을 취하고 있다. 벌써 아무것도 보이지 않는다. 밤이 너무 깊었다.

3월 8일

빙판 위에서. 오후에 솔네치니 기상관측 초소에 도착한다. 지금은 사라진 나라 소련 시절에, 저 나무를 베어낸 펑퍼짐한 언덕에, 산뜻한 마을 하나가 세워졌었다. 지금은 잔해만 남은 이 촌락에는 단 두 사람만 살고 있다. 삼림감시인 아나톨리와 그의 전 아내 레나이다. 그들은 얼마 전에 헤어져 인접한 두 이즈바에서 따로 산다. 이를테면 세상 끝에 사는 개와 원숭이인 셈이다. 관측초소는 깨지고 조각나서 어지러이 뒤얽힌 빙판에 의해서 방어되고 있다. 나는 아나톨리의 이즈바 문을 두드린다. 대답이 없다. 문을 밀어 연다. 방 안에는 햇볕이 넘쳐흘렀다. 바닥에는 통조림 깡통들이 널려 있고, 식탁 아래에는 빈 병들이 빼곡하며, 안락의자에는 시체가 한 구 뒹굴고 있다. 그러고 보니 오늘은 3월 8일, 즉 러시아의 "여성의 날"이다. 헤어졌지만, 아나톨리는 축하 파티라도 열어주고 싶었던 것이다. 나중에 레나가 알려준 바에 의하면, 그는 밤새도록 그녀의 집 문을 두드리며 고래고래 소리를 질렀다고 한다. "문 안 열어줄 거야!" 신사가 여성의 날을 기념하지 않고 지나쳐버릴 수는 없지 않은가?

나는 그를 깨운다. 그에게서는 포르말린과 에테르와 양배추 냄새가 난다. 그는 일어나려고 하다가 그만 바닥에 쿵 떨어져버린다. 그는 체면을 살리려고 이렇게 둘러댄다.

"류머티즘 때문에요. 고생이 말이 아니에요."

"그래요, 날씨가 꽤 습하군요."

아나톨리는 할일 없이 물가를 어정대며 오후 나절을 보낸다.

나는 아나톨리에게 작별을 고한다. 레나가 자기 집에 차를 마시러 오라고 나를 초대했기 때문이다. 그녀는 쭉 찢어진 파란 눈과 뾰족한 코가 플랑드르의 정어리 상인을 연상시키는,

아주 멋진 외모를 가졌다. 우리에게는 3시간이 남아 있다. 찻잔에서 무럭무럭 김이 피어오르는 가운데, 레나는 신이 나서 떠들어댄다. 그녀는 열여섯 살 때 이 초소에 왔다. 그리고 이 세상 그 무엇을 준다고 해도 이곳을 떠날 생각이 없다.

"난 아스팔트가 싫어요. 도시에 가면 그 아스팔트 때문에 발이 아프고, 돈도 줄줄 새나가죠."

"하는 일은 어때요?"

"난 이 일이 좋아요. 야생동물들이 있는 것만 빼고요. 관측기구들은 집에서 150미터 떨어진 곳에 있는데, 밤에는 거리가 더 멀게 느껴져서 막 뛰어가죠. 하지만 불평하진 않아요."

"왜요?"

"관측기구에서 1킬로미터나 떨어진 초소들도 있으니까요."

"녀석들이 덤비진 않나요?"

"덤벼요. 늑대들이요."

"언제요?"

"내가 여기서 두 번째로 늑대를 본 것은 작년 6월 2일이었어요. 아침 8시에 관측 장소로 가는데, 암소들이 막 뛰면서 들어오는 거예요. 난 황소가 녀석들을 놀라게 했나보다 생각했죠. 그래서 다시 가는데, 저 멀리서 우리 개 자레크 비슷한 녀석이 보여요. 그런데 돌아보니 자레크는 뒤에 있었어요. 진짜 늑대 한 마리가 바로 앞에 있었던 거죠! 암소들은 벌써 모두 내 뒤로 내뺀 뒤고요. 난 커다란 돌멩이를 들고 늑대를 향해서 달려갔죠! 늑대가 다가왔고, 으르렁거리는 녀석의 드러난 이빨이 보었어요. 난 녀석에게 돌을 연달아 집어던졌죠. 그러니까 암소들도 자기들의 행동이 부끄러웠던지, 몸을 돌려서 다시 오는 거예요!"

"암소들이 돌아왔다고요?"

"네. 그리고 황소도요. 그러자 늑대가 뒷걸음치기 시작했어요. 마치 나더러 한번 따라와보라는 듯이 이빨을 드러내고 뒷걸음치더군요. 난 계속 돌멩이를 던지며 쫓아갔죠. 내 뒤에 소떼도 따라오니까 용기백배해서요!"

"용감한 암소들이군요."

"네. 하지만 소들을 잃은 해도 있었어요."

"또 늑대 얘기인가요?"

"아뇨, 곰이요."

"곰?"

레나가 무선전화 호출을 하려고 일어난다. "만일 내가 이렇게 보고하는 것을 연달아 세 번 빼먹으면, 그건 내가 죽었다는 뜻이죠." 나는 우주에 로켓을 쏘아올리는 동시에 돌멩이를 던져서 늑대와 싸우는 나라, 러시아에 대한 사랑이 더욱 굳어져 가는 것을 느끼며 레나와 헤어졌다.

창백한 월면(月面) 같기도 하고, 청록색 신경섬유가 얽힌 해파리의 젤리질 살 같기도 한 빙판을 2킬로미터 걸어, 세르게이와 나타샤가 사는 포코이니키에 도착한다. 세르게이가 바냐를 뜨겁게 해놓았다. 우리는 그 질식할 듯한 열기 속에서 1시간 동안 헐떡댄다. 그리고 나서 꿀이 함유된 보드카 한 병을 함께 비운다. 남자가 여자에게 신용을 회복하는 날인 3월 8일 오늘, 여성을 위하여 건배하는 것도 잊은 채.

3월 9일
정오, 세르게이가 3리터들이 맥주 병을 하나 딴다. 나는 3년 동안 이 삶을 꿈꾸어왔다. 오늘, 나는 그 꿈이 실현된 이 삶을 아주 평범한 것처럼 맛보고 있다. 우리의 꿈들은 실현되지만, 그 순간 반드시 터져버리는 비눗방울에 지나지 않는다.

3월 10일
우슈카니 섬을 향해서 출발한다. 섬은 포코이니키 동쪽으로 30킬로미터 떨어진, 호수 한복판에 위치해 있다. 지평선에 섬의 덩어리가 보인다. 펠트 모자 같은 형태이다. 바람은 북서쪽에서 불어온다. 나는 도형수(徒刑囚)처럼 터벅터벅 걷는다. 반투명한 칠기 같은 빙판 위를 1킬로미터씩 꾸역꾸역 나아간다. 얼음 밑으로 물고기 한 마리가 헤엄친다. 한 세계가 우리를 나누고 있다. 녀석은 갇혀 있는 것이다. 뛰어넘을 수 없는 덮개에 의해서 하늘로부터 분리되어 있는 녀석의 모습을 보니 마음이 아프다. 나는 이따금 눈밭에 벌렁 드러누워서는, 방한 후드의 열린 틈을 통해서 냉혹할 정도로 새파란 하늘을 올려다본다. 썰매는 발걸음을 붙잡기도 하지만, 때로는 강풍에 주르륵 미끄러져 나를 추월하기도 한다. 그럴 때면 몸을 약간 뒤로 기울여 그것을 세워야 한다. 나는 6시간 만에 섬에 닿았다.

이곳 영주의 이름은 유리이다. 그는 두둑이 솟은 호숫가에 서녘을 향해서 서 있는 네 채의 큼직한 이즈바, 즉 이곳의 기상관측 초소에서 아내와 함께 살고 있다. 그는 섬의 은둔자들이 종종 보이는 폭군적인 성격을 가지고 있다. 이 전제주의(專制主義)는 보드카가 그의 눈 깊은 곳에 불길을 당길 때면 광기마저 띠게 된다. 그는 경쟁자 없이 홀로 섬을 지배한다. 바이칼의 기상관측 초소들은 모스크바의 법이 희미한 메아리로 와닿는 독립된 영지들이다. 중앙정부와 이 은둔 시민들 사이에는 암묵적인 계약이 존재한다. 전자는 단 1루블의 보조금도 보내주지 않는다. 대신에 후자들은 속이고 거짓말하면서 최대한 긁어낸다.

3월 11일
잠이 덜 깬 상태로 우슈카니 섬에서 하루를 보낸다. 시베리아의 태양이 이즈바의 전면에 부딪쳐오고, 빛은 나무 방의 내부를 환히 밝힌다. 나는 침대에 누워 윙거의 일기 『날아간 60년』의 제1권을 읽는다. 이 노(老) 현인은 이곳을 지배하는 빛을 그다지 좋아하지 않았으리라. 너무 강렬하여 사물의 신비를 죽여버리기 때문이다. 견자(見者)*의 흐릿한 빛깔의 눈은 은은한 빛깔들과 더 잘 맞는다. 나는 페이지를 넘길 때마다 번득이는 이미지들, 영감들, 비전들을 길어낸다. 윙거는 물질세계의 형

---

* 프랑스 시인 랭보가 사용한 용어. 그에 따르면, 시의 목적은 현실의 이면에 숨겨진 미지의 세계에 도달하는 것이며, 이 새로운 세계를 보는 사람이 곧 견자이다/역주

이상학을 상징으로 표현한다.

27쪽 : "범용한 진보는 사물들과 인간들의 수량화, 즉 그것들을 숫자화하는 데에 있다."

66쪽 : "인간을 표지(標識)들을 품은 존재, 즉 일종의 신호기(信號旗)로 보아야 한다."

119쪽 : "여기에는 그 이름을 굳이 알 필요가 없는, 그리고 나무들이 숲에 녹아들듯이 절대적 신성(神性) 속으로 녹아드는 신들이 거처한다."

164쪽 : "스리랑카에서 단 하루── 어쩌면 이 사원 저 사원을 쓸데없이 어정거리는 것보다는 노목(老木) 몇 그루에게 경의를 표하는 것이 나으리라."

199쪽 : "탈신비화는 사람들과 그들의 행동이 기계세계의 법칙들을 온순히 따르게 만든다."

266쪽 : "우리가 차이들에 덜 집착할수록 직관은 강화된다. 그럴 때 우리가 듣게 되는 것은 더 이상 나무들이 흔들리는 소리가 아니라, 숲이 바람에게 하는 대답이다."

353쪽 : "입장료. 이보다는 퇴장료를 지불하는 것이 나을 때가 많다. 사회와 더 이상 아무런 관계도 맺지 않기 위해서 지불하는 대가 말이다."

366쪽 : "사람들이 갈수록 조급해져간다는 것은 세계의 수량화의 한 증상이다."

519쪽 : "어느 날 꿀벌들은 꽃들을 발견했고, 자신의 애정에 따라서 그것들을 가공했다. 그 이후로 아름다움은 이 세상에서 더 큰 자리를 차지하게 되었다."

아포리즘이나 잠언 같은 것들에 대한 나의 사랑은 어디에서 오는 것일까? 전체보다는 자기 중심주의를, 집단보다는 개인을 선호하는 성향은 대체 어디에서 오는 것일까? 내 이름? 테송, 즉 사금파리(저자의 이름 'Tesson'은 '사금파리'라는 뜻이다/역주). 무엇인가 존재했던 것의 깨진 조각. 사금파리는 그것의 형태 속에 병의 추억을 간직하고 있다. 사금파리는 잃어버린 통일성에 대한 향수에 이끌려, 절대적 전체와 다시 이어지려고 애쓰는 존재이다. 내가 이곳, 이 숲속에서 술에 취해가면서 하고 있는 일이 바로 그것이다.

유리는 자신의 일에 열중해 있다. 그는 절대로 도시로 돌아가지 않을 것이다. 그는 속박 없는 삶에 필요한 두 가지 요소, 즉 고독과 광활한 공간을 누리고 있다. 도시에서 인간 무리는 법이 질서를 부과하여 혼란을 막고, 그들의 욕구를 규제해주어야만 생존할 수 있다. 인간들이 밀집할 때 행정이 탄생하는 것이다. 신석기시대의 인류 최초의 마을만큼이나 오래된 이 방정식은 모든 인간 군서지에서 증명되고 있다. 한편, 은둔자가 느끼는 행정적 굴레는 사람 둘이 모일 때 시작된다. 그 굴레의 이름은 바로 결혼이다.

숲 사람들은 이른바 "시민도시" 계획들에 대해서 매우 회의적이다. 감옥도 경찰도 없지만, 갑자기 책임감을 가진 존재가 된 군중들이 스스로를 관리하며 전적인 자유를 구가하는 이상적인 도시를 건설한다는 그 꿈같은 계획 말이다. 숲 사람들은 이런 유토피아에서 어처구니없는 이율배반을 발견한다. 도시란 본질적으로 문화와 질서, 그리고 그런 것들의 사생아인 강제의 공간에 속하는 것이 아닌가?

사람 없이, 무한히 펼쳐진 공간에서만 평화적 아나키가 가능하다. 그 이유는 간단하다. 숲에서는 도시에서와 달리, 위험이 인간이 아니라 자연으로부터 오기 때문이다. 따라서 인간들 사이의 관계를 규제하는 임무를 맡은 중앙의 법은 이 머나먼 변경까지 들어오지 않아도 된다. 자, 잠시 몽상에 빠져보자. 이곳 포코이니키나 자바로트노에에서와 마찬가지로, 서구의 도시사회들 안에도 이 시대의 탁류에서 도피하고 싶어하는 작은 무리들이 있다고 상상해보자. 사람들로 가득 차 있어서 날이면 날마다 새로운 규제들이 쏟아져나오는 도시에 사는 것이 지겨워지고, 행정이라는 괴물을 증오하고, 일상생활의 구석구석을 지배하는 신기술들에 지쳐버리고, 대도시의 팽창과 연결된 사회적이고 민족적인 혼돈을 예감하게 된 이 사람들은 도시를 떠나서 숲으로 돌아가기로 결심하리라. 그들은 울창한 나무들 사이에 열린 빈터에 새로운 마을들을 세우리라. 그곳에서 새로운 종류의 삶을 만들어가리라. 이런 움직임은 히피의 경험들과도 비슷하다고 할 수 있지만, 그 동기는 사뭇 다를 것이다. 히피들은 그들을 억압하는 어떤 질서를 피해 떠난 것이었다. 반면에 새로운 숲의 인류는 그들의 도덕성을 타락시키는 무질서를 피해 떠날 것이다. 그리고 숲은 인간들을 맞이할 준비가 되어 있다. 숲들은 '영원회귀' 혹은 '영원한 복귀'에 익숙하다.

내적 자유의 감정에 도달하기 위해서는 풍부한 공간과 고독이 필요하다. 또 거기에 시간의 제어, 완전한 침묵, 거칠고도 고된 삶, 그리고 장엄한 지리적 환경을 덧붙여야 한다. 이런 것들을 얻기 위해서 나는 오두막으로 왔다.

3월 12일
나는 호수 기슭으로 돌아간다. 몽유상태로 30킬로미터를 걷는다. 그렇게 7시간 만에 포코이니키에 도착한다. 옷을 몇 겹으로 둘러쓰고 세르게이네 오두막 부근에 있는 벤치에 노인처럼 꼼짝하지 않고 앉아서 오후 나절을 보낸다. 영하 31도의 날씨에 30킬로미터를 걸어온 '노인'이다.

세르게이가 옆에 와서 앉고, 우리는 호수를 구경오는 사람들에 대해서 이야기를 나눈다. 영국 사람들, 스위스 사람들, 독일 사람들.
"난 독일 사람들이 좋아요." 세르게이가 말한다.
"아, 그러시겠죠. 철학, 음악……."
"아뇨. 독일 자동차 때문에요."
저녁이 되자, 나는 양초 하나를 켜서, 내가 어디를 가든지 지니고 다니는 사로프의 성 세라피누스 성화상 앞에 세워놓는다. 그리고 윙거가 1968년 12월에 쓴 다음의 문장을 쪽지에 적어 성화상 가까이에 놓는다. "하늘에서 구름이 창백한 달을 가리며 지나간다. 지금 이 순간, 미국의 어떤 팀이 저 달 주위를 돌고 있다고 한다. 내가 어느 무덤 위에 촛불 하나를 세워놓으면, 그 효과는 미미하겠지만, 그 메시지는 풍부하다. 촛불은 우주 전체를 위해서 빛나며, 우주의 의미를 확인해주는 것이다. 저 미국인들이 달 주위를 돌 때 그 효과는 상당하겠지만, 메시지는 나의 촛불만 못할 것이다."

나 또한 우주에 이렇게 신호를 하나 보냈으니, 보상이 없어서야 되겠는가? 나는 맥주 2리터 반을 뱃속으로 흘려보낸다. 덕분에 굳은 다리가 풀린다.

3월 13일
간밤에 꿈을 엄청나게 꾸었다. 파리에서는 한번도 이런 적이 없었다. 일반적으로 설명하면, 잠자리에 뭔가 문제가 있었던 탓이라고 말할 수 있으리라. 그러나 나의 생각은 약간 다르다. 밤중에 은밀히 나를 방문한 이곳의 정령이 내 정신의 신비한 부분들에 광채로 스며들어 내 꿈들의 성분을 빚어낸 것이라고 생각한다.

새벽에 이르쿠츠크의 자동차 한 대가 유리를 태우고 왔다. 며칠 전 나를 방문했던, 그 흐릿한 눈동자의 늙은 어부 유리 말이다. 그는 포코이니키 기상관측 기지의 한 조그만 통나무 오두막에 산다. 물고기를 잡아서 생활하고, 세르게이가 힘든 일을 할 때 도와주기도 한다. 소련이 무너졌을 때 효력을 상실한 신분증을 재발급받기 위해서 이르쿠츠크에서 이틀을 보내고 돌아온 것이다.

"대통령이 세 번 바뀌는 동안, 난 한번도 숲을 떠나지 않았어요. 옐친, 푸틴, 그리고 메드베데프!"
"이르쿠츠크에 가서 가장 놀란 점이 뭐예요?"
"상점들이요! 없는 게 없더라고요. 또 얼마나 깨끗해졌는지!"
"또 뭐에 놀랐죠?"
"사람들이요. 말투가 정말 부드러워졌어요."

정오. 유리, 세르게이, 나타샤에게 작별을 고한다. 이제 사흘 걸려 집으로 돌아가야 한다. 포코이니키 만의 북쪽에 늪 지대가 있는데, 그곳도 얼어붙었다. 여름 같았으면 건너기가 무척 힘들었을 텐데, 겨울이 멋진 복수를 허락한 셈이다.

나는 온 길을 거슬러올라간다. 저녁에는 볼쇼이 솔론초비에서 걸음을 멈춘다. 시간이 한참 지나서야 난롯불이 제대로 타오르기 시작한다. 오두막이 서서히 따뜻해지고, 나는 불 옆을 떠나지 않는다. 오늘 저녁, 나는 태아만큼이나 기분이 좋다.

처음에는 생명이 형성된 원초적 모태가 있었다. 늪과 석탄층과 이탄지(泥炭地)에 박테리아들이 잠겨 있었다. 보다 복잡한 형태의 생명체들이 솟아나게 될 원초적 수프들(soups)이 있었다. 그리고 나서 땅은 온기를 간직하는 임무를 다른 것들에게 위임했다. 자궁, 유대류의 육아낭, 그리고 각종 알들이 생명을 품었다. 그리고 원시적 주거지들이 이 부화기의 역할을 이어받았다. 인간들은 땅속으로 들어가 동굴에서 지냈다. 그 다음에는 이글루, 둥근 형태의 유르트, 통나무 오두막, 그리고 양털천막 등이 이 절대적 필요성에 부응했다.

시베리아의 숲에서 은둔자는 엄청난 에너지를 써가며 자신의 은신처를 따뜻하게 한다. 몸은 언제든 그 안에서 안전과 행복감을 얻게 될 것이다. 이제 은둔자는 추위와 결핍 속에서도 숲속을 돌아다니고, 산에 오를 준비가 되어 있다. 왜냐하면 언제든 돌아갈 수 있는 대피소가 기다리고 있는 것을 알기 때문이다. 이렇듯이 오두막은 어머니의 기능을 수행한다. 그런데 자신의 동굴이 너무 좋은 나머지, 거기에서 반동면 상태로 무위도식하게 될 위험이 존재한다. 이런 성향은 좀처럼 따뜻한 오두막을 떠나지 못하는 수많은 시베리아 사람들을 위협하고 있다. 오늘도 그들은 태아의 상태로 퇴행하여, 양수 대신 보드카를 들이킨다.

3월 14일

오늘은 제법 날씨가 좋다. 영하 18도이다. 나는 20킬로미터를 링 바닥에 쓰러뜨린다. 용암도 그렇지만, 얼음 또한 마법의 원소이다. 둘 다 어떤 다른 원소의 영향으로 변신을 한다. 공기의 냉기는 물을 굳혀 얼음을 만든다. 불의 열기는 바위를 액화시켜 용암을 만든다. 그리고 따뜻해진 공기가 얼음을 파괴하고, 물이 냉각되어 용암을 굳힐 때, 둘은 다시 변형될 것이다. 따라서 얼어붙은 평원 위를 걷는다는 것은 결코 하찮은 일이 아니다. 우리의 발에 와닿는 것은 진행 중인 어떤 계획의 표면이다. 얼음은 세계의 연금술적 작품 중의 하나이다.

    자바로트노에가 10여 킬로미터 남은 지점에서 내가 썰매를 끌고 터덜터덜 북쪽으로 걷고 있을 때, 그들이 내 옆으로 왔다. 그리고 스키 스쿠터의 엔진을 껐다. 추위에 꽤나 얼어붙은 모습들이다. 나탈랴와 미카는 자바로트노에 이즈바를 한 채 가지고 있다. 그들은 멀리서 나를 발견하고, 기슭과 평행하게 가고 있는 작은 실루엣을 찾아서 달려온 것이다. 나탈랴는 몇 초 만에 까만 리놀륨 장판 같은 빙판 위에 모포를 펼치고, 그 위에 생선살로 속을 채운 빵 한 개와 코냑과 커피 보온병을 올려놓는다. 우리는 그 주위로 몸을 눕힌다. 러시아인들에게는 순식간에 향연(饗宴)의 분위기를 만드는 특별한 재능이 있다. 길가에 자리를 펴고 지나가는 나를 부르는 농부들을 만난 것이 한두 번이었던가? 그들 농부들의 대화는 주로 세 가지 주제를 중심으로 이루어진다. 첫째는 날씨, 둘째는 길의 상태, 셋째는 운송수단의 가격이다. 이따금 도시를 화제로 삼기도 하는데, 그럴 경우 그들은 만장일치에 이른다. 그런 좁아터진 곳에서 겹겹이 포개져서 사는 것이 미치지 않고서야 가능하느냐는 이야기이다.

  나탈랴와 미카는 다시 떠난다. 건배를 일곱 차례나 하면서 작은 보드카 한 병을 말끔히 비우느라고 시간이 조금 지체되었다. 나는 자바로트노에 늦지 않게 도착하려고 애를 쓴다. 벌써 해가 뉘엿뉘엿 지고 있다. 나의 체질상, 호수의 동쪽 기슭에 사는 편이 더 나았을 것이다. 거기에서는 해가 늦게 뜨고, 석양은 더 오래도록 꾸물댄다.

3월 15일

이제 집까지 22킬로미터 남았다. 나는 자바로트노에를 떠날 채비를 하고 있다. 홀연, 지붕에 회전 경광등(警光燈)을 단 사륜구동 지프차 몇 대가 지평선에 나타난다. 이르쿠츠크의 사업가 V. M.은 자연보호구역 법의 규제에서 벗어난 자바로트노에의 특수한 법적 위치를 이용해서 이곳에 이즈바를 한 채 짓는 중이다. 그가 가든파티를 벌일 때 사용할 건물이다. 내년에 친구들이나 고객들을 초대하여 물고기 낚기, 술 마시기, 동물들에게 총질하기 등을 즐기게 해줄 생각이다. 오늘 아침에 그의 수하들을 거느리고 찾아온 까닭은 공사현장을 둘러보기 위해서이다. 세르게이와 유리도 동행했다. 이곳 사람들이 "장군"이라고 부르는 이 사내는 자연보호구역 감시인들에게 팁을 나누어 준다. 커다란 노란색 이즈바의 기초공사가 진행되는 강둑 앞 빙판 위가 시끌벅적하다. 모두가 얼근히 취해 있다.

한 무리의 취한 사내들, 무기, 보드카, 고급 승용차들과 테크노 음악. 죽음을 부르는 재료들이 다 모였다. 유리는 이 난장판을 체념한 눈으로 바라본다. 어떤 불길한 에너지가 만(灣)에 응축된다. 여기에 러시아 전체가 모여 있다. 위험한 영주들, 톨스토이의 소설에 나올 것 같은 충직한 하인, 숲 사나이 세르게이. 그리고 미천한 사람들은 유력자들과의 친교가 가져다줄 혜택을 잘 알기 때문에 역겨운 마음을 애써 가라앉힌다. 이렇듯 아직도 봉건적 관계들이 남아 있는 이 나라가 공산주의의 실험장이었던 것이다. 나의 머릿속에는 빨리 나의 사막으로 돌아가고 싶은 생각밖에 없다.

V. M.이 자기 메르세데스로 나를 오두막까지 데려다주겠다고 제의한다. 우리는 세르게이와 다른 러시아인들과 함께 엄청나게 큰 차에 올라탄다.

이제 우리는 나의 오두막에서 한잔 하고 있다. V. M.은 창밖을 가리키며 이렇게 말한다. "나도 미국에서 1년 동안 산 적이 있지만, 미국 사람들의 사고방식을 좋아하지 않소. 내가 원하는 것은 바로 이거요. 자유, 아나키, 그리고 호수." 우리는 주거니 받거니 술잔을 비운다. 그러고 보면 이 친구들에게도 제법 감동적인 구석이 있다. 체첸을 찢어발기는 살벌한 송곳니의 소유자들이지만, 다른 한편으로는 박새에게 비스킷을 나누어주는 섬세한 감성도 가지고 있다. 그들과 나는 동일한 이유들로 이 호숫가에 머물지만, 그 이유들을 표현하는 방식은 정반대이다. 그들이 떠나자 나는 비로소 숨을 내쉰다.

다시 정적이 찾아온다. 소음의 부재가 아닌 모든 대화상대가 사라진 거대한 정적이다. 사슴들이 뛰노는 이 숲, 물고기들이 가득한 이 호수, 새들이 가로지르는 이 하늘에 대한 사랑이 내 안에 차오른다. 비트제너레이션이 느꼈던 이 큰 사랑은 그들 무리가 멀어져가는 데에 비례하여 그만큼 더 강렬해지며 내 안에 밀려든다. 내가 두려워하는 모든 것들 ── 소음, 무리에 속했다는 자부심, 사냥에 대한 갈증, 한마디로 인간 무리의 열기 ── 이 그들과 함께 사라져버린다.

나는 취했고, 물이 필요했다. 열흘 동안 집을 비운 사이에 물구멍이 얼어버렸다. 얼음꼬챙이로 호수를 공격한 지 1시간 반 만에 너비 1미터, 깊이 1.1미터의 멋진 수반(水盤)을 만드는 데에 성공한다. 갑자기 물이 솟구치고, 나는 행복한 마음으로 물을 긷는다. 자신의 물을 **획득했다**는 이 뿌듯한 느낌. 팔근육이 쑤신다. 옛날에는 전원과 숲에 사는 것만으로도 몸매를 유지할 수 있었다.

3월 16일

내가 떠나온 세계에서는 타인들의 존재가 우리의 행동을 통제한다. 그것은 우리를 규범 속에 묶어둔다. 이웃들의 눈이 없으면 우리는 덜 우아하게 행동할 것이다. 만일 식사를 혼자 한다면? 부엌에 혼자 서서, 식탁을 제대로 차리지 않아도 되는 것을 행복해하며, 차가운 통조림 라비올리를 깡통째로 게걸스레 퍼먹는 것을 즐기지 않을까? 이런 경험은 누구에게나 한번쯤은 있지 않을까? 오두막에 살면, 생활이 느슨해질 위험이 있다. 모든 사회적 요구에서 벗어나 혼자 지내면서, 자신의 이미지가 아무에게도 보이지 않는다는 것을 알고는 담배꽁초가 널린 침대에서 몸을 벅벅 긁는 시베리아 사람들이 얼마나 많은가! 로빈슨 크루소도 이런 위험을 잘 알았다. 그래서 추해지지 않으려고 매일 저녁 —— 마치 앞에 손님이 있는 것처럼 —— 정장 차림으로 식탁에 앉아서 식사를 하기로 결심한다.

 우리의 동류, 다른 인간들은 세계의 현실을 확인해준다. 도시에서는 눈을 감아도 현실이 없어지지 않는다. 왜냐하면 내가 눈을 감고 있더라도 타인이 현실을 지각하고 있기 때문이다. 이 사실은 우리에게 얼마나 큰 안도감을 주는지! 반면 은둔자는 자연 앞에 홀로 서 있다. 현실을 응시하는 것은 오직 그뿐이다. 그 혼자서 세계의 재현이라는 무거운 짐을, 인간의 눈에 계시된 현실이라는 그 무거운 짐을 지고 있다.

나는 무료함은 조금도 두렵지 않다. 그보다 훨씬 더 힘든 고통이 있다. 어떤 순간의 아름다움을 사랑하는 사람과 나누지 못하는 그 아릿한 슬픔이다. 고독이다. 아름다움을 느끼는 사람의 곁에 있지 못함으로써 잃게 되는 바로 그것이다.

떠나기 전, 파리에서 사람들은 말했다. 무료함은 너의 치명적인 적이 될 거야! 넌 심심해서 죽고 말 거야! 나는 점잖게 그들의 말을 들어주었다. 이렇게 말하는 사람들은 세상에서 나를 재미있게 해줄 수 있는 것이 오직 자기들뿐이라고 느끼는 것 같았다. 그러나 루소는 『고독한 산책자의 몽상』에서 이렇게 말했다. "혼자 있으면 나 자신의 성분만을 먹고 살아야 하는 것이 사실이지만, 그것은 결코 고갈되지 않는다.……"

그렇다면 고독의 진정한 시련은 무엇일까? 루소는 그의 여섯 번째 산책 중에 그것을 깨닫는다. 루소는 말한다. 고독한 자는 스스로에게 미덕의 의무를 부과할 수밖에 없으며, 또 스스로가 잔인한 행동을 하는 것을 허락할 수가 없다고. 만일 그가 악하게 행동하면, 운둔생활은 그에게 이중의 형벌을 부과할 것이다. 한편으로는 자신의 사악함으로 인해서 유독해진 공기를 마셔야 하며, 다른 한편으로는 인간다운 존재가 되지 못했다는 쓰라린 자괴감을 맛보아야 한다. "시민은 타인들이 자신에 대해서 만족해주기를 바라지만, 고독한 자는 스스로에 대해서 만족해야 하며, 그렇지 못할 경우 그의 삶은 견디기 힘든 것이 된다. 그래서 고독한 자는 미덕을 행하지 않을 수 없다." 루소의 고독은 선(善)을 낳는다. 그리고 이 선은 역으로 인간의 추한 모습들에 대한 기억을 지운다. 그것은 동류에 대한 불신이라는 상처에 발라진 향긋한 연고이다. 그는 여섯 번째 산책 중에 인간들에 대해서 썼다. "나는 그들을 증오하기보다는 차라리 그들을 피하고 싶다."

따라서 주위의 것들에게 선한 모습을 보이는 것, 동물들과 식물들과 신들을 자신의 선한 우주 안으로 끌어들이는 것은 고독한 사람 자신을 위한 일이다. 왜 그렇지 않아도 삭막한 자신의 상태에 세계가 적대적이라는 느낌까지 덧붙여야 하겠는가? 은둔자는 결코 자신의 환경을 난폭하게 대하지 않는다. 바로 성 프란체스코 증후군이다. 이 성자는 그의 친구들인 새들과 대화했고, 부처는 성난 코끼리를 쓰다듬었고, 사로프의 성 세라피누스는 갈색 곰들에게 먹이를 주었으며, 루소는 식물채집에서 위안을 찾았다.

정오, 나는 삼나무들 위로 눈이 내리는 것을 바라본다. 나는 이 광경에 정신을 집중하고, 가능한 한 많은 수의 눈송이들의 움직임을 눈으로 좇아보려고 애쓴다. 그런데 이런 삶을 한가하다고 말하는 사람들이 있으니!

저녁, 여전히 눈이 내린다. 이런 광경 앞에서 불교도는 "결코 새로운 것을 기대하지 말자", 기독교도는 "내일은 더 좋아질 거야", 무신론자는 "이 모든 것의 의미는 무엇일까?", 스토아 철학자는 "어떻게 될지 두고 보는 수밖에", 허무주의자는 "모든 것이 묻혀버렸으면"이라고 중얼거린다. 나는 말한다. "통나무가 눈에 덮이기 전에 장작을 패야 해." 그러고 나서 난로에 장작 한 개비를 더 집어넣은 다음 잠자리에 든다.

3월 17일

앞으로 몇 달 동안 밝혀질 의문점들.
  나는 나 자신을 견뎌낼 수 있을까?
  나는 서른일곱의 나이에 다른 존재로 바뀔 수 있을까?
  왜 나는 그리운 것이 전혀 없을까?
  저 하늘은 도대체 언제나 마를 것인지. 아직도 눈이 내린다. 오전 나절을 창가에 붙어 지낸다. 오두막 안에서는 삶이 세 가지 활동을 중심으로 이루어진다.
  1) 자신의 시야(창틀 안에 들어오는 공간)를 감시하고 더욱 깊이 알기. 그 안에서 일어나는 모든 것을 체크하기.
  2) 오두막 안을 정돈하기.
  3) 간혹 찾아오는 손님들을 맞이하기. 그들을 접대하고, 필요한 정보도 주고받지만, 더러는 반대로 성가신 자들의 접근을 차단해야 할 때도 있다.
  나 자신을 미화하고 싶다면, 이런 일들을 하는 나는 일종의 보초이고, 오두막은 나무들의 제국을 지키는 초소라고 말할 수도 있겠다. 그러나 사실 이것은 건물 수위의 일이고, 오두막은 수위실일 뿐이다. 숲속에 들어갈 일이 있으면, "곧 돌아옵니다"라는 푯말이라도 내걸어야 할 일이다.

저녁이 되자, 마침내 햇살이 나타나고, 눈은 강철의 색조를 띤다. 백색의 표면들은 수은처럼 반짝거린다. 나는 이 현상을 사진에 담아보려고 하지만, 이미지는 그 아름다움을 전혀 포착하지 못한다. 사진이란 얼마나 쓸데없는 것인가! 화면은 현실을 그것의 기하학적 가치로 환원시킨다. 현실은 화면들 아래 짓눌린다. 이미지에 강박된 세계는 삶에서 발산되는 신비한 것들을 맛보지 못한다. 어떤 경치 앞에서 우리의 마음에 떠오르는 그 어렴풋한 추억들을 그 어떤 사진기가 포착할 수 있을까? 또 어떤 얼굴에서 느껴지는 음이온들이나 그 은밀한 유혹을 그 어떤 기계가 파악할 수 있을까?

3월 18일

식량이 떨어져간다. 물고기를 잡을 방법을 찾아야겠다. 바이칼 호숫가의 시베리아 사람들은 아주 간단한 방법을 사용한다. 빙판에 구멍을 내고, 늪 지대에서 잡히는 물벼룩 한 줌을 산 채로 그 안에 뿌리는 것이다. 물고기들이 만나(manna)에 이끌려서 구멍 밑에 바글바글 모여들면, 그 안에 낚싯바늘을 담그기만 하면 된다. 근처에 늪 지대가 없어 물벼룩도 구할 수 없는 나는 숲 사람들이 오래 전부터 사용해온 기법에 의지하기로 한다. 기슭에서 가까운, 수심이 약 3미터 정도 되는 곳에 꽤 큰 구멍을 하나 내놓고, 그 안에 톱으로 자른 삼나무 가지를 한 아름 담가놓는 것이다. 며칠만 기다리면 수천 마리의 미생물들이 바늘 같은 나뭇잎들 속에 바글거린다. 그러면 그 잎사귀들을 수확하여 물고기들을 유혹하면 된다.

바람은 남쪽에 붙잡혀 있다. 아직은 눈이 내리는 날씨이다. 흰색이 모든 소리를 흡수한다. 천지는 희귀한 정적에 잠겨 있고, 날씨는 온화하다. 온도계는 영하 15도를 가리킨다.

3월 19일

어젯밤, 얼음이 쩡쩡거리는 소리에 잠이 깼다. 그중에서도 유난히 크게 울린 굉음에 오두막의 들보들이 바르르 흔들린다. 감금된 거대한 물덩어리가 항거하여 일어나서 얼음덮개에 몸을 부딪쳐대는 소리이다.

여전히 눈이 내린다. 나는 아직도 꼼짝하지 못한다. 지금까지 나는 시위를 떠난 화살처럼 세상을 돌아다녔다. 이제는 땅에 박힌 말뚝이다. 참으로, 나는 지금 식물화되고 있다. 나의 존재는 뿌리를 내리고 있다. 동작들은 느려지고, 차만 엄청나게 마셔대며, 빛의 변화에 극도로 민감해지고, 고기는 더 이상 먹지 않는다. 오두막은 일종의 온실인 셈이다.

안의 세계	밖의 세계
모성의 오두막	부성의 호수
온기	추위, 메마름

목재의 포근함	얼음의 딱딱함
안전	도처에 깔린 위험
난로의 웅웅거림	얼음의 마찰음
들보에 눈물처럼 흐르는 송진	반짝이는 빙판
정신노동	육체노동
몸에 살이 찐다	몸이 메마른다
피부가 하얘진다	피부가 갈라지고 거칠어진다

 장작을 하느라고 오랫동안 땀을 흘린다. 또 나무 한 그루를 톱으로 켜서 넘어뜨린 뒤, 잘게 쪼개어 쌓아둔다. 삽으로 눈을 치워서 호수와 바냐와 통나무 더미 쪽으로 길을 튼다. 톨스토이는 식탁과 집을 누릴 권리를 얻고 싶다면, 매일 4시간씩 노동을 해야 한다고 말했다.
 밤. 잠을 이루지 못한다. 지금 이 순간 오두막 주위를 돌아다니고 있을 짐승들을 상상해본다. 아무도 코트로 바꾸려고 하지 않는 담비들을, 아무도 파테 요리로 만들려고 하지 않는 사슴들을, 그리고 아무도 자신이 사나이임을 증명하기 위해서 죽이려고 들지 않는 곰들을.

3월 20일

이제는 아침마다 박새들이 와서 유리창을 두드린다. 그들의 톡톡 치는 부리는 자명종인 셈이다. 날씨가 따뜻하다. 2킬로미터 떨어진 빙판에 민걸상 하나를 갖다놓고, 기슭 쪽을 바라보며 로미오와 줄리엣 n°2 시가(약간 퍽퍽하다) 한 대를 피운다. 지금까지 나는 산들을 기어오르고, 내려오고, 새로운 길을 찾고, 표고차(標高差)를 가늠하는 법을 배웠다. 그러나 산들을 쳐다본 적은 아직 한번도 없었다.

저녁에는 카사노바를 읽는다. 베네치아의 감옥에 갇힌 그는 이렇게 쓴다. "자유로워지기 위해서는, 자신이 자유롭다고 믿기만 하면 된다." 그는 사랑하는 이의 머리카락 가루를 섞은 설탕으로 만든 당과를 무척이나 좋아했다고. 나도 그런 당과를 가져올 것을 그랬다. 볼테르의 인본주의적 유토피아에 대한 그의 비판. "당신의 가장 큰 열정은 인간에 대한 사랑입니다만…… 인간은 있는 모습 그대로만 사랑할 수 있을 뿐입니다. 당신은 인간에게 온갖 좋은 것들을 부여하려고 하지만, 인간은 그것들을 행할 능력이 없습니다.……나는 돈 키호테가 고귀한 마음으로 해방시켜준 도형수들이 도리어 성을 내며 덤벼들자 돈 키호테가 그들을 방어하느라고 쩔쩔매는 모습을 보고는 얼마나 웃었는지 모릅니다."

3월 21일

봄날 같은 날씨이다. 하늘이 파랗다. 나는 숲으로 들어간다. 오두막 북쪽 500미터 떨어진 곳에서 호수로 흘러들어오는 얼어붙은 강을 따라서 상류 쪽으로 올라간다.

자연의 고독과 나의 고독이 마주친다. 우리의 두 고독이 마주치니 서로가 더욱 분명해질 뿐이다. 쌓인 눈을 힘겹게 헤치고 걸으며, 나는 세계의 존재를 확신할 수 있게 해주는 다른 인간을 곁에 둔다는 것이 얼마나 기쁜 일인가에 대한 미셸 투르니에의 명상을 되새겨본다. 지금 이 수직 줄무늬가 그어진 물푸레나무들을 바라보는 것은 나 혼자뿐이다. 관목들에는 하얀 눈뭉치들이 크리스마스 트리에 매다는 장식공처럼 달려 있다. 꾸불텅하게 뒤틀린 낙엽송들은 계곡을 판화처럼 보이게 한다(중국의 그림을 볼 때마다 나는 산과 강이 괴로워하고 있다는 느낌이 든다). 시선이란 하나의 세례이기는 하지만, 지금 이 상황에서는 이 형상들에 어떤 생명을 불어넣으려고 애쓰는 나의 시선을 도와주는 사람이 아무도 없다. 지금 세계를 솟아오르게 할 수 있는 수단이라고는, 주위를 플래시처럼 훑는 나의 시선밖에 없는 것이다. 두 사람이 있다면, 더 많은 것들을 솟아오르게 할 수 있을 텐데.

계곡이 좁아지기 시작하는 해발 800미터쯤에서 나는 화강암 등성이에 이른다. 세상에, 세상에! 눈 덮인 무고소나무 바다를 헤치며 200미터를 기어오르기가 이렇게 힘들 줄이야! 아래를 내려다보니 타이가의 검푸른 덩어리 가운데 어떤 밝은 선 하나가 구불구불 이어진다. 노란색 가지의 물푸레나무들이다. 녀석들은 계곡의 선을 꿀줄기처럼 강조하고 있다.

다시 내려오는 데에는 2시간이 걸린다. 하얗게 눈이 덮인 긴 오솔길들, 텅 빈 광장들, 그리고 적막한 가로수길들. 겨울에 숲은 죽은 도시가 된다. 오두막으로 돌아온 나는 다시 카사노바에게 빠져든다. 아인지델른 수도원을 방문하고 와서 그가 한 말. "행복해지기 위해서는 서가(書架)가 딱 하나만 있으면 될 것 같다." 어떤 이탈리아 아가씨에 대해서 그가 한 말. "그녀의 매력에 합당한 가장 중요한 경의를 표하지 못하고 떠나야 했던 것이 너무도 가슴이 아팠다." 카사노바는 로마, 파리, 뮌헨, 제네바, 베네치아, 나폴리 등지를 여행했고 또 거기에서 체류했다. 그는 프랑스어, 영어, 이탈리아어, 라틴어를 구사했다. 볼테르, 흄, 골도니와 만났다. 코페르니쿠스, 아리오스토, 호라티우스를 인용했다. 그의 연인들의 이름은 돈나 루크레치아, 헤드위지, 앙리에트 등이다. 그런데 2세기가 지난 지금에 와서, 기술관료들은 시급히 "유럽을 건설해야 한다"고 떠들어대고 있으니!

8시, 상을 차린다. 오늘 저녁은 수프 한 그릇, 파스타, 타바스코 소스, 차, 보드카 4분의 1리터, 거기에 튜브로 포장된 파르타가스 시가 한 개비이다. 타바스코를 곁들여 먹으면 아무리 형편없는 것을 먹어도 뭔가 먹는다는 기분이 든다. 나는 잠들기 전에 사랑하는 여인의 사진 앞에 촛불 하나를 밝혀놓고 사진 위에 불꽃이 춤을 추는 것을 보며 시가를 피운다. 조금 떨어져 있다고 해서 연인들은 뭘 그리 불평한단 말인가? 누군가의 존재가 성화상 가운데 체화될 수 있다고 믿는다면, 충분히 위로받을 수 있지 않을까? 나는 등불을 끄고 잠자리에 눕는다.

오늘 나는 이 행성의 그 어떤 생명체에게도 해를 끼치지 않았다. **해 끼치지 않기**. 사막의 은둔자들이 그들이 속세를 떠난 이유를 설명하는 데에 한번도 이 아름다운 배려를 이유로 든 적이 없었다는 사실은 참으로 기묘하다. 그들은 세상에 대한 혐오, 마귀들과의 싸움, 마음의 깊은 상처, 순수성에 대한 갈망, 하늘의 왕국에 빨리 이르고 싶은 마음 등을 언급했지만, 아무에게도 해를 끼치지 않고 살고 싶다는 말은 한번도 하지 않았다. 해 끼치지 않기. 북쪽 삼나무 숲의 오두막에서 하루를 보내고 나면, 빙판에 비친 자신의 모습을 보면서, 그렇다고 말할 수 있다.

3월 22일
밤새도록 폭풍이 휘몰아쳤다. 러시아 사람들은 바이칼 호의 서쪽 경사면을 타고 내려오는 바람을 '사르마'라고 부른다. 처마 밑에 걸어놓은 도구들이 서로 부딪혀서 절그덕대는 소리에 오랫동안 잠을 이룰 수 없었다. 새들은 그들의 둥지에서 어떻게 견디고 있을까? 내일, 녀석들은 살아서 이곳에 다시 찾아올까?

바람이 호수표면의 눈을 깨끗이 쓸어가서 나에게 빙판을 돌려주었다. 나는 차가운 태양 아래에서 마리아 칼라스의 노래를 들으며 2시간 동안 스케이트를 탄다.

저녁, 닷새치의 땔감을 들여놓고 나자 특별히 할 일이 없다. 종이 한 장에 내가 은둔한 이유들을 적어본다.

내가 오두막에 홀로 떨어져 살게 된 이유

나는 너무 수다스러웠다
나는 침묵을 원했다
밀린 우편물과 만나야 할 사람이 너무 많았다

> 로빈슨 크루소를 시샘했다
> 파리의 내 집보다는 여기가 훨씬 더 훈훈하다
> 장 보는 일이 지겨웠다
> 마음껏 소리지르고 벌거벗고 살고 싶었다
> 전화와 각종 모터 소리들이 끔찍이도 싫었다

3월 23일

스노슈즈를 신고 모래톱과 숲속을 온종일 돌아다닌다. 풍경들도 어떤 기억을 품는다고 한다. 어느 농촌의 평원은 만종(晩鐘)을 기억한다. 개양귀비꽃이 만발한 어느 들판은 어린 시절의 숲을 기억한다. 그러나 이곳은? 시베리아의 숲에는 추억이 없다. 숲에는 변화도, 역사도 없다. 숲은 아무 말이 없으며, 그 무성한 잎사귀 아래에는 그 어떤 인간행위의 메아리도 감돌지 않는다. 타이가는 그 자체로 펼쳐져 있다. 그것은 그 누구에 대한 의무도 없지만, 산록을 뒤덮고 힘차게 산비탈을 차오른다. 인간은 자연이 자신에게 보이는 무관심을 참지 못한다. 처녀림 앞에서 인간은 이용과 개발을 꿈꾼다. 인간의 시선이 타이가 위에 놓이는 순간 도끼소리가 뒤따른다. 아, 황무지가 자기 없이도 지극히 잘 지낼 수 있다는 사실을 문득 깨달았을 때, 부지런한 인간은 얼마나 힘들어하는지! 그 누가 자연을 그것이 줄 수 있는 혜택 때문이 아니라 그 자체로서 사랑할 수 있는가? 로맹 가리는 『하늘의 뿌리』에서 어느 죽음의 수용소에 갇힌 한 사람을 보여준다. 그 어떤 수인들보다도 강인했던 그는 밤마다 수용소의 공동침대에 누워서 눈을 감고 머릿속에 야생의 코끼리들을 떠올렸다. 저기, 사바나에 자유로운 괴물들이 살고 있다는 사실을 아는 것만으로도 그의 영혼은 강건해질 수 있었던 것이다. 이 후피동물들을 생각하는 것이 그에게 힘을 불어넣었던 것이다. 나 역시 인간이 범하지 않은 타이가들이 있는 한, 행복할 것이다. 황무지는 우리를 위로한다.

언덕 꼭대기에 올라간 나는 커다란 화강암 바위 옆의 구석에서 모닥불을 피운다. 수프가 끓고 있는 동안 꼼짝하지 않고 앉아서 퍼런 반점이며 정맥들, 얼룩들, 그리고 검버섯으로 뒤덮인 호수의 얼굴을 내려다본다.

3월 24일

오늘 아침에는 감히 침대에서 일어나지 못한다. 나의 의지는 순결한 날들의 들판에서 해방되었다. 그러나 여기에는 위험이 있다. 앞에 펼쳐진 새하얀 공간을 응시하며 나는 "아, 이렇게나 자유롭다니!"라고 중얼거리며 밤이 올 때까지 마비되어 있을 수 있는 것이다.

다시 눈이 내리기 시작한다. 아무도 없다. 멀리 자동차 지나가는 소리도 하나 없다. 여기에서는 오직 시간만이 지나간다. 이런 삶 가운데에서 박새들이 나타나는 것을 보면 얼마나 행복한지⋯⋯. 이제는 더 이상 비웃지 않으리라. 소도시의 보도에서 복슬개를 마치 사람 대하듯이 행동하는, 혹은 카나리아를 그들의 삶의 중심에 두는 노부인들을. 또 공원에서 봉지에 꼭 꼭 싸온 곡식을 열심히 비둘기들에게 먹이는 노인들도. 동물들과 이웃하며 지내는 것, 그것은 마르지 않는 기쁨의 샘이다.

『채털리 부인의 연인』. 제7장에서 클리퍼드는 정말이지 메스껍기 그지없다. 가련한 콘스탄스는 그가 너무도 역겹다. "그는 항상 지껄여댔다. 모든 것을 시시콜콜히 분석해댔다. 사람들과 일들에 대해서. 행동의 동기들과 성격들과 인간성에 대해서. 그녀는 더 이상 견딜 수가 없었다.……그녀는 혼자 있게 된 것에 감사할 따름이었다." 나는 책을 덮고 밖으로 나온다. 쏟아지는 눈 속에서 도끼를 집어들고는 2시간 동안 쾅, 쾅, 레이디 콘스탄스의 에너지에 감전된 사람처럼 미친 듯이 장작을 팬다. 심리학적 장광설보다 나의 도끼질과 저 어치들의 비웃는 듯한 울음소리 안에 훨씬 더 큰 진실이 들어 있다. 쾅! 쾅! "먼저 논증되어야 하는 것은 별로 큰 가치가 없다."(니체,『우상의 황혼』) 삶이 피와 눈[雪]과 도끼날, 그리고 떼까마귀의 울음소리 위에 빛나는 태양으로 표현되게 하라.

오늘 나는 눈에 덮인 덫을 다시 꺼낸다. 잔가지를 흔들지 않기 위해서 살며시 얼음을 깬 뒤 바닥에 모포 한 장을 깔고는 가지를 꺼내서 양동이 위에 대고 흔든다. 맑은 물속에서 수천 마리의 미생물들이 파닥거린다. 나는 그것들을 병에 옮겨 담는다. 이렇게 미끼를 확보했으니 며칠 후에는 낚시를 할 수 있다.

미치지 않고서야 어떻게『채털리 부인의 연인』을 에로 소설로 간주할 수 있을까? 이 소설은 상처입은 자연에 대한 레퀴엠이다. 평화로운 전원의 영국, 추억으로 가득한 숲의 영국은 콘스탄스의 눈앞에서 죽어간다. 광산개발이 영국 땅을 황폐하게 하고 있다. 갱도(坑道)들이 아름다운 전원의 배를 갈라놓는다. 더럽혀진 하늘에 굴뚝들이 솟아오른다. 공기는 악취를 풍기고, 벽돌은 어두워지고, 심지어는 사람들의 얼굴까지 딱딱해진다. 온 나라가 창녀처럼 산업에 몸을 팔고, 기술자–사업가라는 새로운 인종은 추상적인 사회적, 정치적 주제들을 설파하고, 테크놀로지에 편승한다. 한 세계가 죽어간다. "산업국 영국이 농업국 영국을 **지워버린다**." 콘스탄스는 자신의 살 속에 어떤 수액이 차오르는 것을 느낀다. 그녀는 진보가 세계를 비실체화하고 있음을 깨닫는다. 로런스는 이 젊은 여인의 입을 통해서 풍경의 추악화, 정신의 우둔화, 기계적 리듬 속에서 생명력(그녀는 "수컷다움"이라고 표현한다)을 잃어가는 한 국민의 비극을 예언한다. 채털리 부인 개인적으로는 원시적이고 이교도적인 사랑이 만개하고 있지만, 바깥 세상에서는 난파한 현대의 영혼들이 어떤 "불길한 에너지"에 빨려들어가고 있다. 기계 돌아가는 소리가 요란한 가운데 프로메테우스적 "광기"가 존재를 약화시키는 것이다.

고리키는 『고백록』에서 이와는 정반대의 의견을 내놓는다. 혁명가는 러시아가 진보를 위해서 엄청난 노력을 경주하는 것에 기뻐하지 않을 수 없다. 그가 보기에, 공업단지들에 응축된 거대한 에너지는 자력을 띤 구름이 되어서 전 세계에 퍼져나갈 것이다. 이 "정신생리학적" 힘은 지구의 모든 민족들로 하여금 희망에 찬 미래의 건설을 위해서 소매를 걷어붙이게 할 것이다. 로런스는 세상을 미쳐 날뛰게 만드는 그 거대한 팽창을 불안해했다. 반대로 고리키는 그것을 희구(希求)했다. 로런스는 전원의 부드러움이 미(美)의 한 얼굴이라는 사실을 알았다. 고리키는 제철소의 섬광들이 번쩍이는 하늘의 찬란함만을 믿었다. 그리하여 콘스탄스는 욕망에 못 이겨 땀을 흘리며, 그리고 지구의 수난에 함께 고통스러워하며, 마치 비극의 여주인공처럼 숲의 나뭇가지 아래에서 외치지만, 기계들의 굉음이 그녀의 절규를 덮어버린다. "대체 인간이 인간에게 무슨 짓을 했단 말인가요?"

오늘 저녁, 나는 삼나무 잎사귀 아래의 나무 벤치에 앉아서 호수를 바라본다. 무엇보다도 중요한 것은 눈앞에 펼쳐진 아름다운 풍경이다. 그 다음에는 모든 문제가 해결되고, 삶은 다시 시작될 수 있다. 채틸리 부인이 옳았다. 그녀 같은 사람이라면 여기에 며칠 정도 손님으로 맞아도 괜찮겠어. 자러 들어가기 전에 내가 중얼거린 말이다.

3월 25일

막 해가 뜨고 있을 때, 나도 일어난다. 너무도 위대한 그 광경에 압도되어 다시 누워 조금 더 잔다. 오늘 아침은 며칠 만에 처음으로 외출할 수 있는 날씨이다. 나는 다른 코스로, 즉 급류의 오른쪽 기슭을 따라서 폭포에 올라간다. 눈이 두껍게 쌓인 숲은 내게 시련을 준비해놓고 있다. 표고차 400미터를 극복하는 데에는 2시간이 걸린다. 딱따구리들이 고목둥치를 망치질

한다. 그 다음에는 한결 수월한 단단한 땅이 200미터가량 이어진다. 그러나 다음에는 사방에 무고소나무들이 널려 있는 협곡을 지나야 하는데, 형극의 길이 따로 없다. 여기저기 숨어 있는 1미터 깊이의 함정에 빠지기 일쑤이다. 나는 얼음폭포 100여 미터 위쪽에 불쑥 튀어나온 한 화강암 고지를 목표로 삼는다. 아래에서 쌍안경으로 관찰해보니, 그 위에 야영하기에 알맞은 평평한 곳이 있을 듯하다.

산발치에 얌전히 누워 있는 호수의 모습은 떨어지는 가랑눈에 가려서 부옇게 보인다. 나의 직감이 맞았다. 해발 1,100미터 지점에 오르니, 바위투성이 산등성이 위에 관측대로서는 최상의 조건을 갖춘 평평한 장소가 펼쳐져 있다. 이런 곳이라면 목가적인 사랑의 하룻밤을 보낼 수도 있으리라. 일단은 장소만 알아두고 내려가겠지만, 그것만 해도 큰 수확이다.

허벅지까지 푹푹 빠지는 눈길을 헤치며 하산한다. 그렇게 러시아 사내처럼 거칠게 헉헉대며 가던 나는, 하얀 나무들 위로 눈이 탁탁탁 떨어지는 미세한 소리를 들으려고 입을 다문다.

강어귀에 이르러 다리의 근육도 풀 겸해서 호수 위의 설원에 난 여우의 발자국을 쫓는다. 녀석은 호수 가운데 쪽으로 3킬로미터쯤 들어갔다가 커다란 원을 그리며 다시 기슭으로 돌아갔다. 그냥 산책삼아 나온 여우인 모양이다.

이제는 함박눈이 펑펑 쏟아진다. 이렇게 온 세상이 가려지니 고독이 몇 배나 짙게 다가온다. 고독이란 무엇인가? 이를테면 만능의 동반자라고 할 수 있으리라.

고독은 상처에 바르는 진통제이다. 또한 고독은 공명상자(共鳴箱子)이다. 혼자 있을 때 받는 인상들은 평소보다 수십 배는 더 강하게 느껴진다. 고독은 우리에게 어떤 의무를 부과한다. 나는 이 텅 빈 숲속에서 인류를 대표하는 대사(大使)이다. 또 여기에 있지 못한 다른 사람들을 위해서 나는 이 숲을 누려야 한다. 고독은 생각을 낳는다. 왜냐하면 이곳에서 가능한 유일한 대화는 자신과의 대화이기 때문이다. 고독은 모든 수다를 물리치고, 자신의 내면을 들여다볼 수 있게 해준다. 고독은 우리의 기억 속에 사랑하는 사람들의 추억을 불러낸다. 또한 고독은 은둔자로 하여금 식물들과 동물들, 그리고 때로는 잠시 지나가는 어떤 작은 신(神)과 우정을 맺게 해준다.

오후가 끝나갈 즈음, 나는 덫들이 잘 있나 확인해본다. 그 조그만 녀석들이 병 속에서 헤엄치고 있다. 내일이나 모레면 녀석들을 미끼로 사용할 수 있겠다.

저녁 8시. 나는 나의 작은 큐브 안에서 편안히 쉰다. 산기슭 호숫가의 숲 언저리에서 나는 나를 둘러싼 모든 것들에게 사랑을 느낀다.

나는 한시(漢詩)를 조금 읽다가 잠이 든다. 대화 중에 할 말이 궁해졌을 때, 써먹을 수 있는 시구를 하나 외워둔다. "여기에 어떤 심오한 의미가 숨어 있다. 하여 그것을 표현하려는데, 벌써 할 말을 잊었다."

3월 26일
눈이 내린다. 나는 호수 위를 걸으며 얼굴을 쳐들고 입을 벌린다. 이렇게 하늘의 젖을 물고 눈송이들을 마신다.

저녁에는 산기슭으로 우묵하게 둘러싸이고, 수심이 4미터 정도 되는 곳에서 드릴로 빙판에 구멍을 뚫는다. 그 안에 덫들을 집어넣는다. 갑각류 무리는 뿌연 구름처럼 물속에 퍼진다. 이제 점박이 곤들매기들이 올 때까지 기다리기만 하면 된다. 타바스코 소스를 곁들인 파스타는 이제 진력이 난다.

3월 27일
아침 나절은 한시(漢詩)와 함께한다. 나는 스노슈즈, 스케이트, 아이젠, 피켈, 그리고 낚싯대까지 챙겨왔지만, 결국은 이렇게 돌의자에 앉아 바람에 흔들리는 대나무밭을 바라보는 거사(居士)의 이야기를 읽고 있다. 아, 중국인들은 정말로 기가 막히다. 온종일 오두막 문가에 앉아 강남(江南)의 따뜻한 햇볕을 쬐며 빈둥거리는 자신들의 삶을 정당화하기 위해서 "무위(無爲)"의 원리를 발명해냈으니 말이다.……

저녁에는 낚시를 한다. 민걸상에 걸터앉아 인조 미끼를 수직으로 담근다. 물벼룩에 이끌린 곤들매기들이 지나가는 것이 구멍으로 보인다. 낚시는 지극히 중국적인 활동이다. 낚싯대가 떨리기만을 기다리며 그것을 뚫어지게 응시하면서 시간을 냇물처럼 흘려보낸다. 그러나 저녁 내내 기다려도 낚싯대에는 미동도 없다.

빈손으로 돌아온 언짢음을 털어버리려고 보드카 4분의 1리터를 마신 다음, 알코올이 혈관 속에 작용하도록 내버려둔다. 정말이지 중국 시인들은 딱 내 취향이다!

3월 28일

초월성에 대한 욕구란 참으로 이상한 것이다. 왜 사람들은 자신이 창조한 세계의 외부에 있는 신을 믿으려고 할까? 빙판이 쩡쩡 울리는 소리, 박새들의 다정함, 그리고 산들의 힘은 이런 현상들의 주관자에 대한 관념보다 더 나를 열광시킨다. 나는 이런 것들만으로도 충분하다. 만일 내가 신이었다면, 나는 무수한 파편으로 분해되어 수정 같은 얼음과 삼나무 잎사귀와 여인의 땀과 곤들매기의 비늘과 스라소니의 눈 안에 들어갔을 것이다. 무한한 우주공간에 둥둥 떠서는 푸른 행성이 스스로를 파괴하는 모습을 멀찌감치 지켜보는 것보다는, 이것이 훨씬 더 신나는 일이다.

호수 위에 자욱한 안개가 내려앉는다. 지평선은 더 이상 보이지 않는다. 나는 옷을 껴입고 호수 가운데의 드넓은 빙판으로 떠난다. 2킬로미터 정도 걷자 시야에서 기슭이 사라진다. 그렇게 2시간을 걷는다. 발자국만이 나를 오두막과 이어준다. 나침반도 GPS도 가져오지 않은 터여서, 바람이라도 일면 발자국이 다 지워져서 길을 잃고 말 것이다. 무엇이 날 그렇게 계속 이끌었는지 모르겠다. 약간 건전하지 못한 어떤 힘이다. 나는 무(無) 속으로 깊이 들어간다. 그렇게 2시간 정도 지났을 때, 문득 "이제 됐어"라고 중얼거리고는 성큼성큼 돌아가기 시작한다. 2시간 후, 하얀 베일 뒤로 산이 나타나고, 나는 오두막에 이른다.

옛 중국의 노인들은 죽음을 앞두고 오두막에 은거했다. 그들 중 어떤 이들은 황제를 섬기고 벼슬을 했으며, 어떤 이들은 시인 묵객이었고, 어떤 이들은 그저 평범한 은사(隱士)들이었다. 그러나 그들의 오두막은 모두 비슷했다. 집의 위치는 명확히 규정된 원칙들을 따랐다. 우선 오두막은 산중에 있어야 했고, 그 옆에는 시원한 냇물이 흘러야 했다. 또 산들바람에 흔들리는 나무가 한 그루 있어야 했다. 더러는 사람들이 꼼지락대는 골짜기가 내려다보이는 경우도 있었다. 향불의 연기가 시간이 잘 지나가도록 도와주기도 했다. 저녁이면 친구 하나가 불쑥 찾아온다. 그러면 차 한잔으로 그를 맞이하되, 서로 말은 아낀다. 천하를 움직이고 싶었던 사람들이 이제는 천하의 섭리에 몸을 맡기기로 결심하고 은거한 것이다. 삶은 이 두 유혹 사이의 끊임없는 진동이다.

그러나 잠깐! 중국의 무위(無爲)는 나태를 의미하지 않는다. 무위는 지각을 예민하게 만든다. 은둔자는 우주와 함께 호흡하고, 우주의 가장 미세한 것들에까지 극도의 주의를 기울인다. 복숭아나무 아래에 정좌하고 앉아서, 그 꽃잎이 연못의 수면에 부딪히는 소리를 듣는다. 하늘을 나는 학의 깃털이 떨리는 것을 본다. 그리고 저녁을 감싸는 행복한 꽃향기가 공기 중에 올라오는 것을 느낀다.

오늘 저녁, 나는 서기 427년에 죽은 도연명(陶淵明)의 「자제문(自祭文)」을 읽는다. "나는 나를 바로잡고 소박한 오두막에서 술을 즐기고 시를 지었네. 운명을 스스로 알고 있으니 이제 내 운명을 따르려네. 이제 더 이상 여한이 없으니······."

그리고 나는, 어떤 사람들은 이렇게 단 몇 줄로 자신의 인생을 요약할 수 있는데, 이렇게 매일매일 일기를 쓰는 것이 대체 무슨 소용인가라고 생각하면서 잠자리에 든다.

3월 29일

오늘 아침은 영하 3도이다. 처음 찾아온 봄날이다. 북쪽 창문 아래로 박새들이 몰려온다. 갑자기 돌풍에 삼나무들이 흔들리더니 눈송이가 떨어진다. 풍경 위에 회색의 줄들이 죽죽 그어진다.

나는 보드카 한 잔을 마시며 한시를 읽는다. 세상이 무너진다고 해도, 여기에서는 그 메아리라도 들릴까? 오두막은 목재로 된 벙커이다. 통나무는 얼마나 튼튼한 방탄벽인지! 그리고 소나무 골조와 술과 시는 삼중의 장갑(裝甲)을 만든다. 타이가에서 생긴 한 속담은 이렇게 말한다. "내 오두막은 멀리 외따로 있어서 난 아무것도 모른다."

그 대척점에는 파리의 삶이 강요하는 것들이 있다. "그대는 모든 것에 대해서 의견을 가져야 하노라! 그대는 전화를 받아야 하노라! 그대는 분개해야 하노라! 그대는 항상 연락할 수 있어야 하노라!"

오두막의 신조. 벨이 울려도 반응하지 말 것……벌떡 일어나지 말 것……수화기를 들지 말 것……눈 내리는 고요 속에서 약간 취한 상태로 있을 것……자신이 세계의 운명에 무관심함을 인정할 것……그리고 한시를 읽을 것.

바람이 거세진다. 세계가 창을 열어달라고 유리창에 와서 부딪쳐댄다. 책들아, 나를 보호해줘! 술병아, 나를 보호해줘! 오두막아, 내 정신을 흐트러뜨리려고 하는 이 북동풍으로부터 나를 보호해줘! 만일 누가 잠시 후에 뉴스가 가득 담긴 신문 한 부를 가져다준다면, 나는 그것을 대지진 같은 재앙으로 여길 것이다.

그래, 이런 구절이 분명히 있을 줄 알았다! 9세기의 시인 두목(杜牧)이 쓴 다음의 구절 말이다!

> 침대 하나 간신히 들어가는 오두막에서
> 온종일 자작(自酌)하며 산들을 바라본다.
> 한밤중 비바람이 부질없이 창 두드리는 소리
> 취중에 들으니 그 또한 기막히네!

3월 30일

오늘은 새로운 코스로 얼음폭포에 올라갔다. 오두막 남쪽으로 처음 나오는 계곡을 따라 올라가서 해발 1,000미터 되는 곳에서 폭포 위쪽의 등성이를 한참 돌아가는 길을 시도했다. 쌓인 눈 위로 삐죽삐죽 솟은 풍화된 화강암 봉우리들을 보며 능선을 넘는다. 그러고는 비탈면의 굳은 눈을 밟으며 계속 걷는다. 때로는 무고소나무 무리가 가뜩이나 힘든 나를 괴롭힌다. 이렇게 장장 5시간을 고생한 끝에 폭포로 끝이 막힌 협곡의 왼쪽 기슭에 이른다. 나는 사슴이라도 한 마리 나타나지 않을까 하는 은근한 희망을 품고 오랫동안 그곳에 머문다. 그러나 나무 밑에 깊게 파인, 그리고 내 마음을 즐겁게 해준 오소리의 흔적 외에는 아무것도 없다.

호수로 돌아온 나는 저녁 5시에 처음으로 물고기를 낚았다. 3분 후에는 두 번째 물고기가, 그리고 1시간 반 후에는 세 번째 물고기가 올라온다. 잔뜩 성이 난 은빛의 곤들매기 세 마리가 빙판 위에서 번들거린다. 녀석들의 피부는 감전된 듯이 펄떡거린다. 나는 녀석들의 목을 따고 드넓은 빙원(氷原)을 바라보면서, 과거 시베리아 사람들이 자기들이 해친 짐승이나, 자기들이 거덜내는 데에 기여한 세계에 대해서 하던 감사의 말을 중얼거린다. 현대사회에서는 이 "고마워, 그리고 미안해"라는 말이 환경부담금으로 대체되고 있다.

직접 잡은 생선이 담긴 접시, 직접 길어온 물이 가득 찬 컵, 그리고 직접 쪼갠 장작이 타는 난로를 보는 것은 얼마나 행복한 일인가! 은둔자는 샘에서 직접 물을 길어온다. 살과 물과 나무는 아직도 파르르 떨리고 있다.

도시에서 지내던 때가 생각난다. 저녁 때면 장을 보러 아파트를 나가곤 했다. 슈퍼마켓 진열대들 사이를 헤매고 다니다가, 침울한 동작으로 제품을 집어 카트에 던져넣었다. 우리는 변질된 세계의 수렵채집인이다.

  도시에서는 자유주의자, 급진주의자, 혁명가, 부자 할 것 없이 누구나 빵과 휘발유를 얻기 위해서 돈을 내고, 세금을 납부한다. 반면 은둔자는 국가에 아무것도 요구하지 않고, 아무것도 주지 않는다. 그는 숲속에 파묻혀 거기에서 필요한 것을 얻는다. 정부의 입장에서 볼 때, 은둔자는 한 명의 **놓친 손님**이 되는 셈이다. 놓친 손님 되기, 혁명가들의 진정한 목표는 바로 이것이 되어야 하지 않을까? 구운 생선과 숲에서 따온 월귤로 식사를 하는 것이 아나키스트의 검은 깃발을 흔드는 시위보다 더 반국가적인 행위인 것이다. 폭탄 테러범에게는 폭파해야 할 건물이 있어야 한다. 국가에 반대한다는 것은 어떤 의미에서는 국가에 기댄다는 뜻이다. 월트 휘트먼은 이렇게 말했다. "나는 이 시스템과는 아무런 관계가 없다. 심지어는 거기에 반대해야 할 필요도 없을 정도로 무관하다." 내가 이 휘트먼의 『풀잎』을 발견한 5년 전 10월의 그날, 나는 이 책이 나를 오두막으로 이끌게 되리라고는 꿈에도 생각하지 못했다. 어떤 책을 펼친다는 것은 위험한 행위이다.

  은거는 반항이다. 오두막으로 간다는 것은 통제 화면들에서 사라지는 것을 의미한다. 은둔자는 스르르 지워진다. 그는 더 이상 디지털 흔적도, 전화 신호도, 은행거래 신호도 보내지 않는다. 모든 신분과 신원을 벗는다. 그는 일종의 '거꾸로 가는 해킹'을 통해서 이 거대한 게임에서 빠져나간다. 사실은 반드시 숲으로 들어가야 할 필요는 없다. 혁명적인 금욕주의는 도시 한가운데에서도 얼마든지 실천할 수 있다. 이른바 **소비사회**는 거기에 맞추어 살 수 있는 여러 가지 선택의 가능성을 제공한다. 스스로에게 약간의 규율만 부과하면 된다. 풍요로운 환경 속에서는 뚱보로 살아갈 자유도 있지만, 수도승처럼 살거나 책들과 속삭이며 홀쭉한 몸으로 살아갈 자유도 있다. 아파트를 떠나지 않고도 내면의 숲을 누릴 수 있는 것이다.

반면 결핍된 사회에서는 대안이 존재하지 않는다. 어쩔 수 없이 결핍을 받아들여야만 하며, 또 결핍에 의해서 조건이 만들어진다. 여기에서 의지는 아무 소용이 없다. 옛 소련에 이런 유명한 농담이 있었다. 어떤 사람이 정육점에 들어가서 "여기 빵 있어요?"라고 물었더니, 가게주인은 "아뇨, 여긴 고기가 없는 곳이에요. 빵이 없는 곳을 원하신다면, 이 옆에 빵집이 있어요"라고 대답했다. 나를 키워주신 헝가리 출신 부인은 이런 종류의 이야기들을 많이 들려주었는데, 나는 그분이 종종 생각난다. **소비사회**란, 소비의 허망함에 실망하게 되었지만 자신들이 즐긴 과도한 소비를 사회의 탓으로 돌리는 의지박약아들이 만든 비겁한 표현이다. 그들은 스스로를 개혁할 힘이 없고, 누군가가 자신에게 간소한 삶을 부과해주기만을 바라고 있는 것이다.

저녁 7시, 나는 방수 비닐봉지에 넣어온 밀가루로 블리니스 빵(팬케이크 형태의 작고 두툼한 크레이프의 일종. 그 위에 훈제생선 등을 얹어먹는다/역주) 만들기를 시도해본다. 그리고 1시간 후, 시커멓게 탄 큼직한 갈레트 빵 한 덩이가 나무판 위에 놓여 있다. 나는 30분 정도 바깥에 나가서 오두막에 가득 찬 연기가 빠져나가기를 기다렸다가, 중국 라면 하나를 뜯는다.

3월 31일

며칠 전부터 진행해온 일종의 파블로프의 실험이 결실을 맺기 시작했다. 아침 9시가 되면, 박새들에게 빵부스러기를 던져주기 전에 창가에서 피리로 한 곡조를 연주한다. 오늘 아침에는 피리를 불기 시작하자마자, 미처 먹이를 준비하기도 전에 녀석들이 날아왔다. 나는 새들에 둘러싸여 상쾌한 아침 공기를 들이킨다. 여기에 백설공주만 있으면 완벽할 텐데.

산에 올라가서 하루를 보냈다. 오두막 북쪽, 일본풍의 낙엽송들이 이어지는 널찍한 협곡, 즉 내가 "흰 계곡"이라고 부르는 물길을 따라 올라갔다. 눈에 깊이 빠져가며 5시간 동안 사투를 벌인 끝에 해발 1,600미터 되는 지점에 이른다. 때로는 나 자신이 가슴팍까지 잠기는 풀밭 속에서 허우적대는 고라니처럼 느껴진다. 정상이 300미터 정도 남은 것 같은데, 날씨가 너무 차고 시간도 늦었다. 북쪽 삼나무 숲을 향해서 다시 내려가기 시작한다. 스라소니의 발자국이 나의 발자국을 가로지른 것이 보인다. 아마 한두 시간 전에 지나갔을 것이고, 지금은 근처를 돌아다니고 있으리라. 나는 허리를 숙여 그 자취에 코를 대고 킁킁대보지만, 아무런 냄새도 나지 않는다. 조금 덜 외롭게 느껴진다. 오늘은 기분 좋게 근방을 산책하는 친구가 나 말고 또 하나 있지 않은가!

저녁에는 공터에서 장작을 팬다. 먼저 도끼를 힘차게 내리쳐

쇳날이 나무 속에 박혀들어가게 해야 한다. 쇳날이 충분히 깊게 들어가면, 도끼와 도끼를 문 나무를 한꺼번에 들어올린 다음, 있는 힘을 다해서 통나무 받침 위로 내리쳐야 한다. 타격이 제대로 가해지면 그 굵은 통나무가 반으로 쪼개진다. 그 다음에는 잘게 쪼개기만 하면 된다. 이제는 솜씨가 늘어서 목표를 벗어나는 일이 없다. 한 달 전만 해도, 이 일을 하는 데에 지금보다 시간이 3배나 더 걸렸다. 몇 주일 후면 나는 그야말로 장작 패는 기계가 될 것 같다. 쇳날이 때려야 할 지점을 정확히 때려서 통나무가 쩍 소리를 내며 쪼개질 때면, 나는 장작 패기도 하나의 당당한 무술이라고 확신하게 된다.

4월
호수

4월 1일

아침 9시, "하지만 당신도 알다시피, 내가 아무리 마음을 굳게 먹어도 고독이란 세상에서 가장 지키기 어려운 것이오"라는 미셸 대옹의 글을 읽고 있는데, 문이 왈칵 열린다. 러시아 어부 넷이 러시아인 특유의 활기 넘치는 기세로 다짜고짜 오두막 안으로 쏟아져들어온다. 나를 박살내려고 들어오는 친구들이라고 해도 이보다 더 거칠지는 않을 것이다.

  그들은 떠들썩하게 '안녕하쇼'라고 소리친다. 나는 그들이 타고 온 트럭의 엔진 소리를 듣지 못했다. 그들은 자연보호구역 남쪽에서 잡은 생선을 팔기 위해서 세베로바이칼스크에 가는 참이라고 한다. 나는 얼마나 놀랐던지 읽고 있던 책에 차를 쏟고 말았다. 쳐들어온 네 사내의 면면은 이렇다. 나와는 오래 전부터 아는 사이이며 손가락 몇 개가 없는 사샤. 역시 손가락 몇 개가 사라졌으며 5년 전 빙판 위에서 만난 이고르. 볼로댜 T. 그리고 오늘 처음 보는 부랴트 사람 안드레이. 나는 의젓하게 대처한다. 그들이 탁자에 올려놓은 소시지를 얇게 자르고, 병 하나를 따고, 술잔을 늘어놓는다. 우리는 술을 마시기 시작한다.

나는 그들 각자에게 어디에서 군복무를 했는지 말해달라고 한다. 볼로댜는 몽골에서 탱크병이었고(탱크병들을 위하여 한 잔!), 사샤는 북극해 연안에서 무전병이었고(북극해 연안을 위하여 한 잔!), 이고르는 크림 반도에서 해군이었고(함대를 위하여 한 잔!), 안드레이는 체르케시야에서 포병이었다(러시아의 캅카스 지역 평화정책을 위하여 한 잔!). 러시아 신병들의 배속지들은 하나하나가 상드라르의 시(詩)이다. 나는 카메라를 선반 위에 올려놓고 버튼을 누른다. 도수 40도의 보드카에 힘입어 대화는 열기를 띤다.

4월 1일의 대화

사샤 : 아, 이런 빌어먹을!

나 : 내일 일은 내일 생각하자고요.

사샤 : 주정뱅이 형제들, 술꾼들, 자, 한 잔! (이고르에게 술을 따르며) 자넨 안 마셔? 잘났다!

안드레이 : 자, 모든 것이 잘되길 빌며! 모든 것! 사랑, 가족, 그리고 나머지 모두 다!

나 : 그런데 모두들 어디에서 오는 길이죠?

사샤 : 샤르틀라 곶에서. 불쌍한 친구가 하나 있는데, 거기에서 시들시들 뒈져가는 중이에요. 겨울 내내 뒈지도록 엿 같은

시간을 보냈죠.

이고르 : 여자도, 아무도 없이! 혼자서.

사샤 : 그 친구 윗사람 잘못이야. 그 인간이 겨울 내내 그 친구를 거기다 버려두고, 보급도 제대로 안 해줬다잖아!

나 : 그 윗사람이 누군데요?

사샤 : 뭐라더라, 그 엿 같은……뭐라더라……그 개 같은……사냥꾼 자식.

이고르 : 일전에 한번 내가 그 친구에게 물었지. "자네는 엽총에 총알이 없어?" 그랬더니 그가 "없어. 늑대들이 몇 미터 앞에 다가오면 난 그냥 돌을 던져서 쫓는 신세야" 그러더라고.

사샤 : 저번에 샤르틀라 옆을 지나가다가 보니까 길 위에 늑대 발자국이 남아 있었어.

안드레이 : 되게 크더라고. 이 정도로 널찍했는데, 찍힌 지 얼마 되지 않은 것 같았어, 빌어먹을.

사샤 : 그 친구가 새벽 4시에 밖에 나갔는데, 10미터 앞에서 놈들의 눈이 번쩍거리는 게 보이더래. "그래서? 왜 자넨 쏘지 않았어?" 하고 내가 물었지. 그랬더니 뭐라는 줄 알아? "난 총알이 없다고." 1월에도 그 친구를 보러 갔었어. 그의 개가 뒈져 있더군. 먹을 게 하나도 없었던 거야. 개는 줄에 묶여 있었는데, 굶어서 뒈진 거야. 그리고 강아지들은…….

안드레이 : 녀석들은 뼈만 남아 있더군.

나 : 그럼 그 사람은 뭘 먹죠?

사샤 : 몰라요.

이고르 : 왜 보급을 안 해주는 건지 난 도무지 이해를 못하겠어. 숲속에서 굶주리는 그 사람은 대체 뭐냐고?

사샤 : 빌어먹을. 겨울 내내 트럭들이 그 옆을 지나갔는데, 아무도 차를 세우고 그에게 먹을 걸 가져다주지 않았어.

이고르 : 나도 이런 일은 처음 봐. 어떤 사람이 그런 식으로 혼자 지내는 것 말이야. 그런데 아무도 신경을 안 써. 그런 엿같은 곳에서는 개도 붙어 있으려고 하지 않을 거라고.

사샤 : 근데 그 사람은 행복해 보이던 걸!

나 : 그건 노예예요.

사샤 : 맞아, 맞아! 내가 차마 말은 못했는데, 그건 노예야.

볼로댜 : 이른바 '깜둥이.' 우리 러시아어에서도 그렇게 말하지.

안드레이 : 아무리 노예라고 해도 사람을 그렇게 괴롭힐 수는 없는 법이라고.

이고르 : 맞아.

사샤 : 아주 못된 상전이야. 엿 같은 상전이지. 아니, 그건 상전도 아냐.

나 : 하지만 그에게는 다른 선택이 없죠. 직장도, 돈도 없으니 자기 마을에 남아 있을 수도 없는 노릇이고…….

이고르 : 하지만 여기서도 땡전 한푼 못 받아.

사샤 : 그래도 여기가 좀 낫겠지, 뭐. 자기 마을에 남아 있었다면…….

이고르 : 알코올 중독으로 죽었겠지.

사샤 : 그래! 벌써 알코올 중독으로 죽었을 거야.

이고르 : 물론이지! 물론이고말고!

사샤 : 그래도 여기서는 최소한 살아는 있으니…….

안드레이 : 맞아, 살아 있지.

볼로댜 : 그런데 말이죠, 실뱅, 요즘 유럽이 아주 안 좋은 것 같아요. 특히 그리스가. 그리스가 무너져버렸어요. 폭삭 주저앉았다고요. 끝장났죠.

나 : 끝장났다고요?

이고르 : 끝장났죠.

볼로댜 : 이젠 당신도 집에 돌아가기 힘들게 됐어요.

사샤 : 그리스가 이렇게 만들어버렸어. 지금 그리스는 완전히 똥통에 빠져 있지.

이고르 : 그래. 이건 파국이야!

볼로댜 : 완전히 망한 거야. 그리고 지금 그쪽에 사람들이 들고 일어났다는데?

사샤 : 맞아, 들고 일어났어. 막 소리 지르면서 뛰어다닌다구!

이고르 : 민주주의가 다다른 개판이지.

사샤 : 그나마 다행스럽게도, 1812년에 우리 카자크 기병대가 프랑스 사람들에게 몸을 씻고 목을 닦는 법을 가르쳐주었지. 그들은 그 전에는 절대로 목욕을 안 했대. 상상이 가? 1812년에 카자크 기병대가 그들에게 바냐를 지어줬어. 역사적인 사건이지. 향수를 발명한 이유가 바로 그거였대. 몸에서 나는 고약한 냄새를 덮으려고 말이야. 프랑스 어딜 가나 악취가 진동을 했다는구먼! 그런데 우리 카자크 기병대가 1812

년에 거기에 가서 목욕탕에서 목욕하는 법을 가르쳐준 거야. 이건 정말이야.

이고르 : 파국이야! 악몽이야! 모두들 알아? "cauchemar(악몽), catastrophe(파국), cataclysme(재앙)", 이런 말들이 다 프랑스에서 왔다는 거? 실뱅이 말해줬다고.

샤샤 : 별로 놀랍지도 않아.

볼로댜 : 빌어먹을.

기록은 여기에서 끝난다. 러시아 사내들은 별의별 희한한 것들을 위해서 건배를 했는데, 조금도 힘들이지 않고 벌떡 일어서서는 "아아, 엿 같아, 이젠 가야 해"라고 소리를 지르며 윗도리를 걸치고, 자기들의 장갑과 방한모와 머플러에 욕을 하고, 그 중 한 사람은 문을 "엿"으로 취급하며 발로 걷어차서 열었다. 그러고서는 반도 먹지 않은 소시지를 내게 남긴 채 차에 시동을 걸었고, 나는 약간 멍해진 정신으로 모래톱에 서서는 보드카가 망쳐버린 하루를 시작한다.

  러시아 어부들이 오두막을 방문할 때면, 나는 어떤 기병대가 쳐들어와서 나의 텃밭에서 야영하는 듯한 느낌을 받는다. 숙명론, 자연스러움, 횡포. 몽골족의 이런 특성들이 슬라브인들의 혈관에 주입된 것이다. 나무꾼의 얼굴에 유목민의 면모가 언뜻언뜻 떠오른다. 그 무시무시한 퀴스틴 후작의 말이 옳았다. 러시아는 "아시아를 유럽에 번역하는 임무를 맡은" 것이다.

4월 2일

영하 20도이고, 나는 결국 문 아래 틈새에 펠트 띠를 못질하여 막아야만 했다. 아침에는 서리가 유리창에 남긴 메시지를 바라보며 차를 마신다. 누가 이 메시지를 해독할 수 있을까? 그 안에는 어떤 글이 감추어져 있을까?

오늘 저녁, 나는 마침내 크레이프를 만드는 데에 성공한다. 크레이프는 아이들과 같다. 잠시도 눈을 떼어서는 안 된다. 나는 얼룩 곤들매기로 속을 넣은 블리니 크레이프를 발명해냈다. 우선 곤들매기를 한 마리 잡는다. 장작을 팬다. 불을 지핀다. 회향(茴香)을 뿌린 곤들매기를 잉걸불에 굽는다. 블리니를 만든다(누룩이 없다면 맥주 몇 방울을 넣으면 된다). 블리니 한 덩이 위에 껍질을 벗긴 생선살을 깔고 그 위를 다시 블리니로 덮는다. 이 모든 것을 따뜻한 방에서 보드카 4분의 1리터와 함께 먹는다.

그렇게 창밖을 바라보며 저녁식사를 한다. 어떤 사람들은 그들의 눈앞에 펼쳐진 자연에서 생산된 것들만으로 식사를 한다. 이것이 바로 낙원의 한 정의가 아닐까? 고개를 한번 휘돌리면 모두 보이고, 하루걸음으로 모두 둘러볼 수 있으며, 머릿속으로 명확히 그려볼 수 있는 공간에 숨어 사는 것.

바이칼에서의 내 저녁식사에 들어 있는 **회색 에너지**는 미량이다. 회색 에너지는 음식물의 생산과 운반에 소모되는 에너지보다 그것의 칼로리가 적을 때 폭발적으로 증가한다. 옛날에는 크리스마스에 선물받는 오렌지를 보물로 취급했다. 사람들은 그 안에 회색 에너지가 꽉 차 있음을 알았고, 그 안에 녹아든 여행의 가치를 높게 평가했다. 구불구불 흐르는 메콩 강에서 건져올려 강가에서 즉석으로 구워먹는 메기에는 회색 에너지가 거의 없다. 얼음구멍에서 불과 몇 미터 떨어진 곳에서 구운 나의 곤들매기들도 마찬가지이다. 그러나 아르헨티나 스테이크는 어떤가? 팜파스(아르헨티나의 온대 초원/역주)의 목장에서 콩을 먹여 키운 소를 잡아서, 그 고기를 대서양을 건너 유럽까지 가져와서 만든 이 요리는 파렴치한 것이 아닐 수 없다. 회색 에너지는 카르마의 그림자, 우리가 지은 죄들의 명세서이다. 언젠가 그 빚을 갚으라고 독촉받을 날이 오리라.

> **회색 에너지를 미량 포함한 몇몇 역사적 음식들을 적어본 리스트(보완해나갈 것)**
>
> 하늘에서 유대 백성의 발밑으로 떨어진 만나
> 아테네인들이 미노타우로스에게 바친 처녀들
> 최후의 만찬 때의 빵과 포도주
> 가나의 혼인잔치 때의 포도주
> 메데이아의 아이들
> 대초원 한복판에서 차르의 기병이 말의 목을 따고,
> 거기에 직접 입술을 대고 빨아 먹는 피
> 사막 은둔자 성 파코미우스의 말린 도마뱀 위주의 아침식사
> 범선을 타고 말레이폴리네시아 군도에 이르러,
> 야만인들의 설렁탕 재료가 된 기독교 선교사들

소련이 붕괴되고 나서 굶주린 우크라이나인들에게 잡아먹힌 키예프 동물원의 곰들은 겉보기와는 달리, 다량의 회색 에너지를 가지고 있었다. 이 짐승들을 시베리아에서부터 데려와서 까다로운 사육조건 속에서 키워야 했으니까. 40여 년 전, 안데스 산맥에서 일어난 비행기 추락사고의 생존자들은 다른 사람들의 살을 먹으며 살아남았다. 이들은, 고기가 비행기에 실려왔다는 점에서, 회색 에너지 함량이 매우 높은 음식으로 잔치를 벌였다고 할 수 있으리라.

디안 드 푸아티에([1499-1566] 앙리 2세의 애첩/역주)의 벽난로 상인방(上引枋)에는 이런 글이 새겨져 있었다. "다른 곳에서 온 음식은 없다." 당시에는 인근의 생산물을 먹고 사는 일이야말로 더없는 명예였던 것이다. 피카르디, 로렌 또는 투렌의 피를 지녔다는 것은 혈관에 그 지방의 토산물이 흐른다는 것을 의미했다.

바이칼 어부들의 피에는 호수와 숲에서 나온 자양분이 가득하다. 그들의 동맥은 시베리아의 흙과 물과 공기로 고동친다. 속지주의(屬地主義)는 이런 생물학적 사실들의 조명하에 고려되어야 할 것이다. 핏속에 그 지방의 토양의 성분이 돌고 있는 한, 한 존재의 정체성(正體性)은 그를 먹여주는 지리적 공간에 깊이 뿌리박혀 있다. 수입 통조림이나 퍼먹는 사람들은 세계시민인 것이다.

4월 3일

미셸 투르니에의 로빈슨 이야기와 무인도 수바로프 섬에서의 6년간의 체험을 그린 톰 닐의 『남쪽 바다의 로빈슨』을 마치고 디포의 『로빈슨 크루소』를 읽기 시작한다.

 난파자들에게서는 몇 가지 고유한 특성이 발견된다. 이 공통점들은 어느 수변에 홀로 던져진 사람의 원형적 모습을 그린다고 할 수 있다.

— 난파되었을 때, 자신의 운명이 부당하다는 감정. 그 다음에는 신들과 인간들과 범선에 대한 저주.
— 약간의 과대망상적 증세. 난파자는 자신이 선택받은 자라고 확신한다.
— 자신이 한 왕국의 군주이며, 동물, 식물, 광물이라는 신민을 거느리고 있다는 느낌. 디포의 로빈슨은 이렇게 말한다. "나는 원한다면, 나를 내 힘 아래 복속된 이 고장의 왕이나 황제로 칭할 수도 있다. 내게는 아무런 경쟁자도 없으며……."
— 자신의 삶의 아름다움을 끊임없이 확인함으로써 이 외로운 삶을 정당화하려는 욕구.
— 한편으로는 빨리 구출되기를 바라면서도, 다른 한편으로는 인간과 접촉하는 것을 극도로 꺼리는 모순.
— 섬에 사람이 들어오면 공황감에 사로잡히는 경향.
— 자연과의 공감(공감이 생기려면 몇 년이 걸릴 수도 있다).
— 행동의 시간과 명상의 시간과 여가의 시간을 고도로 체계

화된 리듬에 따라서 번갈아 가지려고 애쓴다.
— 삶의 순간순간을 어떤 연출된 놀이로 변환시키고 싶은 유혹.
— 타락한 인류의 언저리에서 그들을 지켜주는 초병의 역할을 하고 있다는 약간은 흐뭇한 감정.
— **상아탑 증후군**에 걸릴 수 있는 위험. 이 증세가 심각해지면 자신을 보편적 지혜의 수탁자이자 인류의 죄의 구속자로 간주하게 된다.

4월 4일

오늘은 많이 읽고, 빈을 상기시키는 햇빛 속에서 "전원 교향곡"을 들으며 3시간 동안 스케이트를 타고, 곤들매기 한 마리를 잡고, 0.5리터의 미끼를 수확하고, 흑차(黑茶)의 연기 사이로 창밖의 호수를 바라보고, 4시의 햇볕을 쬐면서 조금 자고, 3미터 길이의 통나무를 쪼개 이틀치의 장작을 마련하고, 따끈한 카차(곡물 죽에 달걀, 크림, 야채 등을 가미하는 러시아 음식/역주)를 만들어 먹고, 낙원은 다른 곳이 아닌 바로 이 모든 것들 가운데 있다는 생각을 했다.

4월 5일

밤새 강풍이 몰아쳤다. 정오가 될 때까지 북풍이 숲의 언저리를 난폭하게 뒤흔든다. 수은주는 영하 23도를 가리킨다. 봄은 참 예쁘기도 하다! 오후에 날씨가 잠시 좋아진 틈을 타서 탁자를 만들었다. 굵직한 삼나무 가지로 다리를 세우고, 각목으로 받침틀을 짜고, 처마 밑에 있던 판자 4개를 가져와서 그 위에 올려놓는다. 이렇게 3시간을 작업한 끝에 저녁녘에 탁자가 완성되었다. 나는 그것을 호숫가 눈밭에 세워놓는다. 숲속 빈터가 터지는 곳, 지붕 모양의 삼나무 앞이 그 정확한 위치이다. 그런 다음 나는 둥근 나무토막 위에 앉아서 나무둥치에 등을 기댄다. 탁자 위에 두 발을 올려놓지 못하게 하는 사람들이 있다. 그들은 소목공의 자부심에 대해서는 아무것도 모르는 사람들이다.

 비록 저녁 날씨는 춥지만, 나는 새 탁자에 팔꿈치를 기대고 담배 한 대를 피운다. 탁자와 나, 우리는 벌써 서로를 몹시 사랑하고 있다. 이 땅 위에서 기댈 수 있는 뭔가 있다는 것은 좋은 일이다.

 이곳의 삶은 나에게 평화를 가져다준다. 모든 욕망이 완전히 꺼져버렸다는 말이 아니다. 오두막은 불교의 보리수나무가 아니다. 은둔자는 가능성에 맞추어 야심을 긴축할 뿐이다. 행동의 가짓수를 줄임으로써 경험의 깊이를 증가시킨다. 독서, 글쓰기, 낚시, 등산, 스케이트, 숲속 돌아다니기······삶은 열대여섯 가지의 활동으로 축소된다. 난파자는 절대적인, 그러나 섬의 한계에 의해서 제한되는 자유를 누린다. 로빈슨 크루소류의 이야기들의 시작 부분에서 주인공은 배를 만들어 탈출을 시도한다. 그는 모든 것이 가능하며, 행복은 수평선 너머에 있다고 확신한다. 그러나 다시 수변으로 떠밀려와서 이곳을 벗어날 수 없다는 것을 깨닫고, 그렇게 마음이 평온해진 후에는 이런 제한

이 오히려 행복의 근원이라는 사실을 발견한다. 이때 사람들은 그가 체념했다고 말한다. 은둔자가 체념했다고? 대로(大路)의 무수한 오색초롱들 아래에 얼빠진 얼굴로 서서, 축제의 유혹들을 모두 즐기기에는 자신의 삶이 충분하지 않다는 사실을 불현듯 깨달은 도시 사람만큼은 아닐 것이다.

4월 6일

4세기의 상(上)이집트, 와디 나트룬의 사구(砂丘)에는 누더기를 걸친 승려들이 득실거렸다. 성 안토니우스와 성 파코미우스를 본받아서 사막으로 몰려온 은둔 수도승들이었다. 검게 탄 얼굴에는 병적으로 빛나는 두 눈만 번쩍거렸다. 그들은 현실을 끔찍하게 여겼다. 그들에게 산다는 것은 사람을 추하게 만드는 것이었다. 도마뱀으로 연명하는 유령이나 다름없는 그들은 세상을 거부했고, 세상이 제공하는 맛들을 두려워했다. 감각은 그들의 적이었다. 어쩌다 물 한 단지를 꿈꾸기라도 하면, 사탄이 자신을 유혹한다고 믿었다. 그들은 다른 왕국, 즉 성경이 약속하는 영원한 왕국으로 가기 위해서 죽음을 원했다.

 타이가의 은둔자들은 이런 종류의 포기의 대척점에 위치한다. 신비주의자들은 세계에서 자신이 사라져버리기를 원했다. 그러나 숲의 인간은 세계와 화해하기를 원한다. 그들은 이 삶의 것이 아닌 무엇인가가 도래하기를 소망했지만, 그는 지금 여기에서 순간순간 솟구치는 짧은 기쁨들을 원한다. 그들은 영원을 원했지만, 그는 소망의 실현을 좇는다. 그들은 죽기를 바랐지만, 그는 즐길 수 있기를 열망한다. 그들은 자신의 몸을 증오했지만, 그는 몸의 감각들을 강화한다. 요컨대 보드카 한 병을 가운데 놓고 함께 즐거운 시간을 보내고 싶다면, 신에 미쳐 외기둥 위에 걸터앉은 수도승보다는 외로운 숲 사람을 만나는 것이 훨씬 더 낫다는 이야기이다.

어쨌든 이런 대자연에서 한 사람과의 만남은 일대사건이 된다. 은둔 수도승들은 사람의 얼굴을 잊고 있었던 까닭에, 어떤 방문객이 불쑥 나타나면 마귀가 나타났다고 확신하고는 털썩 무릎을 꿇는 이가 한둘이 아니었다고 한다.

오늘 아침, 볼로댜 T.가 잊고 간 자기 소지품을 찾으러 지프를 타고 갑자기 나타났을 때, 나의 기분이 꼭 그랬다. 왜 저 빌어먹을 문은, 23번째 생일을 기념하기 위해서 바이칼을 찾은 덴마크 여자 스키 챔피언을 보여주기 위해서 왈칵 열리는 일은 한번도 없단 말인가?

"보드카 한잔 하겠어요?" 볼로댜에게 묻는다.

"아뇨." 그가 대답한다.

"술 안 해요?"

"끊었어요."

"언제?"

"20년 전, 여기 오기 전에. 어느 날 잠에서 깨어나보니, 마누라와 애들이 다 사라져버렸어요. 가족은 술보다 더 나은 거예요. 그들은 나중에 다시 돌아왔지만, 그 이후로 난 술은 입에 안 대요."

"그렇군요. 그럼, 이르쿠츠크에서의 새로운 삶은 어때요?"
"별로예요."
"왜요?"
"돈. 어쩔 수 없이 곰사냥을 해야 해요. 곰가죽 한 장이면 6,000루블을 받을 수 있는데……한 달치 봉급이죠! 두어 사람에게 잡아주겠다고 약속을 했어요. 선금을 받았죠."
"그러고 보니 우리 프랑스에 이런 속담이 있어요. 곰을 잡기도 전에……."("곰을 잡기 전에는 곰 가죽을 팔지 말라"/역주)
"알고 있으니 설명할 필요 없어요. 우리 러시아에도 같은 속담이 있어요."
"정말 보드카 딱 한 잔만 안 할래요?"
"아, 싫다고 했잖아요, 빌어먹을."

4월 7일

1시간 내내 오두막을 청소한다. 갈대 빗자루는 마법처럼 바닥을 바꾼다. 그 다음에는 왁스 천을 스펀지로 한 번 문지르고, 유리창도 보드카를 묻혀서 닦는다. 오늘은 주로 닦는 날이므로, 나를 위해서 바냐도 준비한다. 저녁에는 그야말로 반짝거리는 새 동전만큼이나 깨끗한 몸으로 탁자에 앉는다. 잔에 가득한 보드카, 따끈하게 데워지고 있는 카차, 난로 위의 차, 눈물을 흘리는 촛불, 그리고 삐걱거리는 호수. 모두가 제자리에서 자기 의무를 다하고 있다. 수은주가 갑자기 뚝 떨어진다. 삼나무 우듬지들이 흔들리는 소리가 들린다.……

4월 8일

폭풍.

　내 삶에서 남는 것은 내가 쓴 글뿐이다. 나는 망각과 싸우기 위해서, 기억에 하나의 보완물을 제공하기 위해서 글을 쓴다. 만일 자신의 일들과 행위들을 꼼꼼히 기록해두지 않는다면, 사는 것이 무슨 소용이 있을까? 시간은 물처럼 흘러가고, 하루는 덧없이 스러지고, 허무가 승리한다. 일기는 부조리에 맞서 싸우는 특공대이다.

　나는 지나가는 시간들을 기록으로 남긴다. 일기 쓰기는 삶을 풍요하게 해준다. 매일 일기의 백지를 대해야 하는 사람은 그날의 사건들에 최대한 주의를 기울이지 않을 수 없다. 더 귀를 기울이고, 더 열심히 생각하고, 더 강렬하게 보지 않을 수 없다. 빈손으로 일기장을 만나러 오는 것만큼 예의 없는 짓이 있을까? 일기 쓰기는 약혼녀와의 저녁식사와도 같은 것이다. 그녀에게 뭔가 은밀한 이야기를 해주기 위해서는 낮 동안에 미리 생각해두는 것이 좋다.

　바깥은 혼돈 그 자체이다. 바람은 쌓인 눈더미들을 갈가리 물어뜯는다. 돌풍은 숲의 전면을 난폭하게 뒤흔든다. 삼나무들이 먼저 매를 맞는다. 잘려나간 잔가지들이 우듬지 위를 선회한다. 폭풍은 나무들을 뿌리째 뽑으려고 한다. 저렇듯 부질없이 악착을 떠는 바람이란 얼마나 슬픈 힘인가! 따뜻한 난로 옆에서의 난폭한 구타 장면 구경하기, 문명을 이렇게도 정의할 수 있지 않을까?

저녁에는 천천히 술에 취한다. 오두막은 얼근한 취기의 감방이다.

4월 9일

여전히 폭풍이 분다. 바람은 고갈될 줄 모른다. 그것은 숲의 언저리를 집요하게 공격한다. 도대체 무엇을 복수하고 싶은 것일까? 누가 멀쩡히 있는 것을 참지 못하는 저 심술……. 호수는 눈이 말끔히 치워져 반들반들 빛난다. 나는 빙판 위를 조금 거닐어보려고 하다가, 그만 먼 빙원 쪽으로 밀려나간다. 돌풍에 샤프카가 벗겨져 날아간다. 그것은 시속 100킬로미터의 강풍에 실려 불과 10초 만에 사라져버린다. 나는 기슭에서 3킬로미터 떨어진 곳에 있다. 긴 머플러를 터번처럼 머리에 칭칭 두르고, 그 위에 후드를 덮어쓴다. 아이젠 없이는 귀로가 가시밭길이 되리라는 것을 예상하지 못했다. 맞바람을 받으니, 기슭까지 가는 것이 너무 힘들다. 가급적 바람을 덜 받기 위해서 무릎을 꿇어야 한다. 균열부의 불거진 부분에 발끝을 끼워가며 간신히 나아간다. 폭풍 앞에 납작 엎드려, 호수의 빙판 위를 기어갈 때 우리는 겸허함을 배우게 된다.

  풍속이 시속 몇 킬로미터만 더 높았다면, 나는 그대로 아이스하키 퍽처럼 호수 한가운데까지 밀려갔을 것이다. 그러면 24킬로미터 떨어진 호수 반대편 기슭의 한 부랴트 마을까지 가서 도움을 요청하지 않을 수 없었을 것이다. "안녕하세요? 죄송합니다만, 제가 바람에 실려왔거든요."

오늘 밤, 오두막 전체가 삐걱거린다. 목재의 신음소리가 얼음이 발하는 폭음들과 뒤섞인다. 만일 나에게 미신적인 성향이 있었다면, 이런 소리들로 인해서 겁에 질렸을 것이다.

이렇게 꼼짝없이 갇혀 있으니, 불같이 화가 치민다. 디포의 『로빈슨 크루소』의 이 구절을 읽으며 마음을 가라앉힌다. "12월 24일. 하루 밤 하루 낮 동안 비가 퍼부어, 나는 밖에 나가지 못했다."

4월 10일

파랗고 차가운 하늘에 동녘이 튼다. 호수는 말끔히 닦여 있다. 미친 듯이 날뛴 지난 48시간이 세계를 청소하여 깨끗한 새것으로 만들어놓았다. 나는 바깥의 다시 태어난 공기 속에서 탁자 앞에 앉아서 차를 마신다. 실바람 한 점 없다. 뭔가 우웅하는 소리가 들리는 것 같다. 고독의 이명현상(耳鳴現象)이다.

나무 궤짝들을 점검해본다. 비축물이 줄고 있다. 그러나 파스타는 한 달 내내 먹어도 충분할 정도이고, 타바스코도 파스타를 말아 먹어도 될 정도로 많다. 밀가루, 차, 기름도 꽤 있다. 커피는 부족하다. 보드카는 4월 말까지 견딜 수 있을 듯하다.

오후에는 새 낚시터를 시험해본다. 북쪽으로 걸어서 1시간 정도 걸리는 곳인데, 침엽수들이 힘차게 서 있는 비탈 아래, 작은 강이 호수로 흘러드는 지점이다. 이 장소는 인심이 그렇게 후한 편이 아니다. 1시간 동안 잡은 것이 고작 곤들매기 한 마리이다. 나는 낚싯줄이 파르르 떨리기만을 기다리면서 해질녘까지 민걸상에 앉아 있었다. 낚시는 우리가 시간과 체결하는 계약의 최종조항이다. 우리가 낚시에서 빈손으로 돌아온다면, 그것은 시간이 자신의 물고기를 낚았다는 뜻이다. 나는 몇 시간 동안 꼼짝하지 않고 있는 나를 그대로 받아들인다. 참고 기다리다 보면, 어쩌면 한 마리 낚을 수도 있을 것이다. 아무것도 건지지 못하면 아쉽기야 하겠지만, 어쩔 수 없는 일이다. 그렇다고 시간이 내 욕망을 속였다고 원망하지는 않을 것이다. 앉아서 내가 하는 활동은 많지 않고, 막연한 기대 하나로 축소된다. 나는 더 이상 메시아의 도래는 믿지 않으며, 다만 물고기 몇 마리가 올라오기를 바랄 뿐이다.

저녁. 오늘의 유일한 물고기인 곤들매기를 요리한 후, 나는 『로빈슨 크루소』 읽기를 마치고, 『쥐스틴 혹은 미덕의 불운』을 읽기 시작한다. 이 두 책은 연결해서 읽어야 한다. 쥐스틴이 어떤 난파한 사내의 섬에 상륙하는 상황을 상상해보자는 뜻이 아니다. 그것은 로빈슨이 문명의 재창조와 윤리의 재발명을 시도한다면, 사드 후작은 문명을 폭파시키고 윤리를 더럽히려고 한다는 의미이다. 두 사람 모두, 정반대의 방향으로 문화에 봉사하고 있다.

4월 11일

밤중에 날씨가 조금 가라앉는가 싶더니 바람이 한층 더 거세졌다. 오후 2시경, 다시 힘이 빠지는 모양이다. 구름이 열리면서 햇빛이 바이칼을 환하게 덮는다. 구름 한 무더기가 다시 반격

해오며 빙판에 어둔 베일을 드리운다. 햇빛에 잠긴 빙판에 그늘이 줄무늬를 그린다. 그 검은 칼날이 상아 같은 얼음 위를 진격한다. 태양이 다시 힘을 내어 적진을 돌파한다. 어둠이 물러간다. 빛은 바람과 우연에 따라서 시시각각 변한다.

이렇게 빛과 그늘이 일렁이는 시야 속에서 4개의 점이 뚜렷해진다. 쌍안경으로 살펴보니, 자전거 타는 사람들이다. 순간, 난롯불을 꺼서 내가 여기 없는 척해볼까 하는 생각이 들었지만, 이내 그런 생각이 부끄러워진다.

그 친구들은 삼나무 숲의 곶을 지난 뒤, 크게 커브를 돌아서 이쪽으로 온다. 20분 후면 도착할 것이다.

세르게이, 이반, 스비에타, 이고르. 그들은 브라츠크 수력발전소에서 근무한다. 겨울휴가를 맞아서 자전거로 빙판 코스를 달리는 중이다. 나는 그들에게 차를 대접하고, 그들은 상당한 양의 돼지고기 가공제품을 먹어치운다. 큰 단지에 든 마요네즈를 퍼서는 소시지 슬라이스 하나하나에 꼼꼼히 발라가면서.

"차를 조금 더 들겠어요?" 내가 묻는다.

"괜찮아요." 이고르가 소시지 하나를 마요네즈에 푹 담그며 사양한다. "1시간 후면 옐로신에 가서 점심을 먹을 텐데요."

"여긴 박새가 많군요." 스비에타가 말한다.

"그래요, 내 친구들이에요. 녀석들이 내게 러시아어를 가르쳐주죠."

그들은 나를 이상한 눈으로 쳐다보고, 다시 짐을 꾸린다.

4월 12일

나는 옐로신으로 간다. 볼로댜만이 즐기는 비법을 알고 있는 바냐가 그리웠기 때문이다. 섭씨 100도의 열기로 몸을 익힌 후, 산이 마주보이는 나무차양 밑에 김이 무럭무럭 피어오르는 몸으로 앉아서 맥주 한잔을 즐기는 방식의 바냐이다. 나의 오두막이 있는 곳에서 북쪽으로 2킬로미터 떨어진 곳에 얼어붙은 강 하나가 나타난다. 숲을 칼날처럼 파고들어가는 그 얼어붙은 강의 어귀에 끌고 온 썰매를 세워둔다. 그런 다음 철컥철컥 박히는 아이젠의 도움을 받아서, 앙상한 전나무들이 삐죽삐죽 솟은 편암 절벽 사이로 약 800미터를 올라간다. 여기에서 빙판은 일종의 교각이다. 그 밑으로 졸졸 물이 흐르는 소리가 들린다. 강가에는 빨간색의 어린 나무들이 자라고 있다. 얼음 속에 박힌 그 뿌리들은 수정의 몸속에 퍼져 있는 혈관들처럼 보인다. 겨울은 꽉 죄는 바이스이다.

강어귀에서 옐로신까지는 강을 거슬러 7킬로미터를 올라가야 한다. 곳곳에 나타나는 커다란 균열들 때문에 우회해야 할 때가 한두 번이 아니다. 이 갈라지고 부서진 얼음들이 만든 미로 속에서 길을 찾아야 하고, 때로는 균열 위를 뛰어넘기도 해야 한다. 이따금 부는 바람에 고운 눈가루가 구불구불 띠처럼 빙판 위를 쓸려온다. 나는 빙판 위를 걷는 것이 좋다. 이곳은 작은 생명체들을 밟아죽이지 않고 걸을 수 있는 드문 장소 중 하나이다. 하루살이 한 마리도 죽이지 않으려는 자이나교 승려들에게는 완벽한 장소일 것이다.……

얼음 속에 얽힌 저 혈맥. 어떤 생각의 실처럼 느껴진다. 만일 자연에게도 생각이 있다면, 풍경들은 자연이 하는 다양한 생각들의 표현이리라. 에코 시스템들 각각에 감정을 하나씩 부여함으로써 '에코 시스템의 정신생리학'이라고 부를 수 있는 것을 구성해볼 수 있지 않을까? 숲의 우울함, 산골짝 시내의 즐거움, 소택지의 망설임, 우듬지의 엄격함, 찰랑이는 물결의 귀족적 경박함...... '풍경의 인간중심 해석학'이라는 새로운 학문이리라.

내가 문을 두드리자, 볼로댜가 대뜸 농담을 한다.
"이리나에게 줄 꽃은 어디 있지요?"
볼로댜에게 나름의 변명을 하고 싶었지만, 그러기에는 나의 러시아어가 너무 짧아서 포기하고 대신에 이렇게 말한다.
"가져왔죠! 그런데 오는 길에 시들어버렸어요. 자, 볼로댜, 바냐는 준비되었어요?"
"당신을 기다리고 있죠."
저녁, 나는 벤치에 앉아서 무릎에 올라앉은 볼로댜의 고양이와 함께 석양 속에서 사라져가는 부랴트를 바라본다. 기온은 영하 12도이고, 아스라한 지평선은 비단처럼 곱게 물들었다. 어디선가 들려오는 얼음 갈라지는 소리에 고양이 녀석의 귀가 쫑긋해진다. 개 한 마리가 짖는다.
밤 11시이다. 볼로댜는 라디오를 끄지 않는다. 나는 따뜻한 오두막 바닥에 누워, 제1 방송국 뉴스를 듣는다. 그런데 난리가 났다. 폴란드 정부 전용기인 투폴레프 여객기가 스몰렌스크

근방에서 추락했다는 것이다. 투폴레프는 러시아제 항공기이다. 폴란드 대통령이 수십 명의 고위관료와 함께 사망했다고 한다. 생존자는 없다. 대통령은 러시아가 마침내 그 책임을 인정한 "카틴 숲 학살사건"(스탈린이 제2차 세계대전 중에 폴란드 장교들을 카틴 숲에서 학살한 사건/역주)의 희생자들을 추모하러 가는 중이었다.
"볼로댜?"
"왜요?"
"러시아가 폴란드 사람들을 죽인 것이 이번이 처음은 아니죠?"
"빌어먹을, 이건 웃을 얘기가 아니라고요."

4월 13일
라디오는 밤새도록 뉴스를 쏟아냈다. 나는 비몽사몽의 상태에서 희생자들의 수가 계속 늘고 있다는 소리를 들었다. 사망자 95명⋯⋯96명⋯⋯97명. 결국 새벽 2시경에는 종이를 씹어 뭉쳐서 귀를 틀어막아야만 했다. 『로드 짐』에서 한 장을 찢어내어 천천히 씹은 뒤(잉크 맛이 고약했다), 어쩌면 바다소리를 듣게 될지도 모른다고 생각하며 콘래드의 문학을 귓구멍 깊숙이 쑤셔넣었다.

 오전에는 볼로댜가 쳐놓은 덫들을 살피러 가는 데에 나를 데리고 간다. 삼림감시인의 임무는 밀렵꾼들의 동물 학살을 막는 일이다. 볼로댜는 이 임무수행의 범위를 자연보호구역의 경계 안으로 정확히 한정시키고 있다. 그의 오두막은 옐로신 강의

좌안, 자연공원의 북쪽 경계 부근에 위치해 있다. 이 경계를 넘어가면 타이가는 더 이상 보호되지 못하는데, 볼로댜는 바로 거기에 덫을 놓는 것이다.

  그는 스키를 발에 맨다. 두 장의 유선형 나무판을 말가죽으로 감싸서 못을 박아 고정시킨 것이 그의 스키이다. 나는 스노슈즈를 신고 그의 뒤를 따른다. 덫들을 모두 체크하려면 3시간이 걸린다. 새로 쌓인 눈에 발이 푹푹 빠진다. 우리는 산비탈과 숲이 우거진 산의 어깨 부분이 만나는 선을 따라서 나아간다. 어치들이 우리가 접근하는 것을 알린다. 볼로댜의 어린 개는 엉뚱한 것들을 쫓아서 이리저리 뛰어다닌다. 녀석은 다람쥐 한 마리 때문에 주인을 방해해서는 안 된다는 것을 아직 모른다. 볼로댜는 녀석에게 일을 제대로 하는 법을 가르치느라고 소리를 지른다. "빌어먹을! 저 놈의 개는 왜 이렇게 제멋대로야?" 15개의 덫에서 나온 수확은 담비 두 마리이다. 볼로댜는 이제 숲은 텅 비었으며, 옛날이 더 살기 좋았다고 단언한다. 과거 미국인들이 대평원의 들소들에게 했던 짓을, 러시아인들은 이 족제비과 동물들에게 자행했다. 그들은 인간들의 등짝을 덮기 위해서 모피동물들을 몰살시킨 것이다. 어느 날 인간이 숲에 침입했다. 신들은 물러났다.

  은둔의 유혹이 생기려면 반드시 어떤 주기를 거쳐야 한다. 숲속 빈터의 연기가 피어오르는 오두막에서 살기를 열망하기 위해서는 먼저 현대도시의 한가운데에서 소화불량으로 고통을 겪어야 한다. 순응주의라는 굳기름 속에서 온몸이 경직되고,

안락함이라는 돼지기름 속에서 정신이 곪아터져야 비로소 숲의 부름이 귀에 들린다.

   정오에 나는 귀로에 오른다. 빙판이 고운 눈가루로 덮여 있어서 신발바닥이 미끄러진다. 어서 나만의 고독한 저녁 시간을 되찾고 싶다. 안개가 산비탈들을 뿌옇게 덮는다. 호수가 창조되고, 또다시 창조된다.

4월 14일

겨울은 도무지 끝날 줄을 모른다. 간밤의 온도는 영하 15도였다. 해빙의 기미라고는 없다. 눈이 아침부터 저녁까지 내린다. 떨어지는 눈송이들의 겁에 질린 소리가 들린다. 나는 하루 종일 오두막 안에서 지낸다. 오두막은 고마운 마음으로 문턱만 넘어서면 그 포근한 온기로 나를 감싸주는 나의 알, 나의 동굴이다. 시간이 천천히 지나가는 것이 창문으로 보인다. 약간 지루하다. 오늘, 시간은 꽉 잠그지 않은 수도꼭지에서 한 방울 한 방울 똑똑 떨어져내린다. 지루함이란 구닥다리 친구와도 같다. 그러나 우리는 그 친구에게 익숙해진다. 지루할 때, 시간은 대구간유의 맛처럼 느껴진다. 그러다가 갑자기 이 맛이 사라져버리면서 더 이상 지루하지 않게 된다. 시간은 다시 존재를 통해서 자신의 길을 가는, 그 가볍고도 보이지 않는 행렬이 된다.

4월 15일

숲에서 빠져나가는 데에는 2시간 반이 걸린다. 나는 오두막 남쪽의 두 번째 계곡의 시내를 따라 올라가며 적당한 야영지를 찾는다. 스노슈즈를 신었지만, 허벅지 중간까지 눈에 푹푹 빠진다. 한 걸음 한 걸음, 처절한 사투이다. 저녁 7시가 되어서야 흠뻑 젖은 몸으로 숲의 위쪽 언저리에 다다른다.

나는 돌밭 위에 위치한, 해발 1,200미터의 평평한 장소를 선택한다. 내려다보니, 아래로 100미터 정도 되는 경사면에 오소리 한 마리가 달려간 자국이 길게 나 있다. 오소리는 동면하지 않는다. 무지하게 춥다. 바람에 드러난 무고소나무들이 녹슨 것처럼 빨간 암괴 위를 기고 있다. 저 멀리 동쪽에 보이는 부랴트는 불에 단 열선처럼 벌겋다. 나는 잔솔가지들을 잘라와서 매트리스를 만들고, 남은 것으로는 어둠 속에서 불을 피운다. 텐트를 세운 다음, 그 안에 매트리스와 침낭을 던져넣는다. 불 위에서 파스타가 데워지는 동안, 나는 푹신한 나뭇가지 침대 위에서 뒹군다. 모닥불은 열기를 반사하는 1.5미터 높이의 두 바위 사이에서 타고 있다.

지금 기온은 영하 25도나 30도쯤 되겠지만, 불꽃으로 따뜻해진 바위틈 속은 충분히 따뜻하다. 나는 잉걸불의 불똥들이 하늘로 치솟아 희미해지다가, 별빛 속에 섞여들기 전에 마지막으로 한번 환하게 빛나는 바로 그 지점을 응시한다. 좀처럼 텐트 안으로 들어갈 마음을 먹지 못한다.

침낭 속에서, 나무가 타며 타닥거리는 소리를 듣는다. 세상에 고독보다 더 가치 있는 것은 없다. 이 사실을 누군가에게 설명할 수만 있다면, 나의 행복은 그야말로 완벽해질 텐데.

4월 16일

나는 침낭의 지퍼를 열고, 눈부신 태양 때문에 눈을 몇 번 끔쩍이고, 하늘이 파랗게 갠 것에 기뻐하고, 일어나서 800미터 발밑의 수반 바닥에 장엄하게 펼쳐진 빙원의 이미지를 조망한다. 자, 이렇게 하루를 시작한다. 간밤에 스라소니 한 마리가 야영지를 방문했다. 녀석은 텐트 주변에 흔적을 잔뜩 남겼다.

야영지의 아침이 주는 이 더없는 행복감. 나는 이렇게 숲을 내려다보고 있으며, 밤을 지나서 살아남아 있고, 그로써 약간의 삶을 추가로 얻은 것이다. 야영지에서 거의 수직 방향으로 400미터를 더 올라간다. 아침 10시, 이제 가장 높은 산등성이는 불과 500미터밖에 남지 않았다. 내려다보니 해안은 불룩한 곶(串)들과 우묵한 만(灣)들로 사인(sine) 곡선을 그리고 있다. 또 곶들의 검은 톱니들이 빙원을 파고드는 모습은 어떤 전투 상황도에서 전선(戰線)이 밀려왔다가 물러섰다가 하며 만드는 파형(波形)을 연상시킨다.

나는 다시 모닥불로 내려와서 불을 살려 차를 끓여 마신 뒤, 텐트를 걷고 하산하기 시작한다. 스라소니는 오소리의 흔적을 꼼꼼히 살핀 다음 숲속으로 들어간 모양이다. 눈 위에는 담비와 산토끼와 여우의 발자국들이 교차하고 있다. 숲은 어떤 보이지 않는 생명들로 수런거린다. 나뭇가지에서 늘어뜨려진 이끼 가닥이 얼굴을 스친다. 나는 눈을 반쯤 감고 낙엽송 무리 앞에 서본다. 꼭 몽둥이로 무장한 거인들처럼 보인다. 만일 사막의 은둔자들이 이 타이가에 은거했다면, 그들은 쾌활한 정령들과 동물신들이 우글거리는 종교들을 만들었으리라. 사막은 영혼을 얼마나 메마르게 만드는가! 성 베르나르는 산책에서 돌아와 바깥 세상의 아무것도 보지 못했다고 기뻐했다!

나는 3시간 만에 오두막으로 돌아온다. 영하 2도의 포근한 날씨여서, 점심은 밖으로 나와 물가의 탁자에서 먹기로 한다. 박새들이 따뜻한 대기에 취해서 춤을 춘다. 차양의 추녀 끝에서 종유석의 그것 같은 물방울이 똑똑 떨어진다. 최초의 진정한 봄날은 1년의 중요한 날들 가운데 하루이다.

어두운 그림자가 호수 위에 내려앉아서 하얀 빙원 위를 차츰 갉아들어가더니, 땅거미는 자신과는 상관없다고 확신하며 맞은편 기슭에서 거드름을 피우는 부랴트의 산들을 가린다.

4월 17일

은둔자는 인간사회를 위협하지 않는다. 기껏해야 사회에 대한 비판을 할 수 있을 뿐이다. 부랑자는 도둑질한다.

아나키스트는 자신이 살고 있는 사회를 파괴하기를 꿈꾼다. 오늘날 해커는 자기 방에서 가상의 성채들의 붕괴를 도모한다. 전자는 선술집에서 폭탄을 만들고, 후자는 컴퓨터를 통해서 프로그램들을 무장시킨다. 그리고 그들에게는 가증스러운 사회가 필요하다. 사회는 그들의 표적이고, 이 표적의 파괴는 그들의 존재이유이다.

은둔자는 사회를 정중하게 거부하며 멀찌감치 떨어져 있다. 그는 식탁에 앉아서 음식을 부드럽게 거절하는 손님과도 비슷하다. 사회가 사라진다고 해도, 은둔자는 은둔의 삶을 계속할 것이다. 반면에 저항자들은 실업상태에 빠진다. 은둔자는 무엇에 대해서 반대하지 않고, 다만 어떤 삶의 방식을 채택할 뿐이다. 그는 거짓을 고발하지 않고, 다만 어떤 진실을 추구한다. 그는 물리적인 위해를 가할 수 없는 존재이며, 사람들은 마치 그가 야만인과 문명인을 중개하는 집단에 속하기라도 한 것처럼 그를 용납한다. 기사 이뱅(아서 왕의 전설에 나오는 원탁의 기사 중 하나/역주)은 사랑에 미쳐 전라의 몸으로 숲속을 방황했다. 그러다가 한 은둔자를 만났는데, 그는 이뱅이 이성을 되찾고 성으로 돌아갈 수 있게 해주었다. 은둔자는 두 세계 사이의 뱃사공이다.

오후 4시, 나는 북쪽으로 걸어서 1시간 거리에 있는 제2 구멍으로 낚시하러 간다. 제1 구멍은 오두막 바로 앞에 있다. 나는 엄숙한 모습의 기슭을 따라서 걷는다. 이 숲에는 즐거움은 있을지 모르지만, 유머는 단 1그램도 없다. 은둔자의 얼굴이 그렇게 엄숙하고, 소로의 글이 그토록 심각한 것은 이 때문일 것이다.

나는 20분 만에 곤들매기 세 마리를 잡는다. 녀석들의 속을 월귤로 채우고 겉에는 약간의 기름을 발라서 팬 위에 올린다. 아주 맛있다. 신선한 곤들매기 살은 보드카와 썩 잘 어울린다. 하기야 보드카는 모든 것과 잘 어울린다. 여자와 키스할 때만 빼놓고. 그러나 여기에서는 그럴 위험이 없다.

4월 18일

아침 8시에 세르게이가 오두막에 들이닥쳤다. 볼로댜를 보러 옐로신에 다녀오는 길이라는데, 나는 그의 자동차가 빙판을 지나가는 소리도 듣지 못했다. 매번 그렇듯이, 그는 노크도 없이 불쑥 들어와서 내가 비명을 지르게 만들었고, 이 무단침입자 때문에 무너져버린 나의 내적 균형을 회복하는 데에는 시간이 걸렸다. 다행히 아직 차는 끓이지 않은 참이라서, 차를 엎지르는 불상사만큼은 피할 수 있었다.

"이 오두막은 잘 정돈되어 있군요. 볼로댜와도 얘기한 적이 있는데, 여긴 꼭 '독일 오두막' 같아요."

"아, 그래요?"

"포코이니키에 가지 않을래요? 집에는 내가 다시 데려다줄 테니."

"좋죠.······그래도 차는 한잔 해야죠?"

"아니, 그냥 빨리 가요!"

그로부터 꼭 10분 후, 나는 자물쇠를 채우고 자동차에 올랐다. 우리는 남쪽을 향해서 미끄러져간다. 러시아에서는 모든 일을 급히 한다. 계속 잠들어 있다가 가끔씩 발작하듯 미친 듯이 움직이기. 이것이 이곳의 삶이다. 포코이니키에 갔더니, 큰 공사가 벌어져 있다. 세르게이와 옅은 회색 눈동자의 유리는 결빙기를 이용하여, 만의 북쪽 기슭에 펼쳐진 넓은 소택지 한 가운데에 말뚝을 박고 그 위에 수상가옥을 하나 짓는 중이다. 그들은 그 집을 "섬"이라고 부른다. 우리는 나무지렛대, 잭, 밧

줄 등을 사용하여 컨테이너 하나를 목재 플랫폼 위에 올려놓느라고 오후 한나절을 보낸다. 컨테이너 안에는 야전침대와 난로가 하나씩 마련되어 있다. 세르게이가 설명한다.
"자연보호구역의 경계는 딱 이 모래톱까지예요. 그 바깥은 관할권 밖에 있죠. 따라서 이 섬은 자율지역이란 말씀."
"자유롭다는 말인가요?"
"그래요, 자율적이고도 자유롭죠. 우리는 지금 '포코이니키 자율자유 영토'를 만들고 있어요."
낙엽송이 우거진 숲속에 어떤 그림자들이 미끄러지듯 지나간다. 나무둥치들을 요령 있게 피하며 달리는 말들이다. 발굽이 눈 덮인 땅바닥에 부딪칠 때마다 깃털로 채워진 베개를 주먹으로 퍽퍽 때리는 소리가 나고, 머리에서는 모락모락 김이 피어오른다. 이 짐승들은 포코이니키에서 북쪽으로 2킬로미터 떨어진 솔레슈나야 기상관측 기지의 직원들이 기르던 말들의 후손이다. 소련이 무너지고 직원들이 기지를 떠나자, 그 말들은 야생으로 돌아갔던 것이다. 해가 질 무렵, 너덧 살쯤 되어 보이는 말 한 마리가 머리를 숙이고 오두막들 사이를 배회한다.
녀석은 죽기 위해서 무리를 떠나온 것이다. 녀석은 호수를 마주하고 땅에 드러눕는다. 세르게이는 한숨을 내쉬며 경동맥을 칼로 잘라서 녀석의 목숨을 끊어준다. 우리는 도끼로 녀석의 몸을 분해한다. 차가운 공기 속에서 내장이 무럭무럭 김을 낸다. 소나무 꼭대기에서 어치들이 내려다보는 가운데, 교묘하게 뒤얽힌 내장들이 곱게 윤기를 흘리며 푸르르 흘러나온다.

이 쏟아져나온 내장 위로 저녁이 내려온다. 자기 차례를 기다리던 개들은 드디어 마음껏 배를 채워도 좋다는 허락을 받는다.

밤이 되자, 포코이니키에 큰 사건이 하나 벌어졌다. 자연보호구역의 새로운 소장이 삼림감시인들을 보러 온 것이다. 그를 따라온 부하들은 차에서 보드카와 코냑을 궤짝째 내린다. 조금 아까 본, 고통 속에서 죽음을 받아들인 말의 모습마저 지울 만한 것들이다. 나의 눈길도 슬금슬금 그곳으로 향한다. 나타샤는 사슴 수프를 끓인다. 러시아식 뷔페가 탁자 위에 차려진다. 뼈를 발라 구운 메기, 커다란 말코손바닥사슴 고깃덩이, 시베리아 소시지 따위가 뒤죽박죽으로 놓여 있다. 모두들 필름이 끊어질 정도로 마셔댄다.

"소장님은 어디 출신이시죠?" 내가 묻는다.

"투바 공화국이요." 그가 대답한다.

"레닌의 고향이죠." 세르게이가 설명해준다.

"그렇다면, 제국들과 자연보호구역들을 다스린 독재자들을 위해서 건배합시다!" 내가 말한다.

"투폴로프 여객기들을 위해서도 건배!" 소장의 부하 중 하나가 덧붙인다.

"왜죠?" 내가 묻는다.

"세계 최고의 비행기니까요. 폴란드 애들도 그걸 타고 오다가 죽었고."

나타샤는 소장에게 냉동생선 한 꾸러미를 선물한다. 부족한 것 없는 사업가이기도 한 소장이지만, 그의 눈에서는 기쁨의 빛이 반짝거린다. 아직도 이곳에는 어려웠던 시절의 추억이 남아 있다.

4월 19일

코냑 마신 것이 잘 깨지 않는다. 아침 9시인데, 머리가 철도침목을 하나 박아놓은 것처럼 무겁고 뻐근하다. 빙판처럼 옅은 회색 눈동자의 유리가 나를 깨운다. 쳐놓은 그물을 올리러 가자고 한다. 손가락 몇 개가 잘려나간 사샤도 같이 간다. 나는 술이 깨기를 기다리며, 소형 화물차 뒤칸의 밧줄 무더기 위를 뒹굴면서 두 남자가 떠드는 소리를 듣는다. 오늘도 그들의 이야기 주제는 프랑스이다.

"그런데 실뱅, 왜 당신네 나라에는 이슬람교도들이 그렇게 많아요?"

러시아 시골 사람에게 프랑스에는 도무지 이해할 수 없는 것이 두 가지 있다. 첫째는 과거에 러시아까지 정복한 나폴레옹 대군의 후예들이 눈이 2센티미터만 내려도 정부에 도와달라고 애걸한다는 점이고, 둘째는 자기네 나라 빈민가의 혼란은 방치해두면서 아프가니스탄 산악지방에 3,000명의 '대군'을 배치한다는 점이다. 사샤는 나를 볼 때마다 이런 것들에 대해서 이야기한다.

고기잡이용 컨테이너는 포코이니키에서 15킬로미터 떨어진 곳에 있다. 이 철판으로 된 방의 내부에는 나무판자가 하나 깔려 있고, 판자에는 기다란 틈이 하나 나 있어서 아래의 빙판에 뚫은 구멍과 통하게 되어 있다. 가스 난로 하나가 실내를 훈훈하게 해주는 덕분에, 사람들은 모직 셔츠 차림으로 작업할 수 있다. 우선 수백 미터에 이르는 줄을, 한번 돌릴 때마다 심하게 삐걱거리는 권양기로 끌어올린다. 2시간 동안 유리는 허공을 멍하니 쳐다보며 기계를 돌린다. 호수 깊은 곳에서부터 그물이 올라온다. 두 사내는 머리칼처럼 헝클어진 나일론 그물을 잡아당긴 뒤, 거기에서 '오물'이라는 이름의 물고기들을 빼낸다. 플라스틱 통들은 수백 마리의 물고기로 가득 채워진다. 푸르스름한 광영이 어른대는데, 호수가 자신의 생산물들을 선물한다. 가장 기이한 것은, 이제는 그만 주겠다고 수천 년 동안 경고를 해오면서도, 호수는 아직도 계속해서 이 물고기들을 마련해준다는 사실이다. 점심식사로는 물고기 다섯 마리를 팬에 올리고, 그 위에 '사마곤' 세 잔을 부어서 굽는다. 캐러멜색 독주인 사마곤은 사샤가 세베로바이칼스크에 있는 그의 다차에서 직접 만든 것이다.

    세르게이가 다시 나를 집으로 데려다준다. 우리는 아무 말 없이 추상화 같은 빙판을 천천히 미끄러져 달린다. 얼음 속의 얼룩무늬들, 폭발하는 빙판, 눈의 무게에 짓눌린 소나무들, 그리고 검은 치마처럼 드리워진 화강암질의 산기슭들은 하늘이라는 화폭 위에 어떤 고난의 그림을 그리고 있다. 여기에 비하면, 프리드리히의 그림은 차라리 아이티 미술에 가깝다고 할 수 있으리라. 균열 하나가 우리를 막아 세운다.

    "오늘 생긴 놈이에요." 세르게이가 말한다.

"어떻게 건너죠?"
"'트렘플린' 방법을 써야죠, 뭐······."
"돌아갈 때는 어떻게 할 건데요?"
"그때는 우회하고요."

균열의 마주보는 양쪽의 높이가 항상 같은 것은 아니다. 다양한 원인으로 한쪽이 들린 경우가 있고, 이런 수평 단층구조를 이용하여 운전사들은 간혹 장애물을 뛰어넘기도 한다. 나는 세르게이를 충분히 신뢰하지만, 그래도 그가 균열에서 50미터 떨어진 곳에서 전속력으로 돌진하기 전에 성호를 긋는 것을 보았을 때는 간담이 서늘해졌다. 어쨌든 우리는 건넜다.

4월 20일
여기에서 나의 일기는 행정적인 이유로 9일간 중단된다. 러시아 당국이 요구하는 비자 연장을 위해서 문명세계로 돌아갈 수밖에 없었기 때문이다. 나는 아쉬운 마음으로 호숫가를 빠져나와서 비행기를 탔고, 1년 내내 곰보다도 더 깊게 잠을 자는 외교부의 외교관들과 행정관들을 끈질기게 쫓아다녔고, 결국 내가 원하는 직인을 받아냈고, 대도시에 삼켜지지 않으려고 눈과 귀와 코를 닫았고, 밤에는 시위를 당긴 활처럼 잔뜩 긴장해서는 5시간밖에 자지 못했고, 술이나 끔찍하게 퍼마시다가, 여름철을 지내는 데에 필요한 식량과 장비 한 보따리를 트럭의 짐칸에 던져넣고 내가 떠나온 곳으로 돌아와서, 9일 전에 나를 그곳까지 데려다준 수상 활주정이 기다리는, 올혼 섬 남쪽 곶 맞은편의 호숫가에 이르렀다.

4월 28일

수상 활주정은 러시아 제철산업의 정화(精華)라고 할 수 있다. 하나의 프로펠러에 의해서 추진되고, 밑바닥에 공기 쿠션이 깔려 있는 이 기계는, 이 4월 말 빙판 여기저기를 찢어놓은 균열들을 무시하고 나아간다. 그렇게 굉음을 내며 달린 끝에 4시간 만에 포코이니키에 닿는다. 내가 떠난 이후로 호수는 젖빛으로 변했다. 빙판이 살짝 녹아서 표면이 뿌유스름하니 오돌토돌해졌고, 밟으면 지근지근 부서지는 소리가 난다. 자바로트노에 마을을 지나는 길에 V. E.의 집에 들렀더니, 그가 자신의 열두 마리 개 중에서 두 마리를 나에게 맡긴다. 아이카는 까만색의 암놈이고, 베크는 하얀색의 수놈이다. 둘 다 넉 달밖에 되지 않은 강아지들이다. 녀석들은 5월 말에 곰들이 오두막에 접근하면 짖어줄 것이다. 또한 곰들의 공격에 대비한 조난신호용 섬광탄 발사총도 있다.

  오두막에 다시 돌아오게 된 나는 벙커에 돌아온 보병만큼이나 즐겁다. 그때그때의 기분에 따라서 나의 오두막은 알이 되기도 하고, 자궁이 되기도 하고, 관이 되기도 하고, 나무배가 되기도 한다. 나는 친구들에게 작별을 고한다. 아, 그들의 엔진 부릉거리는 소리가 멀어져가면서, 내 안에 차오르는 이 행복감!

4월 29일

겨울은 아직 떠나지 않았다. 호수의 창백해진 얼굴만이 봄이 그의 무기를 벼리고 있음을 알려준다.

빈터의 눈이 조금 녹으면서 이전 입주자가 20년 전부터 쌓아둔 온갖 폐기물들이 다시금 드러난다. 러시아 민족은 정말 이상하다. 외적을 무찌르기 위해서는 초인적인 노력을 경주할 수 있는 사람들이, 구덩이만 하나 파면 저 쓰레기들을 말끔히 치울 수 있는데, 그럴 힘은 없나보다. 나는 폐타이어, 뼈다귀만 남은 엔진, 모터의 잔해 등을 바냐의 벽 뒤로 옮긴다. 그렇게 자리를 비운다. 안개 한 덩이가 기슭을 따라서 달리다가는 소나무들에 꿰이기도 하고, 때로는 한 줄기 황금빛 햇살에 관통되기도 한다.

이런 신비로운 분위기 속에서 나는 고기를 낚으러 간다. 개들은 내가 어디를 가든 쫓아온다. 내 그림자가 개로 변한 것은 아닌가 하는 생각마저 든다. 이 작은 생명체들은 자신을 온전히 나에게 맡긴다. 인간 중심적인 짐승, 개들에게 우리는 신앙의 대상이다. 여기저기 얼음에 물빛이 스며들어 유리처럼 매끄러운 젖빛 표면에 푸르스름한 광영이 비친다. 개들은 참을성 있게 기다린다. 나는 낚아올린 세 마리의 곤들매기 몸뚱이에서 잘라낸 자투리를 녀석들에게 던져준다.

도시를 다녀오니 오두막의 삶에 대한 사랑이 더욱 깊어졌다. 오두막은 밤의 천장에서 희미하게 빛나는 등불이다.

4월 30일

이제 타이가는 검은색이다. 나뭇가지에서 눈이 사라졌기 때문이다. 산들에는 어두운 얼룩들이 번져간다. 아이카와 베크는 동녘에 희미한 빛이라도 나타나면, 부리나케 창문 아래로 달려온다. 이렇게 두 마리의 강아지가 아침을 즐겁게 맞아주면, 밤은 기다림의 맛을 가지게 된다. 개의 충직성은 우리에게 아무것도, 그 어떤 의무도 요구하지 않는다. 개의 사랑은 뼈다귀 하나로 만족한다. 그런데 우리는 그들을 어떻게 취급하는가? 우리는 그들을 집 밖에 재우고, 짐꾼 부리듯이 함부로 말하고, 사납게 소리치고, 먹다 남은 것으로 먹이고, 때로는 쾅 하고 옆구리를 걷어차기도 한다. 우리는 그들에게 매를 주지만, 그들이 되돌려주는 것은 사랑이다. 그래, 알 것 같다! 왜 인간이 개를 자신의 가장 친한 친구로 삼았는지를. 왜냐하면 그들은 아무리 충직하게 순종해도 보답하지 않아도 되는 불쌍한 짐승이기 때문이다. 본질상 아무것도 줄 수 없는 존재인 우리 인간들에게 꼭 맞는 짐승이기 때문이다.

우리는 수변에서 함께 논다. 나는 그들에게 아이카가 찾아낸 사슴 뼈다귀를 던져준다. 녀석들은 아무리 여러 번 사슴 뼈다귀를 나에게 물어다주어도 싫증이 나지 않는 모양이다. 사슴 뼈다귀를 위해서 죽을 수도 있으리라. 이 '스승들'은 거주할 만한 가치가 있는 유일한 나라, 즉 '순간'을 사는 법을 가르쳐준다. 인간들의 죄는 똑같은 뼈다귀를 계속 다시 물어오는 이 개들의 열정을 잃어버린 데에 있다. 행복해지기 위해서 인간들은 점점 더 정교해지는 물건들을 수십 개씩 쌓아놓아야 한다. 광고는 끊임없이 새로운 뼈다귀를 던지며 "자, 가서 물어와!"를 외쳐댄다. 개들은 욕망의 문제를 너무도 훌륭하게 해결한다.

이 작은 동물들과 함께 한참을 걸어서 남쪽 삼나무 숲의 곳에 이른다. 하늘이 맹렬히 요동치고 바람이 거세게 인다. 구름 사이를 뚫고 내려온 햇살줄기들은 타이가를 황갈색 물감으로 길게 붓질하고, 군데군데 황금빛 요크(여성복이나 아동복에 장식을 목적으로 어깨나 스커트의 윗부분에 대는 천/역주)를 붙인다. 산에서는 풍화된 절벽의 한쪽 면이 일순 환해지기도 한다. 틈새가 제대로 다시 얼어붙지 않은 균열은 위험천만한 함정이다. 얼음이 얼마나 두꺼운지는 눈으로 가늠할 수 없다. 개들은 물이 흥건히 덮인 곳 앞에서는 멈추어 서서 낑낑대며 가려고 하지 않기 때문에, 나는 조심조심 걸어들어가며 그들도 지나갈 수 있다는 것을 보여준다. 독수리 한 마리가 까마득한 상공에서 선회한다. 바람에 사금가루가 기둥처럼 일어난다. 그것이 한 줄기 햇살과 마주치면 황철광 가루가 된다. 숲은 돌풍 아래에서 으르렁댄다. 여기, 봄의 힘들이 있다. 공격 준비는 마쳤지만, 아직 감히 탈환을 시도하지는 못하고 있는 그 힘들이 선연히 느껴진다.

하늘은 미쳤다. 맑은 공기에 깜짝 놀라고, 빛에 얼이 빠진 것일까? 강렬한 아름다움을 가진 이미지들이 튀어나오고 사라지기를 반복한다. 어떤 신의 출현이 이러할까? 나는 도저히 사진을 찍을 수가 없다. 그것은 이중의 모독이 되리라. 첫째는 정신을 딴 데 파는 것이고, 둘째는 이 순간을 모욕하는 것이다.

내가 시험해보고 싶었던, 오두막에서 10킬로미터 떨어진 새로운 낚시터에 마침내 도착했을 때, 나는 얼음 뚫는 드릴을 꺼낼 시간조차 없었다. 맹렬한 바람이 물러가라고 명령한다. 나는 뛰어서 집으로 향하고, 개들은 나의 뒤를 따른다. 강풍이 우리를 막아 세운다. 바람에 반짝이는 연마재 입자들이 솟아오른다. 개들도 앞발로 저들의 코를 감싼다. 이렇게 2시간 동안 우리는 보이지 않는 손과 싸우며 오두막으로 향한다.

내일은 5월이다. 타이가에도 은방울꽃(노동절인 5월 1일에 프랑스 사람들은 은방울꽃을 주고받는다/역주)이 있을까?

5월
동물들

5월 1일

지난 2월, 볼로댜 T.는 오두막에서 2킬로미터 북쪽에 있는 만에 메기잡이 통발을 하나 설치한 적이 있었다. 지금 그것은 나무 말뚝들에 매어져 빙판 위에 놓여 있다. 나는 전에 뚫었던 구멍을 다시 뚫어서, 밑바닥에 고리로 곤들매기 대가리 2개를 꿰어놓은 통발을 그 속에 집어넣는다.

나는 한 둔치의 황제, 내 개들의 주인, 북쪽 삼나무 숲의 왕, 박새들의 보호자, 스라소니의 동맹자, 곰들의 형제이다. 특히 나는 지금 약간 알딸딸한 상태인데, 2시간 동안 장작을 패고 나서 병에 약간 남아 있던 보드카를 스스로에게 하사했기 때문이다.

자연보호구역에 산다는 것은 상징적인 행위이다. 여기에서 인간은 지표면을 미끄러져다닐 뿐이다. 그는 어떤 흔적을 남기는가? 눈 위의 발자국이 고작이다. 호수 맞은편 부랴트의 기슭에는 아무도 들어갈 수 없는, "생태계의 요새"라는 명칭의 특별구역이 있다. 지구 위의 어떤 공간들을 성역화하여, 인간의 개입이 없는 그곳에 순수한 생명이 이어져가게 하겠다는 발상은 매우 시적으로 느껴진다. 그곳에서는 동물들과 신들이 모든 시선에서 벗어나 활짝 피어나리라. 우리는 저쪽 어딘가에 야생의 삶이 계속 이어져나가는 피난처가 있다는 것을 알 것이고, 이런 생각만으로도 무한한 기쁨을 느끼리라. 이것은 인간에게 숲과 벌판과 바다의 용익권(用益權)을 금지하겠다는 이야기가 아니다! 단지 우리의 탐욕으로부터 단 몇 에이커의 땅뙈기라도 빼오자는 것이다. 그러나 트리소탱* 같은 자들이 눈을 부릅뜨고 있다. 그들은 이른바 '인간에게 봉사하는 생태학의 필요성'에 대한 논리를 가다듬고 있다. 70억 인간들의 탐욕을 등에 업은 그들은 단 한 뼘의 땅에 대한 사용권을 빼앗기는 일도 용납할 수 없을 것이다.

5월 2일

떨어지는 진눈깨비에 청동색 타이가가 뿌옇게 흐려진다. 마침내 하늘이 눈송이 대신 다른 것을 보내기로 마음먹었나보다. 오늘 하루는 미르체아 엘리아데를 읽고(제목이 『영원회귀의 신화』이니 봄을 기다리기에 좋은 책이다), 빈터에 남은 볼로댜 T.의 마지막 잔해를 치우며 보낸다. 저녁에는 북쪽 삼나무 숲 강어귀에 낚시구멍을 하나 더 뚫어서 시험해본다. 이제 나에게

---

* 몰리에르의 희곡 『여학자들』에 나오는 위선적인 인물. 그럴듯한 논리와 박식함으로 여자들을 현혹하지만, 목적은 돈이다/역주

는 낚시터가 네 군데가 되었다. 오두막 앞에 하나, 곶의 끄트머리 지점에 하나, 북쪽으로 도보로 1시간 걸리는 곳에 하나, 그리고 어제 메기잡이 통발을 다시 설치한 만(灣) 안쪽의 그곳에 하나. 나는 민걸상에 걸터앉아서 낚싯줄을 바라보며 담배를 피운다.

개들은 시도 때도 없이 나의 다리 밑으로 달려온다. 그들이 자신들의 넘쳐나는 애정을 쏟을 대상은 나밖에 없다. 녀석들은 무엇을 계획하지도 않고, 추억에 빠져 있지도 않는다. 욕망과 회한 사이에는 '현재'라는 이름의 한 점이 있다. 병 주둥이를 딛고 서서 공들을 던지고 받는 곡예사들처럼, 이 현재라는 점 위에서 균형을 잡고 서는 법을 훈련해야 할 것이다. 개들은 그 훈련을 아주 잘해낸다.

자바로트노에의 V. E.는 나에게 개들을 맡기며 말했다. "녀석들이 너무 가까이 오지 못하게 하세요." 아이카와 베크가 정신없이 사랑을 쏟아내는 것을 그저 보고만 있는 나는 우랄 산맥 동쪽에서 가장 형편없는 개 조련사일 것이다. 사람들은 개에게 얌전히 앉아 있도록 가르치면서, 녀석을 **조련한다**고 주장한다('조련하다'는 'dresser'인데, '일으켜 세우다'라는 뜻도 있다/역주). 나는 이 두 작은 존재의 철없는 장난들을 받아주며, 녀석들이 발로 바지를 더럽혀도 그냥 웃기만 한다.

우리는 저녁거리를 마련하여 돌아온다. 얼룩 곤들매기 세 마리이다. 대가리와 내장은 오늘 저녁에 밀가루와 돼지기름으로 만든 죽에 섞어서 개들에게 줄 것이다. 저 멀리 햇살이 구름을 뚫고 나오고 있다. 낙원은 바로 이곳에 있어야 했다. 경치는 더없이 아름답고, 알몸으로 사는 것은 불가능하므로 뱀도 없고, 또한 어떤 신을 만들고 앉아 있기에는 할 일이 너무 많기 때문이다.

5월 3일
오늘 아침에는 여명(黎明)이 겹겹의 망사처럼 드리운 안개에 걸려 제대로 빠져나오지 못한다. 나는 "흰 골짜기"를 따라서 상류 쪽으로 오른다. 숲의 눈은 물기로 가득하다. 나를 따라오는 개들의 고생이 이만저만이 아니다. 내 스노슈즈 발자국 구멍에 걸려서 계속 거꾸러진다. 협곡을 따라 오르다가 화강암질의 산등성이로 가기 위한 경사면과 만나는 지점에서, 나는 곰 한 마리가 협곡을 가로질러 반대편 경사면으로 올라가는 것을 보았다. 동면을 끝낸 것이다. 곰들이 깨어나는 것은 할미새의 등장과 빙판의 균열과 마찬가지로 봄의 전조(前兆)이다. 나에게는 허리에 꽂힌 섬광탄 발사총과 척후병 개들이 있으니 위험할 일은 전혀 없다. 더욱이 곰들은 인간이 자신들의 늑대라는 사실을 알기 때문에, 가급적 인간과 마주치려고 하지 않는다.

이제 나는 해발 1,000미터의 능선에 올라와 있다. 바위에 등을 기대고, 나지막한 무고소나무 가지 위에 앉아, 다리를 허공에 늘어뜨리고서 아래를 내려다본다. 발밑에는 황금색 낙엽송들이 줄지어 서 있고, 더 아래 저 멀리에는 안개가 기슭에 와닿는 것이 보인다. 안개는 폭신한 롤러처럼 밀려와서 숲의 언저리에 부딪힌다. 나는 파르타가스 한 개비를 꺼내어 꼭지를 자른다. 하바나 시가 애호가는 연기가 몸을 감쌀 때 더없는 쾌감을 느낀다. 내뿜는 담배연기, 그 무엇도 희생시키지 않고 얻는 제물인 이 연기는 인간을 신들과 만나게 해준다. 나는 안개를, 이 흙에서 피어오르는 향연(香煙)을 사랑한다. 모든 애연가의 꿈은 자신이 피운 구름 가운데 사라지는 것이다.

5월 4일

오늘 아침, 이 나라는 옛날로 되돌아간다. 사이드카 한 대가 북쪽 수평선에 나타나더니, 내가 사는 기슭에 멈추어 선다. 개들은 짖지 않는다. 저래 가지고서야 어떻게 곰들의 침입을 알려줄 수 있을까? 내가 한두 번 마주친 적이 있는 어부인 올레그이다. 그는 옐로신에서 자바로트노에로 가는 중이었다.

눈은 내리고 보드카는 입천장에 거침없이 달라붙는데, 올레그는 오이절임까지 가져왔다. 절임을 얇게 잘라서는, 한 잔 마실 때마다 한 조각씩 입에 넣고 와작와작 씹는다. 올레그는 사람들과 대화를 하지 못한 지 오래되었다고 한다.

"전에 내가 자본주의자들을 두려워한 걸 생각하면……당신은 이렇게 좋은 사람인데 말이에요. 옐로신에 좀더 자주 놀러와요. 아직 보름 동안은 빙판 위를 차를 타고 다닐 수 있지만, 그후에는 균열이 여기저기 넓게 벌어져서, 크게 다칠 각오를 하지 않고는 한 발짝도 내딛을 수 없게 될 테니까요. 조금 있으면 기러기들과 청둥오리들도 돌아오지요. 보면 알겠지만, 어느 날 아침에 일어나보면, 중국이나 태국 혹은 그 빌어먹을 낙원들 중 어딘가에서 그놈들이 날아와 있는 것을 발견하게 되죠. 한번은 기러기들이 우리 집 호수 근처에 내려앉았는데, 내 보트 안에 둥지를 지었어요. 그러자 사냥꾼들이 와서는 녀석들에게 총질을 하려고 했죠. 하지만 내가 막아서서 말했어요. 어디 한번 해봐, 네 아가리를 부숴놓을 테니, 하고 말이에요! 내 배 안에서 자고 있는 새들을 쏘는 것은 싫었거든요. 작년에는 모래톱 자갈밭 위에 아기 물개 한 마리가 떠내려와 있는 것을 발견했어요. 그 녀석을 여름 내내 데리고 키웠죠."

저 솥뚜껑 같은 손으로 어린 동물에게 젖병을 물리고 있는 올레그의 모습을 상상해본다. 조금 전, 그의 사이드카 모터 소리가 다가오고 있을 때 나는 생각했었다. '내 고요한 삶을 깨뜨리는 저 녀석이 제발 그냥 지나가버렸으면.' 지금 우리는 형제가 되어서 함께 보드카 한 병을 비워가고 있다.

"아 참, 이리나가 이 누룩봉지를 전해달라고 했어요."

결국 둘이서 독주 1리터를 말끔히 비운 후, 올레그는 떠나고 나는 침대 위에 고꾸라진다.

5월 5일

부랴트는 아침 6시 30분에 우리에게 태양을 돌려준다.

누룩은 블리니스 빵을 완전히 바꾸어놓는다.

개들이 할미새들에게 선전포고를 했다.

눈으로 살짝 덮인 호수는 볼리비아의 우유니 **소금 사막**을 연상시킨다.

석 달 전 세르게이가 베었던 통나무를 쪼개어 장작으로 만드는 데에는 이제 3분이면 충분하다.

밤에는 영하 10도이고, 낮에는 0도가 조금 넘는다.

자작나무 목피는 마른 이끼보다도 효과적인 불쏘시개이다.

빙판 위의 검둥개는 멀리서도 잘 보인다. 여름에 연회색 둔치에서 더 눈에 잘 띄는 것도 녀석일 것이다.

도끼날을 벼리기 위해서는 조약돌로 참을성 있게 문지르기만 하면 된다.

당연한 말이지만, 물고기들은 낚시구멍 바로 아래쪽에 모여든다.

보드카를 물에 희석하면 쓸 만한 유리 세제가 된다.

어제처럼 오두막 천장에 방풍 램프를 달아놓는 것은 미련한 짓이다. 하마터면 들보가 타버릴 뻔했다.

집 안을 깨끗이 정돈해놓으면 행복하다.

곤들매기는 비늘과 내장을 제거하지 않은 채로 알루미늄 랩에 싸서 구우면 훨씬 더 깊은 맛이 난다.

아침 햇살이 탁자에 와닿는 때는 오전 7시, 침대 다리에 와닿는 때는 오후 2시이고, 해가 탁자 쪽의 능선 뒤로 넘어가는 때는 저녁 6시이다.

아직 한 마리의 곤충도 잠에서 깨어나지 않았다.

보드카 다섯 번째 잔을 마시면, 다음 잔의 유혹을 견디기가 힘들어진다.

할 일이 별로 없으면, 모든 것에 주의를 기울이게 된다.
자, 이상이 오늘 확인한 사실들이다.

5월 6일

얼음이 시간을 표시해간다. 얼마 후면 봄이 최후의 일격을 가하리라. 물이 얼음에 침투해서 미세한 수직관들을 뚫어놓는다. 얼음이 벌레들에게 갉아 먹히는 것 같다. 이 얼음이 무수한 수정 막대들로 분해되기만을 기다려야 한다. 구멍이 뽕뽕 뚫린 얼음은 더 이상 금속처럼 단단하며 흑요석처럼 검게 반들거리는 표면을 보여주지 못한다. 하얗게 부푼 표면은 바삭바삭 바스라진다.

나는 아이카와 베크를 데리고 끝없이 돌아다닌다. 이쪽 곶을 갔다가 또 저쪽 곶을 가보고, 그렇게 왔다갔다하는 나를 볼 때마다 까마귀들은 비웃듯이 깍깍거린다.

5월 7일

얼음처럼 차가운 물속에 담가둔 통발을 올려보니, 메기들이 우글우글한 것이 악몽이 따로 없다. 모두 여섯 마리나 걸렸다. 왜 많은 민족들이 물고기를 악마로 여겼는지, 이제야 그 이유를 알 것 같다. 이 메기란 놈은, 아가리는 중국 괴물들의 그것 같고, 몸뚱이는 녹색과 누런색으로 번들거린다. 어딘지 톨킨의 소설에 나오는 골룸과도 닮았다. 네 마리는 놓아주고, 가장 큼직한 놈 두 마리를 취하여 목덜미에 일격을 가해서 숨통을 끊는다. 심지어는 개들마저도 이 물컹물컹한 몸뚱이에 선뜻 접근하지 못한다. 아, 어떤 동물을 자유롭게 놓아줄 때의 이 강렬한 기쁨! 침몰하는 배와 함께 아이슬란드의 바닷물에 잠겨들기 직전, 배의 마스코트였던 갈매기를 조롱에서 꺼내어 날려준 샤르코 선장(장 바티스트 샤르코[1867-1936]. 프랑스의 탐험가/역주)에게 마음속으로나마 인사를 건네고 싶다. 모래톱에 세워놓은 나무 탁자 위에서 먼저 메기의 내장을 제거한 다음, 팬에 한가득 채워 메기를 굽는다. 메기살은 쫄깃쫄깃하니 맛있지만, 조금 비리기도 하다. 이것을 요리하는 방법에는 수백 가지가 있는데, 그중 최고는 개흙 물고기 특유의 맛을 없애기 위해서 튀김옷을 입히는 것이다. 바로 영국 사람들의 방식인데, 그들은 어떤 생선이든 간에 그렇게 해서 먹는다. 브라이튼의 생선 튀김 전문점 피쉬 앤드 칩스에서 냅킨 대신 사용한 그 기름에 절은 신문지들이 아직도 기억에 생생하다. 개들에게는 걸쭉한 스튜를 끓여준다. 팬에 튀겨서 보드카 한 모금을 곁들여 먹는 메기의 간은 나만을 위한 별식이다.

  몇 달째 생선을 엄청나게 먹어대니, 내가 조금씩 변해가게 되었다. 성격은 호수를 닮아서 보다 과묵하고 느려졌고, 피부색은 하얘졌다. 몸에서는 비늘냄새 같은 것이 나며, 동공은 확장되고, 심장박동은 느려졌다.

  한참을 걸어서, 중앙의 삼나무 숲으로 간다. 바람은 축축이 젖은 나무의 냄새를 호수에 퍼뜨린다. 영하를 살짝 넘긴 기온이 타이가의 향기를 해방시켰다. 봄은 아직 미세한 떨림일 뿐이지만, 차가운 하늘에 떠 있는 태양은 벌써 뜨겁게 느껴진다. 얼음이 갈라진 곳들에는 어느새 물이 녹아 있다. 그 균열의 폭이 너무 넓으면 개들은 건너지 못한다. 나는 한 녀석을 품에 안고 균열을 뛰어넘어 건넌 다음, 다시 돌아와서 자기를 버리고 가지 말라고 낑낑대는 다른 녀석도 품에 안는다.

중앙의 삼나무 숲에는 폐허가 된 오두막이 한 채 있다. 1991년 소련이 붕괴될 때까지 한 사내가 그곳에서 숨어 살았다. 그는 KGB가 찾아오면 산속으로 도망가서 위험이 지나갈 때까지 며칠 동안 거기에서 지냈다고 한다. 그 사람이 반체제인사인지, 탈영병인지는 정확히 모르겠다. 지금은 지붕이 무너져내린 통나무 집 하나가 덩그러니 남아 있을 뿐이다. 그 안에 들어가면, 그 사람을 생각해보게 된다. 그는 옐친이 취임한 후 이르쿠츠크로 돌아갔고, 돌아가자마자 곧바로 죽었다고 한다. 내가 그때 있었다면 한번 만나보고, 나의 오두막에도 초대했을 것이다. 골조가 다 허물어져내린 오두막 안에서 나는 석유등 받침대 하나와 잔 하나를 발견한다.

러시아에서 숲은 난파자들에게 자신을 내어준다. 반란농민, 비적(匪賊), 순수한 영혼, 저항군, 그리고 자신의 신념에 어긋나는 법에는 복종할 수 없었던 사람들이 타이가로 숨어들었다. 숲은 피난처를 제공하는 것을 한번도 거절한 적이 없다. 권력자들은 숲을 없애버리려고 나무꾼들을 보냈다. 한 나라를 다스리기 위해서는 무엇보다도 숲을 없애야 한다. 질서가 잡힌 왕국에서 숲은 함락해야 할 마지막 자유의 보루이다.

국가는 모든 것을 보려고 하지만, 숲에서는 숨어 살 수 있다. 국가는 모든 것을 들으려고 하지만, 숲은 정적이 감도는 성당이다. 국가는 모든 것을 통제하려고 하지만, 숲에서는 오직 태고의 법만이 적용된다. 국가가 원하는 것은 온순한 존재들, 단정한 몸과 메마른 가슴의 소유자들이지만, 타이가는 사람을 거칠게 만들고 영혼을 풀어놓는다.

러시아인들은 설사 일이 잘못되더라도, 숲이 자신을 기다리고 있음을 안다. 이런 생각은 그들의 무의식 깊은 곳에 뿌리박혀 있다. 도시들은 숲이 언젠가는 다시 덮어버리게 될 일시적인 인간의 실험들에 불과하다. 북쪽, 야쿠티아의 광활한 땅에서는 이미 실험이 시작되고 있다. 그곳의 타이가는 페레스트로이카 시기에 버려진 광산도시들을 다시 집어삼키고 있다. 이 노천의 감옥들에서 100년 후에 남아 있는 것이라고는, 울창한 숲 아래 거반 파묻힌 폐허들뿐이리라. 한 민족의 융성은 주민의 대체를 중심으로 이루어진다. 따라서 인간들이 나무들을 대체했다. 그러나 어느 날 역사의 흐름은 뒤바뀌고, 다시 나무들이 올라온다.

숲은 아무도 심판하지 않고, 다만 자신의 규칙을 부과할 뿐이다. 숲은 해마다 5월 말이면 잔치를 베푼다. 생명이 돌아오고, 강렬한 열기로 부풀어오른다. 겨울에도 외롭지는 않다. 까마귀의 울음소리, 박새들의 방문, 그리고 스라소니의 자취는 고독을 말끔히 털어준다. 만일 우울함을 느낀다면, 신생(新生)의 아름다운 원리에 대해서 한번 생각하면 될 것이다. 나무들은 죽고 쓰러지고 썩는다. 그러나 숲의 기억이라고 할 수 있는 부식토 위에는 다른 나무들이 태어나서 한 세기 혹은 두 세기 동안 하늘을 향한 상승을 다시 시작한다.

하얀 강아지 베크가 피를 흘린다. 날카로운 얼음에 오른쪽 앞발바닥이 쓸린 모양이다. 기름과 메기의 지방을 혼합하여 상처에 발라준다. 메기의 간이 시베리아 강아지의 상처를 아물게 할 수 있다는 것, 진화는 과연 이 사실을 예상할 수 있었을까?

5월 8일

흰색과 회색이 뒤섞인 빙판 곳곳의 갈라진 상처들에 맑은 물이 차 있다. 볼로댜를 인사차 방문하러 옐로신에 가는 중이다. 베크의 발 상처는 좋아지고 있다. 개들은 나란히 서서 토닥토닥 달리고, 우리는 5시간 만에 목적지에 도달한다. 옐로신 만에서는 균열들이 만드는 미로 속에서 길을 찾지 않으면 안 된다. 커다란 독수리 한 마리가 선회한다. 아마도 죽은 물개를 노리는 것이리라.

나는 볼로댜의 식탁에 앉아서 창 너머로 지나가는 영원한 러시아의 그림들을 바라본다. 러시아 사람들은 이런 궁벽한 시골을 글루비나, 즉 '깊은 곳'이라고 부른다. 머리에 스카프를 두른 이리나는 채마밭에서 거위에게 모이를 주고 있다. 숫염소 한 마리가 고양이 한 마리를 뒤에 달고 지나간다. 개들이 싸우고 있다. 넉 달 밖에 되지 않은 아이카와 베크가 옐로신에 도착하자마자 볼로댜의 맹견 네 마리에게 죽일 듯이 덤벼들고 있는 것이다. 비록 녀석들은 패했지만, 그 용기만큼은 칭찬할 수밖에 없다. 볼로댜는 그 솥뚜껑만 한 손으로 조그만 찻잔을 든 채로 레몬 하나를 우적우적 씹어 먹는다. 라디오에서는 약간 찌직거리는 음질로 이브 몽탕의 "고엽(枯葉)"이 흘러나온다. 한 프로의 진행자는 붉은 군대의 영광을 기리는 장광설을 늘어놓는다. 내일은 5월 9일, 즉 전승 기념일이다. 2010년의 러시아인들은 파시스트들을 물리친 감격에서 아직도 벗어나지 못하고 있다. 60년의 세월이 흘렀지만, 그때의 승리를 어제 일처럼 이야기한다.

"볼로댜, 60년 전에 당신들이 이겼다는 것 외에, 무슨 다른 소식은 없어요?"

"아무것도 없어요. 아니, 하나 있네요. 플로리다 해상에서 기름유출 사고가 터졌어요. 미국의 전 해안이 오염되었어요."

볼로댜는 말코손바닥사슴 덫들을 놓고는 돌아보러 다닌다. 제작 방식은 간단하다. 철판을 쇠톱으로 별모양으로 잘라서 그 뾰족한 끝들을 구부린다. 그것을 구덩이 위에 올리고, 그 위를 풀로 덮는다. 소금 한 덩이가 동물을 유인한다. 녀석이 한 발을 덫 위에 올리면, 발이 별모양의 갈고리들에 걸린다. 말코손바닥사슴의 머리 박제는 도시에서 비싼 값으로 팔린다. 인간은 숲속을 깨끗이 비워야 한다는 의무감에 불타고 있다.

저녁 때, "볼로댜, 여기 체스 있나요?"

"물론이죠. 줄다리기 다음으로 머리를 쓰는 게임이 바로 체스잖아요."

우리는 체스를 한 판 둔다. 내가 진다. 나는 폴 모랑의 『푸케』를 마저 읽는다. 독서는 우리를 현재의 삶과 정반대의 색채를 띤 공간으로 순식간에 날려보낼 수 있다. 삼나무들이 바람에 흔들리는 가운데, 정치적 음모, 베르사유 궁정의 복잡한 삶, 마자랭 파의 증오, 얀센 파의 열정에 빠져드는 것, 이것이 내가 즐기는 이국적 취미이다. 여기에서 질문 하나. 루이 14세의 궁정에 간 볼로댜와 타이가에 온 콩데 대공 중에서 누가 더 오래 버틸 수 있을까? 모랑은 이렇게 쓴다. "푸케 앞에서는 자연이 벌벌 떨었다. 자신의 존재를 감추기 위해서 땅바닥에 납작 엎드리는 것 같았다. 자연은 인간에 대해서 아무런 권리가 없다고, 설교자들과 비극작가들로부터 수없이 설교를 들었기 때문이다." 나는 설교자들과 비극작가들이 귀 따갑게 떠들어대는 소리를 잊기 위해서 오두막에 들어와 살고 있다.

5월 9일
모랑의 책, 제2장에서 한 구절. "인생을 시작하는 방식에는 세 가지가 있다. 첫째, 먼저 쾌락을 맛보고, 그 다음에 착실하게 사는 것. 둘째, 처음에 열심히 일하고, 말엽에 가서 신나게 노는 것. 셋째, 쾌락과 일을 동시에 추구하는 것." 오두막은 세 번째 방식의 장소이다.

아침 8시, 체중 300킬로그램의 곰 한 마리가 옐로신의 조그만 빈터의 남쪽, 모래비탈 위에 와서 어슬렁거린다. 볼로댜는 짐승들을 유인하기 위해서 양동이에 물개 비계를 채워넣으며 중얼거린다. "아, 저 놈이 500미터만 북쪽으로 올라가서 자연보호구역을 벗어나면 잡을 수 있는데 말이지." 나는 큰 절망감에 사로잡힌다. 우리가 태어날 때 신피질을 약간 제거해버려야 하리라. 세계를 파괴하고 싶은 욕망을 없애기 위해서 말이다. 인간은, 지구를 자기 방으로, 동물들을 자기 장난감으로, 나무들을 자기 노리개로 생각하는 변덕스러운 아이들이다.

  돌아오는 길에 물개 한 마리를 보았다. 녀석은 위급할 때에는 언제라도 물에 뛰어들려는 듯, 빙판의 균열 가까운 곳에서 햇볕을 쬐고 있다. 나는 빙판 가운데 불룩 솟은 부분 뒤에 몸을 숨기고 얼음 위를 기어간다. 녀석이 기척을 들은 것일까? 아니면 상아색 빙판 위의 검은 점 같은 아이카를 본 것일까? 200미터 정도 떨어진 곳에 이르자 녀석은 재빨리 사라진다.

  공기가 따스해졌다. 저녁에 난로를 지피니, 굴뚝에서 뭉클뭉클 연기가 뿜어져나온다. 계속 소용돌이치며 하늘로 치솟는 그 연기기둥은 몸을 포근히 감싸는 담배연기만큼이나 마음을 편안하게 해준다.

5월 10일

오늘 아침에도 새벽은 약속을 지켰다. 태양은 정확한 시간에 나타났고, 하늘은 오페레타 무대의 천장이 된다. 나는 호수 넓은 곳으로 들어가서 눈 녹은 산의 모습을 바라본다. 봉우리들과 계곡들만이 아직 하얗다. 그런데 빙판 위에서 한 균열을 뛰어넘는데, 건너편 언저리의 얼음이 내 발이 닿자 똑 부러진다.

너무 짧게 겨냥한 것이 화근이었고, 나는 그대로 물에 빠진다. 천만다행으로 빙판 아래로 들어가지는 않았으나 돌아오는 길이 너무나 추웠다. 호수의 균열은 빙하곡(氷河谷)의 크레바스처럼 너무 믿는 사람에게는 죽음의 키스를 한다.

    오후에는 폭포로 올라간다. 관목림에 들어서니 아직도 눈이 스노슈즈에 들러붙고, 무고소나무들은 그 어느 때보다도 발목을 붙든다. 돌덩이들을 딛고서야 겨우 나아갈 수 있다. 개들도 바위를 타는 솜씨가 꽤 늘었다. 폭포에 이르는 협곡의 가장자리에서는 봄의 제전의 준비가 한창이다. 연약한 힘들이 뚫고 나오고 있다. 복슬복슬한 산할미꽃이 햇빛을 받아서 가늘게 떨린다. 잔설 사이로 풀들이 자라났다. 눈 위에 한 줄로 찍힌 내 발자국이 아직까지 남아 있는 곳도 있다. 곰 한 마리가 그 발자국을 쫓아가다가 다시 강 쪽으로 내려갔던 모양이다. 개미들이 뾰족탑처럼 솟은 그들의 성의 비탈진 벽 위를 떼지어 이동한다. 태양축제를 거행하기 위해서 옛 중남미 문명의 (약간 침식된) 피라미드 아래로 몰려가는 사람들 같다. 급류도 해방되어 쾰쾰 흐르다가 계곡이 끝나는 곳쯤에서 빙하 속으로 사라진다. 산이 녹고 있다. 비탈마다 어서 빨리 호수에 섞여들고 싶어하는 물줄기들이 소녀들처럼 재잘거리며 흘러내린다. 오리나무에서는 눈의 단단한 비늘을 찢고 새싹이 나왔다. 진달래 군락지에는 자주색 꽃들이 흩뿌려져 있다. 반들거리는 잎사귀들은 왁스 같은 냄새를 내뿜는다. 아직은 수줍은 자연이 완전한 승리에 앞서 전주곡을 연주하는 것이다.

모순적인 두 힘이 부활을 도모하고 있다. 하나는 땅 속에 묻혀 있던 것들의 용솟음침이고, 다른 하나는 높은 곳에 갇혀 있던 것들의 흘러내림이다.

우선 흘러내리는 것들. 봉우리에서 흘러내리는 물, 경사면을 씻어내리는 시내, 구멍에서 쏟아져나오는 개미떼, 소나무 목피에 방울방울 맺히는 수액, 아래로 늘어지는 종유석, 먹이를 찾아서 고원을 떠나 모래톱으로 내려오는 곰과 사슴.

용솟음치는 것들. 땅속에서 수천 마리씩 부화하는 애벌레, 실가지와 그 실가지 끝에 피어난 꽃, 호수 바닥에서의 겨울생활을 끝내고 다시 수면으로 올라오는 물고기떼. 그리고 나는, 이 두 현상이 동시에 일어나는 이 저녁, 오두막에 편안히 앉아 감미롭게 시가를 피울 것이다.……

저 위의 폭포는 아직 얼어붙어 있지만, 해방의 시간은 멀지 않았다. 며칠만 기다리면 된다.

저녁 1시간 동안에 곤들매기 세 마리를 잡았다. 기이하게도 호수는 결코 그 이상은 주지 않는다. 마치 나의 필요에 맞추어 1회 어획량을 책정해놓은 것처럼. 지금 어떤 신비한 힘이 고기잡이의 열병이 생기지 않도록 움직이고 있는 것은 아닐까? 원시시대의 어느 날, 한 남자가 자신이 먹을 수 있는 양 이상의 고기를 잡았으리라. 그리하여 오늘날의 휴브리스*와 남획(濫獲)의

---

* hubris : 역사가 아널드 토인비가 사용한 역사해석학 용어. 과거에 성공한 사람이 자신의 능력과 방법을 우상화함으로써 범하는 오류. 환경의 변화에 상관없이 과거의 방식을 고수하다가 실패하는 어리석음을 뜻하기도 한다/역주

선조가 되었으리라. 나의 초라한 어휘량에 대한 또다른—— 더 개연성 있는—— 설명은 보다 간단하다. 한마디로 내가 형편없는 어부이기 때문이다.

오늘, 갈매기 한 마리를 보았다. 그리고 북쪽 삼나무 숲이 끝나는 지점에서 암컷 뇌조 한 마리도 보았다. 우연히도 눈길이 녀석 위에 머무른 덕분이었는데, 그렇지 않았다면 나에게서 불과 몇 미터밖에 되지 않는 곳에 있다는 사실조차 모른 채 녀석을 지나쳤을 것이다.

부랴트 능선 위의 저녁하늘은 파스텔 색조의 분홍과 파랑으로 물들어 있다. 산들은? 그대로 먹어버리고 싶다.

이제 얼음은 오래 버티지 못할 것 같다. 나는 물 긷는 우물 근처에 구멍을 하나 판다. 마치 설탕가루를 파헤치는 기분으로 30여 분을 작업한 끝에 직경 1미터 정도의 물구덩이가 만들어졌다. 나는 방풍 램프들의 희미한 조명 속에서 이 새 물구덩이에 몸을 담근다. 러시아 사람들은 1월 주현절(主顯節)에 그들의 영혼을 구원하기 위해서 이렇게 한다. 섭씨 2-3도밖에 되지 않는 차디찬 물이 두 다리를 덥석 물더니, 곧이어 온몸을 꽉 죄어온다. 시가는 따스함의 환상을 안겨준다. 심장은 자신을 이런 식으로 취급하는 데에 깜짝 놀란 듯하다. 인간의 두뇌는 자신의 몸에 가혹한 고역을 지시하면서 스스로 흡족해하는 일종의 귀족적 참모부이다. 삭신은 비명을 지르고 죽어나는데, 회백질은 뇌척수액에 몸을 담그고 유쾌한 목욕을 즐긴다.

나는 갑자기 떠오른 어떤 환영에 황급히 물 밖으로 뛰쳐나온다. 어지러이 헤엄치는 거대한 메기들, 그리고 뭔가 뜯어 먹을 것을 찾는 에피슈라들. 바이칼의 깨끗함은 이 썩은 고기 청소부들 덕분이다.

5월 11일
나의 이전의 삶에서 그리운 것은 아무것도 없다. 블리니스 빵에 꿀을 바르고 있을 때, 이 명백한 사실이 퍼뜩 머리를 스친다. 아무것도. 재산도, 가족도. 이런 생각은 왠지 꺼림칙하게 느껴진다. 37년 동안 형성된 옷들을 이렇게 쉽게 벗어버려도 되는 것일까? 아무튼 아무것도 소유하지 않는다는 생각으로 삶을 꾸리면, 조금도 부족함이 느껴지지 않을 것이다.
 쌍안경으로 2킬로미터 떨어진 빙판 위에서 물개 한 마리를 발견했다. 나는 가급적 역광을 받으려고 애쓰면서, 크게 우회하여 접근한다. 녀석과 나 사이에는 5미터 너비의 균열 하나가 있다. 거기에는 떨어져나온 빙판조각들이 둥둥 떠 있어서 부교 역할을 해준다. 나는 균형을 잡아가며 빙판조각들을 디디고 폴짝폴짝 뛰어서 건넌다. 그렇게 100여 미터 떨어진 곳에 이르자, 녀석은 물구멍으로 풍덩 뛰어들어 사라져버린다.
 오늘 저녁, 개들은 대단한 인내심을 보여주는 할미새 한 마리를 2시간 동안 쫓아다닌다. 할미새들은 노루 다리 한 짝을 서로 차지하겠다고 다툰다.

5월 12일

북쪽 삼나무 숲에서 보낸 하루.

　아침 6시, 하늘을 쳐다본다. (불에게 다정하게 속삭이면서) 불을 지피고, 물을 길러 집을 나선다. 온도계를 들여다보니, 영하 2도밖에 되지 않는다. 뜨거운 차와 함께 블리니스 빵을 먹는다. 차의 김을 통해서 호수를 바라본다. 여전히 호수를 바라보는데, 이번에는 첫 번째 시가의 연기를 통해서이다. 이리나가 준 장과들을 먹으며『새벽의 약속』을 마저 읽는다. 300미터 간격으로 오두막을 둘러싸고 있는 세 군데 개미집을 돌아보면서, 그들의 보강작업을 구경한다. 쌍안경으로 햇볕을 쬐는 물개들의 검은 점을 찾는다. 유리의 투명한 느낌을 살리려고 노력하면서, 석유등 데생을 해본다. 그저께 산에 오를 때에 망가진 칼집을 수선한다. 장작을 팬다. 개들에게 메기로 만든 개밥을 먹인다. 저녁에 먹을 카차를 끓인다. 가장 가까운 낚시구멍에서, 카차에 곁들여 먹을 물고기 두 마리를 잡는다.

　곁에 있을 때에도 그립게 느껴지는, 세상에서 유일한 존재인 사랑하는 아내가 만일 여기에 와 있었다면, 오늘 하루가 어땠을까? 그녀가 여기에 오지 않은 이유들은 생각하지 않으려고 애쓴다. 그러나 아무리 애를 써도 그 이유들을 생각하지 않을 수가 없어서 나는 서서히 취해간다. 밤의 어둠이 내려와서 술에 취해 일그러진 내 얼굴을 가려주는 것에 기뻐한다.

5월 13일

비가 내리고, 차가운 날씨이다. 삼나무 가지들은 흘러내리는 물로 번들거린다. 아름다움은 결코 세계를 구원하지 못할 것이다. 기껏해야 인간들의 동족상잔에 멋진 배경이나 되어주리라.

호수 위에 회색빛 정적이 드리워져 있다. 이 맥없는 날이 품고 있는 것은 과연 무엇일까? 겨울의 또 한번의 용틀임? 아니, 그러기에는 봄이 너무 무르익었다. 계절들의 아름다운 점은 언제나 점잖게 자리를 내준다는 것이다. 그 어떤 계절도 악착스레 버티지 않는다. 오후 5시 무렵, 마침내 뭔가 일어난다. 구름이 열린 것이다. 하늘의 파란색이 솜덩이를 녹인다. 회색 덩어리는 분해되고, 안개는 너울처럼 엷게 퍼지며 타이가를 휘감는다. 빨리! 술 한 잔이 필요하다! 보드카는 이런 변화의 미묘한 양상들을 보다 잘 포착할 수 있도록 도와줄 것이다. 아, 여기에 포도주가 있다면……. 그러나 보드카로도 어찌 되리라. 다섯 번째 '샷'을 들이켰을 때, 나는 구름의 내부에서 어떤 일이 일어나는지 이해할 수 있었다.

5월 14일

시간 시간 시간 시간 시간 시간 시간 시간 시간.

어?

시간이 지나갔다!

5월 15일

어느 순간의 강렬함을 죽이기 위한 가장 좋은 방법은 그 순간을 사진으로 찍어두어야겠다고 생각하는 것이리라. 새벽이 상상의 한계를 초월하는 아름다움을 펼쳐 보이는 가운데, 나는 1시간 동안 유리창 앞에 붙어 있는다.

오두막은 내가 시간과의 휴전협정을 조인한 항복열차이다. 마침내 나는 화해했다. 시간에 대한 최소한의 예의는 그냥 지나가게 두는 것이다. 창문을 한 번 바라본 뒤에 다시 바라볼 때까지, 한 잔을 마시고 또 한 잔을 마실 때까지, 책장을 넘기는 사이에서, 그리고 눈꺼풀을 잠깐 내리는 사이에서 가장 현명한 선택은 시간이 저 혼자서 지나가도록 길을 비켜주는 것이다.

회색 할미새들이 지붕의 북동쪽 모서리에 둥지를 틀었다. 개들은 할미새들을 잡는 것을 포기했다. 나는 탁자에 앉아서 얼음이 죽어가는 광경을 구경한다. 그 거대한 얼음외투가 완전히 황폐해졌다. 얼음은 물로 오염되었다. 빙판의 표면은 검은 반점들로 얼룩덜룩하다. 호수는 신음하고 있지만, 누군가가 자신의 병상을 지키고 있다는 사실은 모른다. 나는 그것의 임종을 지켜보는 수많은 사람들 중 하나이다.

하루는 어떤 솔페지오를 이루는 박자들로 정확하게 끊긴다. 아침 8시에는 새들이 도착하고, 9시 반에는 한 줄기 햇살이 왁스 천을 쓸고 올라가며, 해 저물 무렵에는 개들이 장난을 친다. 오후 중간쯤에는 물개들이 나타나고, 밤에는 양동이에 담긴 물에 달빛이 비친다. 완벽한 메커니즘이다. 이 하찮은 일들은, 그러나 숲속의 삶에서는 엄청난 대사건들이다. 나는 이런 것들을 기다리고, 희구한다. 그리하여 마침내 이런 것들이 찾아오면, 나는 알아보고 반가이 인사한다. 그리고 시(詩)가 운율을 지킨다는 사실을 확인시켜준다. 고대 그리스인들은 대기(大氣) 중에 이런 변화들이 일어나기만을 기다렸다. 홀연 뭔가가 움직이면서 신이 모습을 드러낸다. 그렇게 나타난 한 줄기 빛 앞에서 존재가 느끼는 전율, 그것은 망령(妄靈)인가, 지혜인가? 이제 행복은 아주 단순한 것이 된다. 행복은 도래하리라는 것을 알고 있는 무엇인가를 기다리는 것이다. 시간은 이런 신비한 출현들의 놀라운 조정자가 된다. 도시에서는 정반대의 원리가 작용한다. 사람들은 뜻밖의 새로움들이 계속 이어질 것을 요구한다. 새로움의 불꽃놀이들이 끊임없이 시간의 흐름을 끊고, 그 덧없는 불꽃다발들이 밤을 밝혀야 한다. 오두막에서는 폭죽의 오색불꽃보다는 메트로놈의 리듬에 맞추어 산다.

  개들은 끝없이 되풀이되는 것들로 만족한다. 기다리고 있던 일이 드디어 일어날 기미를 보이면, 녀석들은 조바심에 침을 흘린다. 반면, 어떤 예상하지 못했던 일이 일어나거나 낯선 사람이 찾아오면, 녀석들은 으르렁대고, 짖고, 덤벼든다. 새로움은 그들의 적이다.

  때로는 계시가 내면의 깊은 곳에서 솟아나기도 한다. 그것은 더 이상 세계가 보내는 신호들 앞에서의 전율이 아니라, 어떤 내적인 충동, 어떤 생각 혹은 어떤 순간적인 욕망의 분출이다.

그럴 때 인간은 자신을 신들과 악마들이 싸우는 전장(戰場)으로 느끼게 된다.

오후에 또 비가 내린다. 서쪽에서 몰려온 구름떼가 호수 위에 머물러 있다. 저쪽, 러시아 평원에는 무진장한 습기가 비축되어 있는 모양이다. 까마귀들은 수면에 바짝 붙어 날면서 까악까악 울고, 널지붕 위에는 빗방울이 뚝뚝뚝 떨어지고, 타이가는 잠시 행군을 멈춘 군부대처럼 서 있다. 자연은 침울한 해협을 통과하는 중이다.

이 나무관에 산 채로 갇힌 나에게 저녁과 함께 무시무시한 시간들이 찾아온다. 유령들과 회한들이 어스름을 틈타서 슬그머니 가슴속으로 들어오는 것이다. 놈들은 세상이 어둑해지는 7시에 작전을 개시한다. 놈들을 물리치기 위해서는 보드카가 필요하다. 비축량을 점검해본다. 케드로바이아 22리터. 페퍼 보드카 3리터. 파르타가스 시가 12갑과 가느다란 시가 5갑(1갑당 20개비). 몇 달 동안 악마들과 싸우기에 충분한 양이다.

용기 있는 태도는 사물을 직시하는 것이리라. 나의 삶과 나의 시대와 기타 다른 것들을 똑바로 쳐다보아야 할 것이다. 낭만적인 사람들은 향수와 우수와 몽상이 어떤 의로운 도피라는 환상을 품는다. 이것들은 세상의 추함에 대한 멋진 저항의 수단들로 간주되지만, 실은 비겁함을 숨기는 가리개일 뿐이다. 나는 누구인가? 세상에 겁을 먹고, 숲속 깊은 곳 오두막에 숨어든 비겁자이다. 자기 시대의 광경을 보지 않으려고, 모래톱을 거닐다가 자신의 양심과 마주치는 일을 피하려고, 조용히 술에 취하는 겁쟁이일 따름이다.

5월 16일
마침내 하늘이 갠다. 나는 러시아 사람이 다 되었다. 사나흘 동안 유리창 뒤에 멍한 상태로 꼼짝하지 않고 지낸다. 그러다가 이제 사흘치 식량이 든 배낭을 메고, 개들을 이끌고는 펄쩍 집 밖으로 뛰어나온다. 러시아 사람들은 이렇게 산다. 오랫동안 무기력하게 지내다가 가끔씩 기지개를 켜듯이 행동하여 몸에 기름을 치는 것이다. 빙판은 아직 튼튼하다.

  나는 중앙의 삼나무 숲의 곳으로 향한다. 거기로 통하는 계곡을 따라 올라가보고 싶었기 때문이다. 균열을 뛰어넘을 때는 얼음의 언저리에서 충분히 떨어진 곳에 발을 디뎌야 하는데, 언저리 아래의 얼음이 갈수록 얇아지기 때문이다. 별안간 뇌우(雷雨)가 쏟아진다. 나는 지금 내가 노리고 있는 강이 수백만 년 전부터 만들어온 한 부채꼴 충적지를 뒤덮은 태고의 숲으로 피신한다. 발이 이끼에 푹푹 빠진다. 나무들의 밑동도 펠트 같은 이끼가 뒤덮고 있다. 숲은 잃어버린 세계의 울창한 숲과 같다. 해가 나타나서 안개 속으로 햇살을 내쏟다. 줄지어 서 있는 자작나무들은 상아로 이루어진 성당 중앙 홀의 분위기를 연출한다. 다우리아 진달래들에서는 청결한 노파의 체취와 흡사한, 곰들이 파헤쳐놓은 그루터기들의 악취와 선명한 대조를 이루는 냄새가 발산된다. 숲은 그렇게 입김을 내뿜는다. 개들은 이

갑작스러운 풍요에 겁을 먹고 어찌할 바를 모른다. 판도라의 상자가 빠끔히 열려 온갖 냄새들이 새어나온다. 시베리아의 타이가는 차가운 정글이다. 엘프 족의 여왕이 이끼의 커튼을 손으로 젖히고 신하들을 거느리고 나타난다고 해도, 나는 그다지 놀라지 않을 것이다.

　기이하게 줄을 선 버드나무들 뒤에서, 나는 관목들이 다시 점령한 움푹한 오솔길을 발견한다. 20년 전, 지질학자들의 한 기지와 호수를 연결했던 길이었다. 해발 700미터 지점에 오르니, 지도에 표시된 그 기지가 아직도 그곳에 있었다. 허물어진 이즈바 네 채와 어린 나무들 사이에서 녹슬고 있는 두 컨테이너. 북쪽으로 골짜기가 하나 열려 있는데, 그 가운데를 가르는 돌투성이 능선 때문에 요선(凹線)이 이중으로 뻗어 있는 기묘한 계곡이다. 나는 무고소나무들이 어지러이 널려 있는 돌밭 위를 힘겹게 나아간다. 그 관목의 가지들은 돌밭 위를 기면서 유연하면서도 넘을 수 없는 장벽을 이룬다. 나는 다시 협곡으로 내려와서 스노슈즈를 착용하고는 한 바위 능선의 기저부까지 올라간다. 해발 1,000미터 지점에 오르니, 야영하기에 괜찮아 보이는 장소가 하나 나타난다. 갑자기 폭우가 쏟아진다. 편암과 화강암으로 이루어진 이 평평한 땅 위로 하늘이 자기가 가진 물을 몽땅 퍼붓는다. 온 사방에 번개가 번쩍이자, 아이카와 베크가 무서워서 어쩔 줄을 모른다. 나는 피켈과 아이젠을 100미터 아래쪽의 한 곳에 숨기고 온다. 개들은 자작나무 아래에서 둥글게 웅크리고 있다. 식량도 없이, 또 귀환계획도 제대로 세우지 않은 채로, 그저 삶의 행복에 취하여 산에 오르는 이 작은 동물들은 얼마나 경탄스러운지!

　나는 잎이 풍성하게 붙은 무고소나무 가지들을 잘라와서 바닥에 깔아 푹신하게 만든 뒤, 물이 흠뻑 젖은 나무들에 불을 붙여보려고 무려 3시간 동안 끙끙댄다. 나무에서 긁어내 나의 살갗에 대고 말린 한 무더기의 목피에서 희미한 불꽃이 일어난다. 불은 폭우에 상처입은 가련한 짐승이다. 나는 잔가지를 하나하나 꺾어넣으며 불길을 돋우려고 애를 쓴다. 불꽃은 흔들리고, 나는 심장소생 전문의가 느끼는 감정들을 고스란히 맛본다. 불꽃이 부푼다, 만세! 머리가 핑 돌 정도로 입김을 훅훅 불어댄 끝에, 벌건 잉걸불을 하나 만들어낸다. 개들도 다가와서 잉걸불의 반사광에 몸을 녹인다.

　그런데 텐트를 세우고 있을 때, 또다시 뇌우가 들이친다. 나는 제대로 팽팽하게 당기지도 못한 천막 밑으로 몸을 숨긴다. 번개가 칠 때마다 우박이 수만 개의 다이아몬드처럼 반짝인다. 천막은 휘청거리지만 부러지지는 않은 채, 물을 흠뻑 뒤집어쓴다. 폭우가 산과 나 사이의 나일론 벽을 악착스레 닦달하고 있는 동안, 바람이 잦아들고 폭우가 지나간다. 그러자 다시 별들이 나타나고, 개들은 부르르 몸을 털며, 한 줄기 부드러운 바람이 텐트를 말려준다. 더 기쁜 것은 잉걸불이 살아남았다는 사실이다. 나는 다시 불을 키운 다음, 잠자리에 든다. 만일의 경우에 대비하여, 곰 퇴치용 섬광탄 발사총을 장전해서 머리맡에 두고. 아이카와 베크는 서로를 감싸 안고 이 시베리아의 밤 한

가운데에서 음양의 상징을 그린다.

5월 17일

벌써 해가 중천에 걸려 있다. 개들은 일어나는 나를 반긴다. 아마도 먹을 것을 원하는 모양인데, 나는 약간의 빵밖에 가진 것이 없다. 가장 좋은 것은 녀석들이 오두막으로 돌아가는 것이다. 그러나 녀석들은 그러지 않고, 나의 발밑에 붙어 있는다. 개들은 인간을 자기들의 신이자 어머니로, 그들의 주인으로 여긴다. 나는 텐트를 걷은 뒤, 능선을 따라서 5시간 동안 올라간다. 비탈을 가로막는 단층면이 나타나자 개들은 낑낑거린다. 조금 후 아이카는 통과하는 길을 찾아내서 저만큼 영리하지 못한 아우를 인도한다. 다시 길이 뚫리고, 해발 1,600미터 부근에서 쌓인 눈이 단단하게 굳어 있는 지점에 이른다. 아이카와 베크는 바위 위에 앉아서 호수를 바라본다.

  해발 2,100미터의 정상은 살이 에일 듯이 춥다. 동쪽을 바라보니, 자연보호구역의 중심부가 모습을 드러낸다. 바이칼 호를 따라서 이어지는 산맥은 능선 뒤쪽에서 험준한 기세가 꺾이며 풀썩 주저앉는다. 호수의 전망은 원근법의 그림처럼, 북쪽으로 올라갈수록 좁아진다. 동쪽으로는 물결 같은 구릉들이 곳곳에 박혀 있고, 강들이 죽죽 그어진 잿빛 침엽수림을 끝없이 펼쳐놓고 있다. 아시아계 벌목회사들은 저 천연림을 곁눈질하고 있다. 중국인들은 저 무진장한 숲과 물을 소유하기를 꿈꾸고 있을 것이다. 만주의 자원을 소진해버린 그들에게 저 숲과 물은 제2의 만주가 되어줄 수 있다.

우리는 가장 북쪽에 있는 협곡을 따라서 하산한다. 그렇게 반쯤이나 내려왔을까, 협곡의 양쪽 절벽이 좁아지더니 45도의 급경사면이 나타난다. 나는 눈을 깎아서 계단을 만들어 그럭저럭 내려오는데, 개들은 내려오지 못하고 낑낑댄다. 그러다가 아이카가 내가 잡아줄 것이라고 기대했는지 그 급경사에 몸을 던진다. 나는 녀석을 받아주고, 곧이어 몸을 던진 베크 녀석도 받아준다. 이렇게 강아지가 생각해낸 훌륭한 방법 덕분에 우리는 무사히 절벽 아래에 이른다.

골짜기 아래로 내려오니 어제 내가 남긴 발자국들이 나타난다. 또한 곰이 지나간 자취도 있는데, 끊겨 있다. 깊게 파인 발자국은 생긴 지 얼마 되지 않은 듯했고, 짐승은 나의 자취에 아무런 관심도 보이지 않은 듯했다. 숲의 언저리에 이르니 시내가 마침내 해방되었다. 지금까지 시내를 덮고 있던 빙하가 끊기면서, 맑은 물이 콸콸 흘러내린다. 나는 불을 피워 몸을 말리면서, 감미로운 햇볕을 받으며 단잠을 즐긴다.

지질학자들의 오솔길을 따라서 호수로 돌아온다. 해와 구름들이 체스를 하고 있다. 그들이 대리석 체스 판 위에 각자의 말을 옮긴다. 희고 검은 덩어리들이 돌격하는 기병들처럼 맹렬히 이동한다.

5월 18일

정오, "흰 계곡"의 상류로 올라가보려고 오두막을 나선다. 낙엽송들이 빼곡히 들어찬 이 휘어진 협곡은 오두막에서 북쪽으로 1킬로미터 떨어진 곳에서 산을 쪼개며 올라간다. 치맛자락처럼 흘러내린 돌밭을 타고 올라가 바위 능선 등성이에 오르니, 봄이 준 폐해가 한눈에 들어온다. 호수가 처참하게 파괴되어 있다.

오두막 위쪽에 솟아 있는 산 정상에 이르기 위해서는 능선을 따라 올라가기만 하면 된다. 나는 레바논의 햇빛을 연상시키는 햇빛을 받으며, 주봉(主峯) 주위로 작은 종루들처럼 뾰족뾰족 솟은, 풍화되어 뼈만 남은 석탄기 화강암 봉우리들을 지난다. 걸음을 옮길 때마다 무고소나무들이 제대로 얽어매지 못한 돌덩이들이 우르르 굴러떨어지고, 나는 개들이 다칠까 조마조마하다. 그렇게 군데군데 눈으로 덮인 마지막 구간을 500미터 기어올라가서, 날이 어둑해질 무렵에 해발 2,000미터의 정상에 선다. 100킬로미터 북쪽의 체르스키 산을 정점으로 한 바이칼 산맥 전체가 눈앞에 펼쳐진다. 바위투성이 능선들은 사방팔방으로 뻗어 있고, 툰드라의 눈이 녹은 곳들에는 사슴이 좋아하는 이끼가 가득 덮여 있다. 약간 아래쪽으로 보이는 좁고 움푹한 고갯길로는 며칠 전에 곰 한 마리가 지나간 듯하다.

나는 그렇게 산꼭대기에 서 있는다. 그리고 저 산들을 경외한다. 저들은 모든 것에 초연하고, 그저 존재하는 것으로 만족하며, 그저 저렇게 서 있다. 헤겔의 'So ist(그러하다)'는 머리로 헤아릴 수 없는 것 앞에서 우리가 내놓을 수 있는 가장 똑똑한 말일 것이다. 내 영역의 저편에 무엇이 있는지 알기 위해서 여기까지 올라오기를 잘했다는 생각이 든다. 바이칼은 고유의 종(種)들을 숨기고 있고, 특별한 기후가 지배하는 하나의 닫힌 수반이다. 이곳 주민들은 어떤 마을의 광장 주변에 살듯이 호숫가에 모여 산다. 그리고 그들 대부분은 이 광장을 둘러싼 성벽에 올라서 그 너머를 바라보려고 하지 않는다. 자신의 항아리에 만족하여 거기에서 한번도 나오지 않고 살 수도 있다. 그러나 바깥 세상을 보러 가겠다고 결심할 수도 있다.

쿠르바트 이바노프의 지휘하에 총과 단검으로 무장하고 서쪽에서 온 카자크 병사들은 어느 날 이 능선들에 이르렀다. 산등성이에 올라선 그들은 너덧 시간만 걸으면 닿을 수 있는 거리에 광대한 호수가 펼쳐져 있는 것을 발견했다. 그것은 바로 예니세이 강에서부터 숱한 타이가의 부족들이 이야기해준 '바이칼 바다'였다.……

나는 불안한 비탈들과 위태로운 협로들을 지난 끝에, 해발 1,600미터 정도 되는 훌륭한 평탄지에 이른다. 무고소나무들이 자란 이곳에서 개와 호수와 우듬지들, 그리고 모닥불에서 피어올라 밤하늘에 박혀 있는 그들의 자매들을 만나러 올라가는 불똥들 사이에서 나는 더없이 행복한 하룻밤을 보낸다.

5월 19일

내려오는 것은 순식간이다. 복도처럼 움푹한 협로를 미끄러져 내려오니 "흰 계곡"의 나무들이 나타난다. 북쪽에서 강한 바람이 불어와서 개들을 흥분시킨다. 뇌우(雷雨)가 몰려올 조짐이 보인다. 해먹에 누워 시가를 입에 물고 장 지오노의 『세상의 노래』를 읽고 있는데, 마침내 시작된다. 몇 초 만에 폭풍이 산을 타고 내려온다. 바람은 빙원을 거칠게 물어뜯어 헤쳐놓는다. 그렇게 단 10분 만에 해빙은 세계를 정리하려는 겨울의 노력을 완전히 망쳐놓는다. 프러시아 장군들은 봄의 광경에 아연실색했으리라. 봄의 제전을 거행한 사람은 어느 러시아인이었다(발레 음악 『봄의 제전』[1913]을 작곡한 러시아 작곡가 이고르 스트라빈스키를 암시한다/역주).

얼음은 해체되고, 물은 자유를 되찾는다. 물은 쪼개지는 빙판들 사이로 도랑을 만들거나 얼음조각들을 삼킨다. 비는 땅에 내려오지 못한다. 흩뿌리던 빗방울들은 맹렬한 돌개바람에 다시 하늘로 올라간다. 이 혼란의 와중에 삼나무들이 무섭게 몸짓한다. 아이카와 베크는 현관 계단 아래로 몸을 숨긴다. 패주하는 빙판조각들의 반짝이는 광채와 그 사이로 콸콸 흐르는 물의 시커먼 색깔이 극명한 대조를 이룬다. 수면은 돌풍에 어지러이 흔들린다. 곶의 끝 부분에서 무지개 하나가 치솟아 호수 한복판에 다른 발을 디딘다. 그 거대한 곡선 안에 북쪽에 첩첩이 쌓인 흑단빛 구름들이 보인다. 하늘이 다시 닫히는 순간, 번갯불들이 번쩍인다. 그 한 줄기만으로도 부랴트 쪽의 능선들이 핏빛으로 물든다. 그 한 줄기 광선은 또 거대한 먹빛 천장을 동상대처럼 떠받친다. 나는 방금 10분도 되지 않는 시간 동안에 겨울의 죽음을 목도한 것이다.

뇌우는 모든 것을 파괴할 듯한 기세로 남쪽으로 몰려간다.

호수가 깨어난다. 선선한 공기, 곱게 물든 하늘 아래 해방된 물결은 둥둥 떠다니는 얼음조각들을 넘실넘실 들어올린다. 깨진 스테인드글라스의 조각들은 살짝만 부딪혀도 사각사각 부서진다. 해빙과 함께 호수의 박동도 풀려났다. 나는 깨진 빙판조각 하나 위에 민걸상을 올려놓고 천천히 표류하며 저녁 시간을 보낸다. 물이 돌아왔다! 물이 돌아왔다! 이제는 모든 것이 달라질 것이다.

5월 20일
물이 해방되고 나서 처음 맞는 아침, 할미새들은 신기한 마술을 하나 보여준다. 물이 드러난 부분들을 덮은 1밀리미터 두께의, 거의 보이지도 않는 살얼음 위를 톡톡 뛰어다니는 것이다. 정오 무렵이 되자 굵은 빗줄기가 쏟아지는데, 부식토를 두드리는 그 북소리는 감미롭기 그지없다. 대지는 그의 술을 마신다. 강들은 호수에 거의 도달했다. 소맷단처럼 강어귀를 덮은 얼음만이 강물과 호수의 접촉을 가릴 뿐이다. 몇 년 혹은 몇 세기 후, 지금 나의 목을 축여주는 이 물들은 북극해의 물결들에 섞여들 것이다. 산맥의 능선들에서 호수로, 그리고 호수에서 강을 거쳐 바다에 이르는 눈송이 하나의 여정을 생각하면, 나 자신은 너무도 보잘것없는 여행자이다.

5월 21일
산산이 부서진 얼음조각들은 앞으로 한 달 동안 바람 부는 대로, 물결치는 대로 떠다니리라. 바이칼이라는 이 거대한 덩어리의 작용에 따라서 오기도 하고 가기도 할 것이며, 몰려온 얼음조각들로 어느 날 이 앞의 만이 다시 막혀버릴 수도 있다. 오늘 아침, 호수는 액질의 평원이다. 이 검은 기름 위에는 얼음 조각 하나 떠 있지 않다. 나는 나의 오두막과 볼로댜의 오두막 사이의 중간지점에 위치한 레드나이아 강에서 낚시를 해보려고 개들을 데리고 집을 나선다.

그곳의 모래톱에 섰더니, 지난 며칠 동안의 사건들이 생명을 해방시켰다는 것을 실감할 수 있다. 낮은 날파리들의 세상이다. 나는 따끈하게 데워진 자갈 위에 드러누워서 낮잠을 즐긴다. 모래로 덮인 경사지들에는 여기저기 아네모네가 한 무더기씩 피어 있다. 그렇지 않은 곳들에는 사랑과 신선한 물에 목마른 오리들이 내려앉아 있다. 녀석들은 남쪽에서 좋은 시간을 보내고 온 참이다. 개들이 쫓아가자 녀석들은 안쓰러울 정도로 용을 쓰며 이륙한다. 처음에는 인간들이 새들을 모방하여 비행기를 만들었지만, 지금 이 오리들은 초창기 비행기를 따라하고 있다. 호숫가의 하늘은 모여드는 날것들로 늘 소란스럽다. 독수리들은 선회하고, 기러기들은 떼지어 순찰하고, 갈매기들은 연이어 급강하하며, 나비들은 자기가 살아 있다는 사실에 놀란 듯 공중에서 비틀거린다. 봄이 자신의 쿠데타를 확실한 것으로 만드는 데에는 48시간으로 충분했다.

숲속에는 곰들과 사슴들이 오가며 만든 오솔길이 드러났다. 숲 언저리 몇 미터 뒤에 있는 오솔길은 물가를 따라서 이어진다. 레드나이아 강은 아직 빙판으로 덮여 있어서 넓은 산책로처럼 보인다. 별안간 개들이 짖어댄다. 위쪽의 바위투성이 경사지에 자라난 진달래 덤불 속에서 곰 한 마리가 삐죽 고개를 내민 것이다. 나는 아이카의 목을 붙잡아 제지한다. 녀석의 아우는 나의 가랑이 밑에 납작 엎드린다. 한 배에서 난 동기인데, 어떻게 이렇게 용기가 불공평하게 분배될 수 있을까! 러시아인들의 충고는 명확했다. 곰과 마주치게 되면 도망가지도, 녀석을 쳐다보지도, 급격하게 움직이지도 말 것, 뭔가 부드러운 말들을 속삭이면서 까치발로 살금살금 물러설 것. 문제는 과연 그 순간에 영감이 떠오르느냐이다. 나는 준비한 것이 아무것도 없는 터라, 다만 슬금슬금 물러서면서 이렇게 말할 수 있을 뿐이다. "이봐, 덩치 큰 친구, 좀 꺼져달라고!" 이 말이 효력을 발휘했던지, 녀석은 덤불을 엉망으로 만들면서 물러간다.

강어귀에서의 낚시는 나에게 곤들매기 두 마리를 선물한다. 우리는 모래톱을 따라서 오두막으로 돌아온다. 나는 섬광탄들을 손에 쥐고 걷는다. 수변과 물가에 달라붙은 얼음띠에 곰발자국이 어지러이 나 있다. 그렇지만 겁이 나지는 않는다. 녀석들이 나를 공격하지 않으리라는 것을 알기 때문이다. 만일 불안감이 든다면, 디포가 이 짐승들의 과묵한 무관심을 묘사하는 『로빈슨 크루소』의 마지막 페이지들을 되새기면 된다. "곰은 그 누구도 방해할 뜻이 없이 아주 조용히 돌아다닌다."

오두막에 돌아온 나는 인조 미끼를 수선하고, 개들을 먹이고, 잡아온 물고기 두 마리를 요리하고, 벽에 단검을 던져 꽂아놓은 다음, 『세상의 노래』를 들고 자리에 눕는다. 지오노는 자연의 법칙을 따르는 모든 존재들에 대해서 가치의 전도(顚倒)를 행한다. 다시 말해서 사물은 의인화하고, 인간은 자연화하는 것이다. 그의 작품에서 강들에게는 다리가 달려 있으며, 덫 사냥꾼들은 "몸이 바위덩어리 같다."

5월 22일

얼음에서 완전히 해방되어 흐르는 물이 모래톱을 따라서 500미터나 펼쳐져 있다. 바람이 그 위를 휘몰아친다. 이 물의 띠 너머로는 얼음조각들이 서풍에 밀려 둥둥 떠다닌다. 조각난 빙판들은 샴페인을 머금은 설탕덩어리처럼 서걱거리는 소리를 내며 바스라진다. 호수는 어떤 성적인 향기를 발산한다.

  땅을 파는 녀석들, 구멍을 뚫는 녀석들, 부수는 녀석들, 반죽하고 뒤지는 녀석들, 집게를 가진 녀석들, 천공기 놀이를 하는 녀석들, 긁개나 뿔 또는 흡관을 사용하는 녀석들, 기는 녀석들, 걷는 녀석들, 나는 녀석들, 더 힘센 녀석의 등에 붙어 있는 녀석들, 남을 흉내내는 녀석들, 분장하는 녀석들, 밤에 나오는 녀석들, 낮에 나오는 녀석들, 저녁에 나오는 녀석들, 보는 녀석들, 느끼는 녀석들. 모두가 혼곤한 잠에서 깨어나 감옥에서 석방되는 죄수를 맞는 친구처럼, 물의 해방을 구경하러 나온다. 깊은 잠을 잤음에도 불구하고, 그것들은 몸짓들과 반사동작들을 잊지 않았다. 이 곤충들의 무리는 곧 숲에 가득 찰 것이며, 나는 덜 외로울 것이다.

오두막에서는 반혁명주의자의 삶의 방식을 따른다. 절대로 파괴하지 말 것, 다만 있는 것을 보존하고 계속해나갈 것. 이것이 은둔자의 생각이다. 여기에서는 평화와 합일과 화해를 찾는다. 은둔자는 만물의 회귀를 믿는다. 결국 모든 것이 지나가고 또다시 돌아올 텐데, 단절이 무슨 소용이 있단 말인가? 오두막에 어떤 정치적 의미라도 있는가? 여기에서 사는 것은 인간 공동체에 아무것도 기여하는 바가 없다. 은둔자의 체험은 함께 잘살 수 있는 방법들에 대한 집단적 연구에 전혀 기여하지 못한다. 은둔자의 거처에서 이념은 개들과 마찬가지로 문밖에 머물러야 한다. 깊은 숲속에서는 마르크스도 예수도 없고, 질서도 아나키도 없으며, 평등도 불의도 없다. 당장의 문제를 해결하기도 힘든 은둔자가 어떻게 미래를 예측할 정신이 있겠는가?

오두막은 재정복을 위한 기지가 아니라, 추락지점이다.

혁명 준비를 위한 사령부가 아니라, 포기한 자를 위한 피난처이다.

출발점이 아니라, 그저 출구일 뿐이다.

선장이 난파 직전에 마지막 럼주를 들이키는 선실일 뿐이다.

짐승이 발톱을 날카롭게 다듬는 동굴이 아니라, 상처를 핥는 작은 구멍이다.

5월 23일

새벽 3시, 개들이 짖는 소리에 섬광탄을 들고 오두막 밖으로 뛰어나갔다. 곰 한 마리가 물가에서 어슬렁거린다. 새벽에 다시 나가보니, 잿빛 모래밭에 녀석의 발자국이 남아 있다.

물은 승리를 거듭한다. 오늘 아침에는 얼음조각들과 이쪽 기슭 사이, 즉 해방되어 넘실거리는 물의 너비는 10여 킬로미터나 된다. 바람이 얼음의 뗏목을 드넓은 호수 가운데로 몰고 간다. 기슭은 아직 그늘에 잠겨 있는데, 그 잔해들은 햇빛에 빛난다. 아침 햇살이 오두막에 들어와 바닥에서 춤을 춘다. 세상에 이보다 더 즐거운 광경은 없으리라. 태양이 나를 환대하는 방식은 강아지들의 그것과 다를 바 없다. 눈이 낮 동안에 이런 이미지들을 수확해놓으면, 몽상이 나중에 요리할 것이다.

키르케고르의 『죽음에 이르는 병』에 따르면, 인간에게는 세 단계가 있다고 한다. 미적이고도 돈 후안적인 쾌락의 단계, 파우스트적인 회의의 단계, 그리고 절망의 단계. 여기에 이 세 단계의 당연한 결론으로서, 숲속 은거의 단계를 덧붙여야 할 것이다.

나는 목에 조그만 정교회 십자가를 두르고 다닌다. 그것은 내가 웃통을 벗고 장작을 팰 때면 햇빛에 반짝인다. 어렸을 때 나의 몽상 속에서, 숲속에 사는 금빛 수염의 로빈슨의 가슴팍에는 반드시 그리스도의 십자가가 반짝이고 있어야 했다. 간통한 여자들을 용서했고, 늘 염세적인 우화들을 늘어놓으면서도 계속 길을 갔고, 부자들을 야유했으며, 결국에는 죽음이 기다리는 것을 알고 어느 언덕꼭대기로 올라가서 자살했던 그 사내를 나는 사랑한다. 나는 내가 '그리스도적 세계'에 속한다고 느낀다. 사랑을 가르치는 어느 신을 섬기기로 결심한 일단의 사람들이 자유와 이성과 정의가 자신이 사는 도시들을 점령하도록 허용하는 그 영역 말이다. 그러나 '그리스도교'는 별로이다. 왜냐하면 그것은 성직자들이 복음의 말씀에 가한 음험한 변조를, 삼중관을 쓰고 방울을 흔드는 마술사들이 열정적인 말씀을 형법으로 둔갑시킨 교묘한 연금술을 지칭하는 말이기 때문이다. 그리스도는 그리스의 신이어야 했다.

5월 24일

간밤에 나는 곰들의 공격을 받는 꿈을 꾸었다. 놈들은 오두막 지붕 위에 올라가서 쾅쾅 뛰어댔다. 또 놈들은 고양이만큼이나 유연하고, 아프간하운드만큼이나 날렵했다. 상당히 무서웠다. 아마 요사이 대기 중에 퍼진 해초냄새가 꿈에 영향을 미쳐서, 그런 고딕 소설적인 공간으로 나를 끌어낸 것이 아닌가 싶다.

댕기흰죽지 한 편대가 거대한 얼음섬 세 곳 사이의 물에 내려앉는다. 그러더니 다시 이륙해서 완벽한 대형을 이루어 몽골 쪽으로 날아간다. 비오리 한 쌍은 나의 오두막 앞의 만이 좋은 모양이다. 나는 펑크 머리 같은 그들의 도가머리를 자세히 관찰하느라고 쌍안경에 눈을 붙이고서 몇 시간을 보낸다. 흰줄박이 오리들은 좁다란 수로에 맹렬한 속도로 내려앉는다. 이 야생오리들은 무도회라도 가려는지 말쑥하게 단장했고, 날아올라서 어디론가 향할 때면 목적지를 확실하게 알고 있는 기색이다.

8시. 여느 저녁과 마찬가지로, 남쪽의 능선들이 이룬 우묵한 틈 사이로 간신히 삐져나온 몇 줄기 햇살이 벨벳 같은 가시덤

불을 불그스름한 빛으로 길게 물들인다. 이런 아름다움을 만든 것이 신인지 우연인지는 나에게 중요하지 않다. 꼭 원인을 알아야만 결과를 즐길 수 있는 것은 아니지 않은가?

저녁에는 물가에 모닥불을 피우고 식사를 한다. 그러고 나서는 개들의 따뜻한 털 속에 손을 묻고서 녀석들과 함께 타오르는 불꽃을 구경한다. 산 위로 떠오른 달이 그만 들어가서 자라고 눈짓할 때까지.

5월 25일

언덕 위에 걸어놓은 해먹에 앉아 시가를 피우며, 발치에 누운 개들과 함께 몇 시간을 보낸다. 파리에 있는 가족들은 믿고 있을 것이다. 내가 휘몰아치는 눈보라 속에서 큰 통나무 토막 위의 장작을 있는 힘을 다해 내리치며 시베리아의 혹한과 싸우고 있다고.

호수는 푸르스름한 납틀 안에 설화석고 조각들을 끼워넣은 스테인드글라스이다. 허연 얼음조각들이 남쪽으로 둥둥 떠내려간다. 나는 미지근한 공기 속에 누워서 이 이동하는 양떼를 구경한다. 그 얼음조각들 사이의 물빛은 시시각각 변한다. 그 위로 흑부리오리 두 마리가 날아간다.

5월 26일

시간이 흘러가는 것을 고통스럽게 느끼는 사람들은 집 안에 틀어박혀 지내는 삶을 견디지 못한다. 그들은 움직일 때 비로소 안도감을 느낀다. 공간이 옆으로 휙휙 지나갈 때 시간이 느리게 가는 환상을 얻을 수 있기 때문에, 그들의 삶은 일종의 무도병(舞蹈病)의 양상을 띠게 된다. 그들은 정신없이 움직인다.

대안은 은둔 수도(修道)이다.

나는 이곳의 풍광을 세밀히 관찰하는 일이 조금도 지겹지 않다. 눈은 그 세부들을 낱낱이 알고 있지만, 아침마다 마치 그것들을 처음 발견하는 사람처럼 다시금 탐욕스레 뒤져본다. 나의 시선은 세 가지를 찾는다. 첫째는 지금까지 수없이 쳐다본 이 그림에서 새로운 뉘앙스들을 발견하려고 하고, 둘째는 기억에 남은 그림에 대한 관념을 심화하려고 하고, 셋째는 여기에 와서 지내기로 한 나의 선택이 옳았음을 확인하려고 한다. 한 곳에 붙박여 지내는 삶은 나에게 주변을 항상 순결한 눈으로 관찰하지 않을 수 없게 만든다. 억지로라도 그렇게 하지 않으면, 다른 곳을 보러 가고 싶은 마음이 일게 될 것이다.

주변의 풍광에 싫증내지 말 것, 이것이 은둔자가 지켜야 할 원칙이다. 사실 불평할 것이 있는가? 사물들은 겉보기와는 달리, 그렇게 고정되어 있지 않다. 빛은 사물들의 아름다움의 뉘앙스들을 드러내고, 또 계속 변형시킨다. 그 아름다움은 매일 매일 배양되고, 또 새로워진다.

마음이 급한 여행자들은 변화를 필요로 한다. 그들은 모래언덕 한 부분에 햇빛이 드리운 풍광을 충분하다고 느끼지 않는다. 그들의 자리는 열차 안이고 텔레비전 앞이지, 오두막 안이 아니다. 스탕달 증후군, 다시 말해서 아름다움 앞에서 질식할 수 있는 가능성은 보드카, 곰, 폭풍과 함께 은둔자를 위협하는 유일한 위험이다.

5월 27일

무고소나무, 스펀지 같은 이끼, 편암 등으로 덮인 울퉁불퉁한 능선을 타고 올라가서 "흰 계곡"을 굽어보는 해발 2,000미터의 산꼭대기에 이르기 위해서는 7시간 동안의 고역이 필요하다. 그 반대편에는 내 세계의 이면이 펼쳐져 있다. 언제나 반대편은 하나의 약속이다. 우리는 그물을 쳐놓듯이 거기에 눈길을 던진다. 언젠가는 그곳을 보러 가리라는 확고한 뜻을 박아놓기 위해서이다. 산을 내려오면 그 서약은 우리 안에 살아 있다. 시선의 일부분이 저 위에 남아 있는 것이다.

 개들은 정상의 돌멩이들 위에 나란히 앉아서 아래에 펼쳐진 경치를 응시한다. 지금 녀석들이 경치를 **관조**하고 있는 것이 아니라면, 내 손바닥에 장을 지져도 좋다. 뭐라고요, 하이데거 씨? 저 강아지들의 "**세계가 빈곤하다**"고요? 천만에요! 저들은 현재의 순간만을 신뢰하고 추상화 따위는 무시하면서, 자기가 아는 것을 최소한으로 축소시키고 있을 따름이다. 사실 개들이야말로 얼마나 용기가 있는가? 그들은 다만 눈앞에 일어나는 일만 볼 뿐, 일이 다른 식으로 진행될 수 있다는 생각 따위는 하지 않는다.

 그동안 인간은 동물들의 의식을 부정하기 위해서 얼마나 애써왔던가! 수천 년에 걸친 아리스토텔레스적, 기독교적, 데카르트적 사고는 인간과 동물 사이에는 뛰어넘을 수 없는 거리가 있다는 확신 속에 우리를 가두었다. 동물들은 윤리도 없으며, 그들의 행위에는—심지어 그들이 보이는 이타적인 행동들에서까지—아무런 의도성이 없다는 것이다. 또 그들은 자신의 유한성은 전혀 의식하지 못한 채 살아가며, 자신의 환경에만 맞추어져 있어서 현실 전체에 대해서는 열려 있지 못하다는 것이다. 세계를 인식할 능력이 없다는 것이다. 표상하지 못하는 한낱 가련한 의지일 뿐이라는 것이다. 당장의 순간에 얽매여 있고 아무것도 전달할 수 없는 탓에, 역사와 문화를 가지지 못하는 존재라는 것이다. 그리고 철학자들은 소리 높여 반문한다. 어떤 원숭이가 자연의 한 장면을 상징적으로 읽어내는 것을, 혹은 어떤 미적인 판단을 표현하는 것을 본 적이 있느냐고.

그러나 숲속에서 보는 짐승들의 모습에는 어딘가 기이한 데가 있다. 저녁 햇살 속의 하루살이들의 춤에 어떤 의미가 없다고 어떻게 확신할 수 있는가? 곰들의 생각에 대해서 우리는 과연 무엇을 알고 있는가? 또 갑각류들이 물의 시원함을 찬양하고 있다면? 그들에게는 그 사실을 우리에게 알려줄 길이 없고, 우리 쪽에서도 그것을 알아낼 방법이 전혀 없을 뿐이다. 또 높은 가지들에 앉아서 새벽을 맞는 저 작은 새들의 감각을 어떻게 가늠할 수 있는가? 그리고 왜 한낮의 밝은 빛 속에서 팔랑거리는 저 나비들이 자신의 춤이 얼마나 아름다운지 모른다고 생각해야 하는가? "어린 새들은 둥지를 짓지만, 그 안에 들어갈 알들을 표상하지 못하며, 어린 거미들은 거미줄을 치지만 거기에 걸릴 먹잇감을 표상하지 못한다.……"(쇼펜하우어, 『의지와 표상으로서의 세계』) 하지만 쇼펜하우어 씨, 당신이 대체 얼마나 안다고? 이 분야에 대한 당신의 지식은 어디에서 얻은 것이며, 대체 어떤 새와 대화를 나누었길래 그렇게 단언할 수 있습니까?

나의 두 강아지는 호수와 마주하고 앉아서 눈을 끔뻑거린다. 저들은 오늘의 평화를 맛보고 있으며, 저들이 흘리는 침은 신에 대한 감사기도이다. 또 저들은 오랫동안 힘들게 산을 올라와서 지금 이 정상에서 쉬는 것이 얼마나 행복한 일인지를 의식하고 있다. 하이데거도, 쇼펜하우어도 틀렸다. 근거 없는 사변은 저 호수에나 집어던지자. 그 케케묵은 인본주의(정신의 오나니즘)를 계승한 철학자 하나가 이곳으로 와서, 다섯 달짜리 강아지 두 마리가 2,500만 년 된 저 거대한 균열 앞에서 묵묵히 기도하는 모습을 한번 보았으면 좋겠다.

호수로 돌아온다. 저녁의 평화 속에 호수가 삐걱댄다. 얼음이 작별인사를 하고 있다. 저렇게 울 수밖에 없는 마음, 충분히 이해할 수 있다.

5월 28일

조류도감을 뒤적이며 하루를 보낸다. "총 848종에 4,000도판." 이 책은 생명의 기발함과 진화의 무한한 섬세함에 바쳐진 조류애호 지침서이며, 스타일의 축제이기도 하다. 새들을 바람 부는 대로 날려다니는, 약간 맛이 간 눈빛의 멍청한 자동인형쯤으로 여기는 도시의 멋쟁이들조차 꿩이나 뇌조나 흑부리오리의 대담한 의상 앞에서는 경의를 표하지 않을 수 없을 것이다. 나는 하늘의 방문자들의 정체를 일일이 확인해본다. 자연도감을 보고 알게 된 동물이나 식물의 이름을 부를 수 있다는 것은, 연예잡지들 덕분에 거리에서 마주친 스타들을 알아볼 수 있는 것만큼이나 굉장한 일이다. 도시에서는 "아니, 마돈나잖아!"라고 하지만, 여기에서는 "세상에, 저기 재두루미가 다 있네!"라고 탄성을 지르게 된다.

5월 29일
나는 곰이 숲에서 어슬렁거릴 경우를 대비하여 밖에 나갈 때는 항상 섬광탄을 쥐고 나간다. 문을 열고 나가는 순간 야생의 세계가 시작되는 것이다. 나의 오두막에는 중간단계라고 할 만한 것, 즉 정원이 없다. 물론 두 세계를 나누는 경계는 존재한다. 판자 한 장으로 이루어진 문턱이 문명세계와 위험한 숲 사이에 놓인 가냘픈 갑실(閘室)인 셈이다. 사슴, 스라소니, 곰 등은 오두막 근처에서 저마다의 일에 몰두해 있고, 개들은 문 뒤에서 자고 있으며, 현관 처마 아래에서는 파리들이 왱왱댄다. 서로 다른 왕국들이 맞닿아 있다. 오두막은 낙원과도 같은 영역 내에서의 인간의 생존을 위한 작은 섬일 뿐이지, 토지의 개간을 위한 개척자들의 정착촌이 아니다. 차르를 섬기는 카자크인들은 시베리아를 정복할 때 요새화된 기지들을 만들었다. 무기고와 교회당, 그리고 몇 채의 건물을 포함한 그 기지는 끝을 뾰족하게 깎은, 그래서 이런 종류의 요새들을 '오스트로그'(이 'острóг'라는 이름은 '나무를 깎다'라는 뜻의 'строгать[스트로가티]'라는 말에서 파생한 것이다/역주)라고 불리게 한 침엽수 통나무들로 엮은 방책으로 둘러싸여 있었다. 요새는 그들이 언젠가는 집어삼키게 될 외부세계로부터 그들을 보호해주었다. 그들이 거기에 있는 것은 타이가를 완전히 바꾸기 위해서였다.

그러나 은둔자는 숲의 작은 오두막에 머무는 것으로 만족한다. 여기에서 창문은 자연으로부터 자신을 보호하는 데에 쓰이지 않고, 있는 그대로의 자연을 받아들이는 데에 쓰인다. 은둔자는 자연을 관조하고 거기에서 필요한 것을 얻지만, 그것을 복속시키겠다는 야심은 품지 않는다. 오두막은 자연에 대해서 어떤 태도를 취하는 것은 허용하되, 법적 지위는 부여하지 않는다. 거기에서 은둔자로 즐길 수는 있지만, 개척자의 권리를 주장할 수는 없다.

은둔자는 자신이 세계의 진행에 조금도 영향을 미치지 않고, 인과의 사슬에서 어떤 자리도 차지하지 않는다는 사실을 받아들인다. 그의 생각들은 사물의 흐름을 특정한 방향으로 이끌지 않고, 그 누구에게도 영향을 끼치지 않을 것이다. 그의 행위들은 아무것도 의미하지 않을 것이다(누군가의 추억의 대상이 되는 것은 가능할 것이다). 이 얼마나 가벼운 생각인가! 가히 해탈의 전주곡이라고 할 수 있을 것이다. 세상에 대해서, 죽어 있을 때만큼 자신이 살아 있다는 느낌이 들 때가 없다.

붉은 달이 밤하늘에 떠올랐다. 떠가는 빙판조각들 사이로 비치는 달빛, 그것은 상처입은 제단 위에 놓인 피의 성체(聖體)이다.

5월 30일

오늘, 나는 자작나무 둥치에 몇 글자 써놓았다. "자작나무야, 네게 메시지를 하나 맡기겠다. 하늘로 가서 내가 인사한다고 전해다오." 목피(木皮)는 부드럽다. 강제수용소에 갇힌 어떤 사람들은 이 목피에 그들의 추억을 새겨놓았다. 그러고 나서 나는 물수제비를 몇 번 뜬 다음, 낡은 판자를 향해서 단검 던지기 실력을 향상시키려고 해본다.

자유로운 시간을 가진다는 것은 꽤 괜찮은 일 아닐까?

5월 31일

길이가 1,500미터나 되는 산의 경사면은 1,500미터 깊이의 호수 밑바닥까지 이어진다. 오두막은 이 3킬로미터나 되는 선(線)의 정확히 중간지점에 생긴 아주 조그만 평지에 놓여 있다. 나는 하나의 벽과 하나의 심연 사이에서 균형을 잡으며 살고 있는 셈이다.

강물이 마침내 모래톱을 둘러싸고 있는 얼음의 턱을 깨뜨렸다. 합류가 이루어졌다. 강물이 이리저리 물줄기를 이루며 호수로 흘러든다. 그 물줄기들은 축제의 장소로 내려오는 생명의 소리를 울린다. 강들이 숲에 칼질을 한다.

참솜깃오리 한 쌍이 곶을 마주보는 호수의 물에 내려앉았다.

표류하는 두 빙판 사이에 갇힐 위기에 처하자, 녀석들은 자유로운 저쪽의 수면을 향해서 날아오른다. 망명의 알레고리이다.

이따금 내 눈길이 어느 텅 빈 수면 위에서 꾸물대고 있으면, 어떤 어렴풋한 예감이 실현되듯이 문득 오리 두 마리가 그 위에 내려앉는다. 정신이 오랫동안 애를 써보아도 좀처럼 생각해내지 못하던 문장을 어떤 책에서 발견하게 될 때의 기분이다.

첫 하늘소들이 나타났다. 녀석들은 빈터 안을 둔중하게 비행하다가 통나무 토막들 위에 내려앉는다. 나는 이 곤충들에게 애정을 느낀다. 녀석들의 검고 기다란 더듬이는 뒤로 젖혀져서 흑옥(黑玉) 같은 갑옷에 스친다. 녀석들은 소나무 목피 위를 서툰 걸음으로 달린다. "네 이웃을 너 자신처럼 사랑하라." 진정한 사랑이란 우리와는 완전히 다른 것을 사랑하는 것이 아닐까? 우리의 인간성과는 너무 가깝다고 할 수 있는 어떤 포유류나 조류가 아니라, 어떤 곤충 혹은 짚신벌레를 사랑하는 것이다. 휴머니즘에는 우리와 닮은 것을 사랑해야 한다는 절대명령에 근거한 모종의 동업 조합주의가 섞여 있다. 치과의사가 다른 치과의사들을 사랑하듯이 인간은 인간을 사랑해야 하는 것이다. 빈터에서 나는 이 명제를 뒤집어서, 나와 거리가 먼 동물일수록 더욱 강하게 사랑하려고 한다. 이 경우 사랑한다는 것은 우리가 결코 알 수 없는 것의 가치를 인정하는 것이다. 동류(同類)의 얼굴에 비친 자신의 얼굴을 찬양하는 것이 아니다. 어떤 파푸아인 혹은 어떤 아이나 이웃을 사랑하는 것처럼 쉬운 일은 없다. 그러나 수면은? 이끼는? 바람이 사정없이 흔들어대는 저

작은 식물들 중 하나는? 자신의 도시를 재건하고 있는 개미에게 무한한 애정을 느끼기란 참으로 힘든 일이다.

기슭 안쪽의 연못에 내려앉은 기러기들을 관찰하기 위해서 중앙의 삼나무 숲의 곶에서 잠시 오후 시간을 보낸다. 돌아오는 길에, 생긴 지 얼마 되지 않은 곰의 자취가 나의 자취에 섞여 있는 것을 발견한다. 갈 때는 없었던 것이다. 개들은 아무런 반응을 보이지 않는다. 나는 폐허가 된 오두막 앞을 다시 지난다. 그런데 자신의 시대를 만나지 못했다고 해서 반드시 이렇게 숲으로 들어와야만 할까? 내면의 숲에서도 정적을 찾을 수 있지 않을까?

그리고 눈을 감아도 된다. 눈꺼풀은 자신과 세계를 차단할 수 있는 가장 효과적인 막이다.

자바로트노에의 V. E.는 여기에 살았던 한 반체제인사를 종종 언급하면서, 그를 아주 착한 친구로 묘사했었다. 이곳에서 한 착한 영혼이 이 장소의 거친 아름다움과 조화를 이루며 살았다고 생각하니, 이 오두막이 따뜻하게 느껴진다. 그 불쌍한 친구는 곤들매기를 양념하기 위해서 야생양파를 찾고, 새들과 이야기를 나누고, 먹다 남은 생선을 여우들이 먹을 수 있게 모래톱에 던져놓았으리라. 이른바 지식인들이라고 하는 자들이 형편없는 개자식들에게 매력을 느끼고, 범죄자들을 영웅시하는 곳은 내가 사는 곳, 파리일 것이다. 바를람 샬라모프는 그의 『범죄세계론』에서 이런 잘못을 고발하고 있다. "……자신을 낭만적으로 그려달라는 이 범죄의 뜻밖의 요구에 모든 작가들이 호응했다. 이 미친 듯한 악당들의 이상화(理想化)는……." 범죄자들은 영웅적인 늑대들이 아니다. 그들이 숨어 있던 오두막들은 부드러운 후광을 발하지 않는다.

산기슭에 축적된 높은 기압이 하루 종일 나를 일종의 마비상태에 잠겨 있게 한다. 맥없이 해먹에 누워 건들거리면서 지루한 시간을 보낸다.

책을 읽을 힘조차 없다. 그렇게 삼나무 아래에서 꾸벅꾸벅 졸고 있는데, 갑자기 뇌우가 몰아쳐서 나를 오두막 안으로 도망치게 한다. 바깥 하늘이 요동치는 가운데 찻잔에서 김이 모락모락 피어나는 광경을 보고 있으려니, 안도감이 내 안을 가득 채운다. 서쪽은 온통 뿌연 우연(雨煙)에 잠겨 있다. 비는 인간이 지붕 아래에서 행복감을 느낄 수 있게 하기 위해서 발명되었다. 개들은 처마 밑에 웅크리고 있다. 시가와 보드카는 이런 내면적인 순간을 함께할 이상적인 친구들이다. 불쌍한 사람들, 고독한 사람들에게 남은 것은 그것들뿐이다. 그런데 위생학자들은 이런 좋은 것들을 금지하려고 드니! 그래, 우리를 건강한 몸으로 죽게 만들겠다고?

뇌우는 지나가고, 건조한 공기가 숲을 말린다. 쌍안경으로 보니, 남쪽으로 300-400미터 떨어진 모래톱에 곰 한 마리가 뒷발로 일어서 있는 것이 보인다. 그 자세로 꼼짝도 하지 않는다. 이어서 나는 그것이 곰이 아니라 저녁 공기 속에 진동하는 바위임을 깨닫는다. 나는 신기루 앞에서 가슴을 벌렁거리고 있는 것이다.

저녁에는 빵을 만들었다. 오랫동안 반죽을 한다. 고독한 자의 손에 이보다 부드러운 감촉이 또 있을까? 반죽과 살 사이의 관계를 표현한 갖가지 말들이며 표현들의 의미를 이해할 수 있을 것 같다. 빵 만드는 여자들은 최음적인 인물들이라고 할 수 있다. 핑크빛의 통통한 그들은 어떤 건강한 에로티시즘을 환기시킨다. 나는 빵을 먹지만, 빵 만드는 여자들은 더 이상 생각하지 않으려고 애쓴다. 이 외딴 곳에서 두 달을 더 살아야 하기 때문이다.

6월

울음

6월 1일

점수판을 들어올릴 준비를 하고 있는 피겨스케이팅 채점관처럼, 나는 호숫가 탁자 앞에 앉아서 기러기들과 오리들의 공중묘기를 지켜본다.

사랑의 지리학. 나는 오일로 번들거리는 몸뚱이들로 뒤덮인 프라이팬 같은 모래사장보다는 모직 스웨터를 입은 사람들이 덜덜 떨고 있는 자갈 호숫가가 좋다.

잘게 부서져서 며칠 전부터 호수의 만을 꽉 메운 얼음조각들이 폭풍에 말끔히 휩쓸려갔다. 밤새도록 바람이 죄 없는 오두막을 괴롭혔다.

6월 2일

선승(禪僧)들은 늦잠을 "잠 속의 망각"이라고 한다. 망각은 나를 정오까지 끌고 간다.

파란 직물로 된 카약을 조립한다. 손재주가 없어서 작업이 길어진다. 조립설명서에는 2시간이면 충분하다고 적혀 있지만, 나는 5시간이나 걸린다. 그러나 저녁이 되어 수면을 미끄러져 갈 수 있게 되었을 때, 그 쾌감은 굉장하다. 노를 몇 차례 저으니 해빙으로 인해서 빼앗겼던 것을 되찾게 된다. 한눈에 산 전체를 바라볼 수 있는 가능성 말이다. 산이 푸릇푸릇해졌다. 낙엽송들은 다시 옷을 입었다. 아이카와 베크는 가슴팍까지 잠기도록 물에 들어와보지만, 더 이상 어쩔 줄 모르고 낑낑거린다. 그러고 나서 아이카는 내가 결국 뭍으로 돌아올 것이며, 자기들은 내가 노를 젓는 방향으로 따라가기만 하면 된다는 것을 깨닫는다.

"절대로 기슭에서 100미터 이상 떨어져서는 안 돼요." 일전에 옐로신의 볼로댜가 나에게 신신당부한 말이다. 호수의 물은 너무도 차가워서 빠지면 그대로 죽음이다. 섭씨 3도의 물은 아무도 견뎌내지 못한다. 빤히 보이는 거리에서 물에 빠져 죽은 어부가 한둘이 아니라고 한다. 그러나 『황제의 밀사』에서 쥘 베른이 전해주는 바이칼의 전설은 이야기가 조금 다르다. "러시아 사람은 물에 빠져 죽는 법이 없다."

물이 있고, 또 다양한 바람들이 있다. 이 바람들은 어떻게 돌변할지 알 수 없는 놈들이다. 산에서 내려오는 사르마라는 놈이 있는데, 몇 분 만에 맹렬한 기세로 깨어나서는 3미터 높이의 풍랑을 일으킨다. 배들은 호수 가운데로 휩쓸려가서 전복된다. 물고기를 빼앗긴 호수가 사람들을 데려가는 것이다. 죽음은 부채 탕감의 한 방법이다. 볼로댜는 5년 전에 배가 난파하여

아들 하나를 잃었다고 한다. 나는 이 사실을 최근에야 알게 되었고, 그가 왜 몇 시간이고 유리창의 빛 속에 시선을 담그고 있었는지 비로소 이해하게 되었다. 이따금 우리는 함께 즐겼던 사람들을 생각하며 풍경을 응시한다. 죽은 이들의 추억은 대기에 녹아 있다.

 내가 다시 기슭으로 돌아오자, 개들은 기쁨의 침을 흘린다. 새들이 편대를 이루어 하늘을 이리저리 비행한다. 수면에 비친 새들의 그림자는 그 눈부신 아름다움을 두 번 감상할 수 있는 기회를 준다.

6월 3일

라이너 마리아 릴케는 1903년 2월 17일 프란츠 크사버 카푸스라는 젊은 시인에게 보낸 편지에서 이렇게 썼다. "당신의 일상이 빈곤하다고 해서, 일상을 탓하지 마시오. 충분히 시적이지 못하여 일상의 풍요함을 불러내지 못하는 당신 자신을 탓하시오." 또 존 버로스는 『사물을 보는 기술』에서 이렇게 말한다. "우리가 사람들에게 말할 때 사용하는 어조는 그들이 우리에게 사용하는 어조가 된다. 최상의 것을 주는 사람이 최상의 것을 받는다."

 만일 우리의 삶이 따분하다면, 그 책임은 온전히 우리에게 있다. 세상이 칙칙한 잿빛이라면, 그것은 바로 우리가 무미건조하기 때문이다. 삶이 창백하게만 보인다면? 삶의 방식을 바꾸어보라. 오두막에 가보라. 만일 숲속으로 들어갔는데도 여전히 세상이 칙칙하고 주변 사람들이 견딜 수 없이 느껴진다면,

판결은 명확하다. 당신 자신이 끔찍한 것이다! 그렇다면 필요한 조처를 취하라.

　빈터에서 1시간 동안 죽은 낙엽송 한 그루를 톱으로 벤다. 목질이 아직도 건강하여 나이테가 선명하게 보인다. 햇빛은 나무의 속살을 먹음직스러운 색조로 물들인다. 인간의 눈이 볼 권리가 없는 광경들이 존재한다. 인간은 아직 준비되지 않은 세계의 조각들을 거리낌 없이 빛에 노출시킨다. 그렇게 터부를 깨고, 태초의 글을 바꾼다. 『금각사』에서 미시마 유키오는 베어진 나무에 대해서 "그것에게 흐르도록 예정되지 않은 바람과 햇빛"이라는 말을 했다. 나무들을 베고, 꽃들을 따고, 사물의 질서에 대해서 우리가 행하는 이 아주 작은 자유의 행위들에 대해서, 최초의 악보에 우리가 가하는 이 미세한 변형들에 대해서 우리는 언젠가 대가를 치르게 될까? 한 제자가 수로를 파서 채마밭에 물을 대자고 제의하자, 물뿌리개를 손에 든 공자(孔子)는 이렇게 대답했다고 한다. "그것이 어떤 결과에 이르게 될지 누가 아는가?" 오두막에서 사는 것의 좋은 점은 이따금 나무 한 그루를 베는 것 외에는 세상의 대체적인 윤곽을 크게 바꾸지 않는다는 점이다.

　나는 비단처럼 고운 수면 위를 카약을 타고 미끄러진다. 정적 속에 퍼지는 노 젓는 소리……. 이제 개들은 내가 호수의 수면 안쪽으로 들어가도 낑낑대지 않고, 나를 따라서 남쪽으로 토닥토닥 달린다. 비탈면의 붉은 진달래들 위로 베크의 하얀 실루엣이 뚜렷이 보인다. 볼로댜의 말이 맞았다. 15분 동안 조심하려고 노력했지만, 두 곳 사이에서 이리저리 헤매다가 벌써 뭍에서 2킬로미터나 떨어진 곳까지 오고 말았다. 그것도 설명서의 지시내용 몇 가지를 무시하고 조립한, 나무틀에 천을 씌운 나뭇잎 크기만 한 쪽배를 타고 말이다. 뭍에서 멀리 떨어진 곳에 떠 있는 얼음조각들이 있는 곳에 이르렀다. 얼음조각들은 햇빛에 반짝이며 잘그락거린다. 나는 그 차가운 기름 위에서 꼼짝하지 않는다.

뱃머리 2미터 앞에서 물개 한 마리가 머리를 불쑥 내밀고 나를 뚫어지게 쳐다본다. 녀석은 손도 없고 발도 없지만, 눈빛에서 어딘가 노인 같은 분위기가 느껴진다. 그의 영역만큼이나 깊숙한 시선이다. 말을 건네니, 녀석은 근시안 같은 시선으로 나를 주의깊게 관찰하다가 다시 물속으로 들어가버린다.

6월 4일

매일 아침, 잠이 깰 때마다 오리들에게 인사를 하게 된다. 동경 105도 자오선을 따라서 며칠을 날아와서는 호수에 내려앉는 오리들이 갈수록 많아진다. 상징사전을 들추어보니, 일본 사람들은 오리를 사랑과 정절의 상징으로 간주한다. 내가 등을 마주대고 사는 삼나무들은 유럽의 은비사상(隱祕思想)에 따르면, 처녀성과 순수함을 의미하고. 따라서 내가 머물고 있는 이곳은 미덕의 기운들이 가득한 곳이다.

지금 내가 이곳에 있는 것은, 지금으로부터 7년 전 내가 처음 바이칼의 호수를 발견하게 된 7월의 그날 덕분이다. 그때의 강렬한 인상은 이 장소를 다시 찾게 되리라는 확신을 내 안에 심어놓았다. "황금시대"의 파악에 집착하는 어떤 은비주의자들처럼, 우리는 삶의 강렬한 순간들을 되살아보려고 발버둥치는 떠도는 영혼들이다. 어떤 사람들에게 그 순간은 어린 시절이고, 어떤 사람들에게는 어느 지방도로의 다리 아래에서 나눈 첫 키스이며, 또 어떤 사람들에게는 매미들이 합창하는 어느 여름 저녁에 느낀 설명할 수 없는 충일한 감정이며, 또 어떤 사람들에게는 고결하고도 선한 생각들이 밀려들던 어느 겨울밤이다. 그리고 나에게는 바로 여기, 탁 트인 호수가 바라보이는 모래언덕의 언저리였다.

미시마 유키오는 『금각사』에서 이렇게 말한다. "……삶에 대한 우리의 태도에 어떤 의미를 부여하는 것은 어떤 순간에 대한 충직함과 그 순간을 영원화하기 위한 우리의 노력이다.……" 그렇다면 우리가 기도(企圖)하는 모든 것들은 어떤 순간적이고도 미묘한 영감에 근원을 두고 있다는 말이다. 찰나의 순간이 삶 전체를 만든다는 말이다. 불교도들은 의식이 무엇인가를 언뜻 보는 이 순간을 '깨달음(오[悟], 득도[得道])'이라고 한다. 그것은 솟아나자마자 사라진다. 그리하여 사람들은 그것을 되찾고자 암중모색한다. 사라진 그 감각을 부활시키고 싶어한다. 이 암중모색 속에서 세월이 흘러간다. 삶은 방황이 된다. 우리는 도망가버린 것을 열망하며 잠자리채를 들고 나아간다. 이 깨달음을 다시 체험하고자 수천 번 시도했다가 수천 번 좌절하는 시도는 죽음이 이 순간적인 것들을 되살리려는 집착으로부터 우리를 해방시키는 순간까지 끝없이 계속된다.

아아, 그러나 우리는 같은 물에 두번 다시 몸을 담그지 못한다. 깨달음은 결코 반복되지 않는다. 성(聖)의 현현을 볼 수 있는 기회는 오직 한 번뿐이다. 마르셀 프루스트의 마들렌 과자들은 다시 따뜻해지지 않는다. 그리고 바이칼의 호숫가도 이제는 너무 친숙해져서 나의 눈물 한 방울도 자아내지 못한다.

6월 5일

늦은 오후, 나는 양쪽 뱃전에 낚싯대를 하나씩 걸어놓고 북쪽으로 노를 젓는다. 만(灣)들마다 장밋빛 조약돌이 깔린 수변이 펼쳐져 있다. 투명한 물 아래로는 햇빛을 받은 바위들이 산호초의 바위들처럼 맑게 들여다보인다. 갈매기 여덟 마리가 햇볕을 쬐고 있는 얼음뗏목이 하나 지나간다. 호수 넓은 곳으로 나가니, 산의 모습이 완전히 바뀌었음을 알 수 있다. 산비탈에는 낙엽송들이 이루는 연두색 선이 삼나무들의 청동색 띠를 받치고 있고, 그 위로는 무고소나무들이 쑥색의 장식무늬 띠처럼 얹혀 있다. 그 고지대의 군데군데에는 아직 녹지 않은 빙설이 쉼표처럼 찍혀 있다. 산들은 물구나무서기 놀이를 한다. 물에 비친 산들은 실제의 산보다 훨씬 더 아름답다. 물이 그 깊이와 신비로 이미지를 풍부하게 해주기 때문이다. 수면이 일렁이자 산들은 마치 꿈 속에서처럼 흔들린다.

뱃머리 앞에서 오리들이 간신히 날아오른다(카약용 넓적한 노를 사용하면 동물들에게 겁을 주지 않고 가까이 다가갈 수 있다). 나는 거품이 이는 물을 호수로 쏟아내고 있는 한 격류로 둘러싸인 모래사장에 배를 댄다. 그리고 소나기에 쫓겨서 삼나무 아래로 피신한다. 개들도 나에게 합류한다. 호수는 무수한 바늘들이 떨어져 꽂히는 진회색 플란넬 천이다. 5분 만에 하늘이 갠다. 나는 상하의가 붙은 내의 바람으로 강으로 들어가 무지개 아래에서 낚시를 한다. 오리들이 나를 스치고 지나간다. 구름을 뚫고 나온 햇빛줄기들이 숲을 황금색 얼룩들로 장식한다. 이 산과 기슭과 물과 동물들에 대한 배역 할당에는 어떤 완벽한 격조가 깃들어 있다.

마치 봉급이라도 받은 것처럼 물고기들이 갑자기 입질을 시작한다. 20분 만에 곤들매기 여섯 마리를 낚는다. 구름 사이로 구멍을 뚫던 햇빛도 마침내 지쳐버렸을 때, 카약을 뭍에 반쯤 올려놓고 모닥불을 피운 나는 그 앞에 개들과 몸을 맞대고 눕는다. 그리고 물결이 연주하는 음악소리를 들으며 파릇한 나무꼬챙이에 꿴 물고기들이 구워지는 광경을 바라보면서 이런 생각을 해본다. 삶은 바로 이런 것이어야 하지 않을까? 소년 시절의 꿈들에 어른이 되어서 바치는 경의라고 할 수 있는 이런 것들 말이다. 나는 사진 한 장을 찍어두고 싶은 유혹에 맞서 싸운다.

언제나처럼 태양은 저무는 장소로 부랴트를 선택한다.

6월 6일

간밤에는 좀처럼 잠을 이루지 못해서 섬광탄을 들고 수변으로 나갔다. 달이 이지러졌다. 그러나 다시 돌아오리라. 우리는 그것을 확신할 수 있다. 메시아보다는 위성이 더 믿을 만하지 않을까? 아침에는 공기가 뒤피의 그림만큼이나 명랑하다. 이제는 파도소리가 나의 삶을 온통 점령해버렸다. 넘실대는 물결은 자유의 기쁨을 노래한다.

언덕 위로 올라가면 호수는 소나무와 삼나무 둥치들에 의해서 터키옥빛의 면들로 분할된다. 새파란 하늘을 만끽하며 완만한 구릉들을 오랫동안 산책한다.

카약. 바이칼이라는 견직물을 짜는 잉앗대 위를 달리는 북.

문제가 있는 키를 조정하기 위해서 한동안 노질을 한 후, 빈 터에 해먹을 건다. 고개를 들어보니, 하늘의 빛들이 그들의 다양한 색조를 시험하기 위해서 거울로 사용하고 있는 드넓은 호수가 눈에 들어온다. "나는 땅의 것들이 하늘의 빛들에 얼마나 정확하고도 세밀한 방식으로 은신처를 제공하는지를 보고는 기이한 감동에 사로잡혔다." 역시 미시마 유키오의 『금각사』에 나오는 말이다. 나는 키케로의 서신 몇 편을 읽는다. 은둔자는 그날의 뉴스는 접하지 못하므로, 고대 로마의 일들을 알고 싶어하는지 모른다. 『천일야화』에는 그저 아름답기만 한 이야기들 가운데 불쾌하게 삐걱거리는 이런 문장이 있다. "지금 그대가 나에게 너그럽게 행동하는 데에는 필경 어떤 이유가 숨어 있다!" 나는 한 작가가 썼던 무상성(無常性)에 대한 경의인 다음의 문장이 더 좋다. "그녀에게 목적이 줄어들수록, 그녀의 삶은 더욱 많은 의미를 가지게 되었다." 은둔자의 문장(紋章)에 새겨넣어야 할 글이다.

6월 7일

나는 나무 탁자 앞에 앉아 글을 쓰고, 개들은 뜨거운 모래 위에 누워 잠을 잔다. 온 세상이 고요하고, 팽팽하며, 빛으로 가득하다.

수변의 안쪽 가장자리에 할미꽃이 피었다. 말벌들과 꿀벌들이 꽃에 흠뻑 취해 있다. 왜 그 무한한 지혜를 가졌다는 신이 인간이 까다롭게 굴지도 않고 질문도 하지 않고, 그저 경건하기만 한 태도로 자신을 믿게 되리라는 것을 예측하지 못했을까? 막시류(膜翅類)에 의한 꽃의 수정(受精)이라는 완벽하게 설명 불가능한 현상을 만들어놓고, 자신의 존재에 대한 확실한 징표를 주는 것을 잊어버린 것, 사실 얼마나 소홀한 행동인가!

6월 8일

개들이 짖는다. 나는 반사적으로 뛰어나간다. 멀리서 모터 소리가 점점 더 크게 들려온다. 새벽 5시밖에 되지 않았는데, 남쪽에서 배 한 척이 올라오고 있다. 쌍안경으로 보니, 세르게이의 알루미늄 보트 중 하나임을 알아볼 수 있다. 15분 후, 그가 슬픈 눈의 유리와 함께 접안(接岸)한다.

나는 서둘러 차를 끓이면서, 어제 만든 블리니스 빵을 식탁 위에 올려놓는다. 그들이 들어왔을 때, 나는 앉아 있고 모든 것이 준비되어 있다. 세르게이는 자신의 눈을 믿지 못하며 "책을 읽는 사람들의 엄격한 생활규율"에 대해서 말한다. 그는 내가 개들이 아니었다면 아직도 코를 골고 있었으리라는 사실을 모른다. 나는 전생에 어느 선술집 주인이었던 모양이다. 약간의 짜증이 섞인 수선스러움으로 손님들을 맞는다. 불시의 방문은 즐거움이자 당황스러움인 것이다. 어제 저녁 포코이니키를 떠나서 잘게 부서진 얼음조각들로 이루어진 섬들을 신중하게 피하며 여기까지 온 두 사람은 옐로신으로 가는 중이다. 올해에는 해빙 후 첫 항해의 영예를 두 사람이 차지했다. 세르게이는 삼림감시인들 사이의 암투와 원한에 대해서 길게 이야기해준다. **도시적 양어장이 사람을 고약하게 만드는 것도 아니고, 시장경제의 중압감이 유발하는 스트레스가 인간을 악착스러운 쥐로 바꾸는 것도 아니며, 혼잡한 공간에서의 모방적 경쟁관계가 "형제들로 하여금 서로 증오하라고 명령하는"** 것도 아니다. 바이칼을 보라. 서로 수십 킬로미터나 떨어져 눈부시게 아름다운 숲속에 살면서도 마치 비루한 대도시의 같은 층에 사는 이웃들처럼 서로를 물고 뜯지 않는가? 환경을 바꾸어도 "형제들"의 본성은 그대로일 것이다. 사는 장소가 좋아봐야 아무 소용이 없다. 인간은 바뀌지 않는다.

   그들과 함께 보드카 한 병을 비웠지만, 25킬로미터의 카약 항해는 술기운을 말끔히 흩어버린다. 나는 만이 나올 때마다 노닥거리면서 천천히 노질한다. 뱃머리는 수달처럼 나아가며 침묵의 시간들을 헤친다. 베크와 아이카는 저 멀리 흘러내린 산비탈 아래에서 작은 검은 점 하나와 작은 흰 점 하나로 보인다. 물푸레나무 꼭대기에서 말똥가리 한 마리가 나를 뚫어지게 내려다본다. 비오리들은 키득댄다. 나는 기슭에서 2킬로미터의 거리를 두고 곶들을 지난다. 이렇게 6시간을 항해한 끝에 자바로트노에에 닿는다. 세르게이와 유리, 그리고 어부 몇 명이 그들의 친구인 V. M.의 커다란 오두막 근처에 피운 모닥불 앞에 앉아 있다.

호수는 잠들었고, 동물들은 조용해졌다. 우리는 새벽 3시까지 모닥불을 살려가며 훈제생선을 안주삼아 술병들을 비워간다. 나는 진이 다 빠져서 따뜻한 오두막에 들어가 그대로 쓰러져 눕고 싶은 심정이다. 러시아는 고된 노역 후에도 휴식을 기대해서는 안 된다는 것을 나에게 가르쳐준다. 수십 킬로미터를 노를 저어와서 녹초가 되었지만, 그것과 상관없이 다시 보드카로 몸을 파괴할 준비를 해야 한다.

어부인 이고르는 보드카를 제대로 이겨내지 못한다. 그는 흐느끼면서, 내 품에 몸을 던지고 자기 집에 아이가 생기지 않는 것을 한탄한다. 나는 간간이 갈매기 울음소리가 들려오는 이 밤에 본, 그 친구의 굵은 눈물방울을 평생 잊지 못할 것이다. 그는 아내와 함께 임신 전문 무당을 찾아가서 푸닥거리를 해보았는데, 지금은 부처님의 능력이 그들에게 수태능력을 줄지도 모르는 티베트 절에 가서 지내고 싶어한다. 나는 지금 인간 개미집이 폭발 직전이라는 말로 그를 위로하고 싶지만, 차마 그러지는 못한다. 그래도 나는 그에게 말하고 싶다. 또 하나의 핏덩어리를 '사자들'이 우글대는 구덩이에 던지는 것은 그렇게 현명한 선택이 아닐 수도 있다는 것을. 그리고 세상을 비관적으로 보는 습관을 약간만 키우면, 아버지가 되고 싶은 욕망은 쉽게 가라앉힐 수 있다는 것을.

6월 9일

나는 정신적 은둔주의의 거인(샤토브리앙을 말한다/역주)과 함께 자바로트노에서 기분 좋은 하루를 보내려는 마음으로 『랑세의 생애』를 카약에 챙겨왔다. 그러나 저 눈부신 태양을 혼자만 달려가게 두는 것이 너무 아쉬워, 결국 정오에는 숙취로 무거운 몸을 이끌고 나와서 햇빛이 화창한 자바로트노에 폐광의 편암 위를 산책했다. 소련이 붕괴될 때까지, "자유인들"은 마이크로 쿼차이트를 찾아서 산마다 파헤쳐놓았다. 그들이 산비탈의 구불구불한 도로 —— 러시아 사람들은 증류관이라고 부른다 —— 에 버린 모터들이며 굴착기 캐터필러들이 여기저기 시체처럼 뒹굴고 있다. 나의 옷차림은 꼬깃꼬깃한 것이 넝마와 다름없고, 머리칼은 봉두난발이고, 입에서는 알코올 냄새가 풀풀 풍기며, 눈은 싯누렇다. 개들조차도 어제의 긴 행군 탓으로 불쌍하기 이를 데 없는 꼴이다. 우리는 셋이 함께 길 위에 쭉 누워서는 재충전을 위해서 태양의 광자를 온몸으로 흡수한다.

해발 1,000미터 지점에 이르자, 옛 빙하로 형성된 계곡의 가장자리가 경사면 중간에 한숨 돌릴 수 있는 평지를 제공한다. 저 아래로 보이는, 기계의 이빨들이 파헤친 둥그런 분지에는 폐광 특유의 오염된 분위기가 감돈다. 나는 어젯밤에 쌓인 불순물들을 토해가며 2,000미터 고지에 오른다. 거기에서 발견한 호수의 감추어진 모습은 모험의 피를 끓게 한다. 산다는 것은 계속 전진하는 것, 온 길을 돌아오려니 왠지 패배한 듯한 기분이 든다. 우리는 눅눅한 눈이 쌓인 협로를 따라서 다시 비틀비틀 내려온다. 우리의 신체조건상, 오늘은 표고차가 1,500미터나 되는 곳을 굳이 기어오를 필요가 없었다. 그저 흑차를 마시면서 호수의 먹음직스러운 검은 크림을 휘젓는 참솜깃오리들의 발레를 구경하며 샤토브리앙이나 읽었어야 했다.

6월 10일

집주인은 아침식사로 물개고기로 만든 걸쭉한 스튜를 대접한다. 이 고기는 그야말로 핵폭탄이다. 입에서 폭발하면서 온몸의 혈관에 강력한 에너지를 공급한다.
"동무! 내게 물개고기와 탱크 한 대를 주시오! 그럼 폴란드를 정복할 테니!" 내가 외친다.
"그건 러시아 속담이 아닌데요?"
"러시아 속담이 될 만하죠."
"뭐, 그렇군요."
이제 나의 친구는 프로레슬러 같은 교묘한 동작들을 써가며 개들에게 먹이를 준다. 들통을 들고 그 짖어대는 무리들 속으로 파고들어가, 덤벼드는 개들을 물리치면서 개밥그릇마다에 먹이를 척척 퍼주는 것이다. 나의 개들은 그 적개심이 들끓는 난리 속에서 제법 잘 방어한다. 싸우지 않으면 먹을 수 없는 법이다.
돌아오는 길, 힘을 주는 물개고기가 너무나도 고맙다. 맞바람과 거친 물결 탓으로 25킬로미터를 주파하기 위해서는 7시간 동안 죽을힘을 써야 한다. 개들은 중간중간 편평한 바위 위에서 짧은 낮잠을 즐기며 나를 기다린다. 온몸의 근육이 두드려 맞은 듯이 아프다. 탈수증 때문에 그럴 수도 있을 것이다. 러시아는 주정뱅이들에게도 운동선수처럼 살 것을 강요한다. 기슭의 풍경들이 빨리빨리 지나가지 않는다. 물개들이 고개를 쑥쑥 내민다.

나는 뭍에 배를 대고, 미지근한 자갈 위에 개들과 한데 섞여 누워서 1시간 동안 잠을 청한다. 피워놓은 모닥불의 열기에 거미들이 그들의 집 밖으로 쫓겨나왔다.

오후 5시, 마침내 내가 사는 기슭에 도착했을 때, 마침 트롤선 한 척이 다가오더니 강철 뱃머리를 자갈 호숫가에 처박는다. 선장은 자신의 네덜란드 승객이 잠시 방문해도 되겠느냐고 묻는다. 에르빈은 사할린의 한 석유회사에서 근무한다. 그의 아내는 완벽한 프랑스어를 구사한다. 볼이 빨갛게 물든 두 아이는 내 개들보다 훨씬 더 얌전하다. 그들은 오두막이 있는 이곳을 어떤 꿈의 장소로 생각하는 모양이다. 일곱 난쟁이들 중 하나가 살고 있는 백설공주의 휴양지쯤으로 상상하는 듯하다. 우리는 호숫가에 서서 매우 우아하게 차를 마신다. 그렇게 그들은 15분 정도 머물면서 사진도 한 장 찍는다. 여기에서 여섯 달을 지낼 계획이 없으면, 누구나 그렇게 한다. 배의 현문(舷門) 위에서 에르빈이 소리친다.

"「헤럴드 트리뷴」이 한 부 있는데, 보실래요?"

"네."

"지난 주 거예요."

"여기서 그 정도면 최신호지요."

그는 나에게 신문을 던져준다. 타이가 한복판에서, 러시아 어선을 타고 온 네덜란드 사내에게서 「헤럴드 트리뷴」을 배달받게 되다니. 38년을 살다 보니, 이런 행운도 다 생긴다는 생각이 든다.

뉴스들. 근친에게 성폭행을 당한 뒤, 어머니가 집에서 쫓아낸 아프간 소녀들. 이슬람 율법학자들에게 매질당한 여자들(사진). 이라크 시크교도들이 폭탄 테러를 범해서 수니교도들을 죽였는데, 그들의 급조 폭발물이 충분히 정교하지 못한 탓에 사망자들 가운데 시크교도들도 섞여 있었다(사진). 터키는 이스라엘 주재 자국 외교관들을 소환했다(분석 기사). 이란 핵물리학자들은 그들의 프로그램이 빠른 속도로 진척되고 있어서 의기양양해하고 있다. 이런 식으로 제4면에 이르니, 이곳에서 몇 개월을 더 지내고 싶은 마음밖에 생기지 않는다. 어쨌든 시베리아 생선을 싸는 종이로는 이 「헤럴드 트리뷴」만 한 것이 없다.

6월 11일

랑세 신부는 좀더 북쪽지방의 성 안토니우스라고 하겠다. 사구(砂丘)도, 전갈도 없는 곳에서 살았던 신에 미친 남자. 17세기, 부귀영화를 누리던 한 남자가 세상에 대해서 죽기로 결심한다. 그는 서른일곱의 나이에 "기억도, 원망도 내려놓고" 고독한 삶을 향해서 떠난다. 샤토브리앙이 그린 랑세의 초상은 정말이지 끔찍하다. 그는 어느 날 갑자기 자신의 호화로운 저택을 뛰쳐

나와서 지금까지의 삶을 부인하고 고행의 삶을 시작한다. 복음서의 말씀을 문자 그대로 받아들여 가난한 이들에 대한 빚을 갚은 다음, 페르슈 언덕에 "기독교적 스파르타"라는 별명이 붙을 만큼 규칙이 엄격했던 수도회, 트라프 교단을 창시한다. 그는 이 은거지에서 기도와 글쓰기와 명상에 빠져들었고, 자신의 병든 몸에 혹독한 고행을 부과했다. 그렇게 "황폐한" 돌들에 둘러싸여, 고독과 고통 속에서 37년을 지냈다. 37년 동안 축제의 나날을 보낸 후에 37년 동안 침묵의 세월을 보낸 것이다. 빚진 만큼 정확하게 갚으려고 했던 것인가? 거의 세무사와도 같은 치밀함으로 랑세는 자신이 악마에게 진 빚을 갚아나갈 것이다. 그는 "그의 최초의 약함들 가운데서 마지막 힘들"을 길어낼 것이다. 투르네 주교에게 쓴 편지에서 그는 이 모든 것을 요약하고 있다. "우리는 죽기 위해서 삽니다." 그의 도피는 매력적인 동시에 거부감이 든다. 그의 타협 없는 철저함은 나를 매료시키지만, 그 동기에 대해서는 반감이 드는 것이다. 랑세 신부의 불안 속에는 하늘을 향해서 외치는 아이의 열에 들뜬 모습이 어른댄다. "난 절대를 원해, 지금 당장!" 이 조바심에 찬 격정은 어떤 면에서는 눈부시도록 아름답다. 그러나 이 내적인 열기는 병적인 것으로, '저 세상'에 대한 소망에 속하지 않는 것은 모조리 파괴하고 태워버린다. "그를 지배하는 것은 삶에 대한 불타는 증오이다"라고 샤토브리앙은 제3권에서 쓰고 있다. 지상의 것들에 대한 이런 부정 속에는 니체가 『안티크리스트』에서 질타한 "기독교적 니힐리즘"이 숨어 있다.

나는 이 타이가에서 절대에 도취되기보다는 행복의 순간들을 수확하고 싶다. 향불의 냄새보다는 진달래의 향기가 훨씬 더 감미롭게 나를 간질여온다. 나는 조용한 하늘 앞보다는 활짝 핀 화관(花冠) 앞에 무릎을 꿇으련다. 그 나머지 것들—— 소박함, 엄숙함, 망각하기, 버리기, 그리고 안락함에 대한 무관심—— 은 내가 감탄하는 바이며, 본받고도 싶다.

6월 12일
오늘 아침은 안개가 자욱하다. 세상이 감쪽같이 없어졌다. 물의 요정들이 나와서 노는 시간일까? 솜 같은 안개가 흩어졌을 때, 나는 북쪽 삼나무 숲의 강으로 낚시를 간다. 낚시. 물고기를 한 마리 낚지만, 대신에 시간을 잃는다. 이득일까, 손해일까?
　나는 플라이훅을 던져서 물결에 떠내려가도록 둔 다음, 약 1.5미터 정도 되는 깊이에 머물도록 조절한다. 강물이 흘러나오는 곳에서 먹이를 얻으려는 물고기들이 거기에 밀집해 있기 때문이다. 찌가 물속에 쏙 들어갈 때, 나는 짜릿한 흥분을 느낀다. 자, 멋진 저녁식사가 기다리고 있다! 곤들매기를 죽일 때, 그 피부에는 전율이 흐른다. 생명이 전기의 형태로 방출되는 것이다. 피부색이 흐려진다. 생명이란 우리를 색칠해주는 것이다.

6월 13일
『랑세의 생애』에는, 로마의 시인 티불루스의 『애가(哀歌)』에서 가져온 이런 인용문이 있다. "침대에 누워 휘몰아치는 바람 소리를 듣는 것은 얼마나 달콤한가!" 온종일 바람이 휘몰아치고, 나는 티불루스가 예찬한 즐거움을 맛본다.

6월 14일

큰 파도가 바위들을 말끔히 씻어놓았다. 나는 미끄러지지 않으려고 조심조심 나아간다. 개들도 파도를 무서워한다. 파도에게는 뭍을 물어뜯을 수 있는 치명적인 이빨이 있다. 곶들의 끄트머리가 허연 거품 아래 사라진다. 어두운 숲에서는 바람이 맹위를 떨친다. 타이가 전체가 덜컥거린다. 이따금 갈매기 한 마리가 쏜살같이 날아간다. 자갈 위에는 수백만 마리의 날파리들이 나와 있다. 놈들은 수변 여기저기에 우글거린다. 놈들은 수명이 일주일밖에 되지 않는데, 그마저 이곳에서는 손쉬운 단백질 공급원인 까닭에 배고픈 동물들의 표적이 된다. 모래에는 척행동물(蹠行動物 : 인간, 곰, 펭귄처럼 걸을 때 발바닥 전체가 땅에 닿는 동물/역주)의 발자국들이 여기저기 남아 있다. 곰들도 날파리 잔치를 놓칠 수 없었던 모양이다.

개들은 레드나이아 강을 제대로 건너지 못한다. 아이카는 펄쩍 뛰어서 급류 가운데 있는 바위에 올라가더니, 내가 부글거리는 물결을 헤치고 자기를 데리러 오기만을 기다린다. 아이카는 그나마 나은 편이다. 베크 녀석은 우리가 자기를 버리고 가기로 작당했다고 생각하는지, 금방이라도 죽을 것처럼 낑낑댄다. 나는 다시 돌아와서 녀석을 어깨에 메고 강을 건넌다. 강

북쪽의 절벽지대를 통과하기 위해서 나는 토사더미가 이룬 비탈을 밟고 올라간다. 마치 절벽들이 이렇게 속삭이는 것 같다. "자기야, 이리 와. 이쪽으로 올라오라고." 몹시 화가 나 있는 바람이 나에게 날개를 달아준다.

나는 전부터 탐내왔던 강에 이른다. 레드나이아 강을 따라서 북쪽으로 3킬로미터 올라가면 나타나는 폭포를 방불케 하는 급류이다. 물 반, 고기 반인 장소지만, 오는 데만 3시간이 걸린다. 개들은 잠시 여기저기 쑤시고 다니더니, 이내 잠이 든다. 조금이라도 틈이 있으면 저렇게 곯아떨어질 수 있는 저들의 능력이 그저 경탄스러울 따름이다. 생체 모방공학은 생물학적 발명품들에게서 영감을 얻고, 그것들을 기술에 응용하는 학문이다. 여기에 덧붙여서 생체윤리 모방공학도 만들어야 하지 않을까? 우리가 제대로 행동하기 위해서 동물들의 행동에서 영감을 얻는 것이다. 어떤 행동을 해야 할 때, 우리의 영웅들에게 충고를 구하는 —— 마르쿠스 아우렐리우스, 랜슬롯, 혹은 제로니모는 어떻게 결정했을까? —— 대신에, 이렇게 자문해보는 것이다. "자, 지금 이 상황에서 나의 개라면 어떻게 할까? 말은? 호랑이는? 그리고 (침착함의 본보기인) 굴[石花]은?" 동물우화집은 『명심보감』이 되고, 생체윤리 모방공학은 하나의 정신과학으로 격상되리라. 곤들매기 한 마리가 코르크 찌를 강바닥으로 끌고 가는 바람에 나는 백일몽에서 깨어난다. 저녁 때는 물고기 네 마리를 가지고 오두막으로 돌아온다. 그리고 그것들을 정신없이 먹어치운다. 동물들이 바로 그렇게 하기 때문이다.

6월 15일

바위를 뒤덮은 날파리떼. 그것들은 나무둥치, 절벽들에서도 줄줄 흘러내린다. 그것들은 신성한 만나이다. 동물들이 사랑을 하기 위해서 원기를 얻어야 할 필요가 있는 6월은 생명의 순환 주기에서 문제가 되는 시기이다. 5월의 깨어남과 7월의 풍요로움 사이를 어떻게 이어줄 것인가? 자연은 날파리를 준비했다. 이 불쌍한 곤충들이 먹이로 제공되는 것이다. 그것들은 결핍의 몇 주일 동안 에너지를 제공할 운명으로 태어난다. 그리고 15일 후, 책무를 완수한 뒤에 사라진다. 공동의 생물학적 이익을 위해서 희생되어, 그 짧은 생을 마감한다. 그러나 그것들은 삶을 잊지 않는다. 조금이라도 햇빛을 받으면 쉴 새 없이 움직이고, 파르르 진동하고, 교미한다. 어떤 순수한 기쁨의 전율과도 흡사한 부산스러움이다. 나는 너무도 마음에 드는 이 곤충들을 수변의 자갈 위에서 밟지 않으려고 발목을 이리 꼬고 저리 꼰다.

6월 16일

그러고 나서 모든 것이 무너져버린다. 비상용으로 가지고 왔지만 한번도 사용한 적이 없는 위성 전화에 시뻘건 단쇠보다도 고통스러운 다섯 줄의 문자 메시지가 뜬다. 사랑하는 여자가 이별을 통보했다. 그녀는 부평초같이 떠도는 남자를 더 이상 원치 않는다고 한다. 걸핏하면 달아나고, 의무를 회피하고, 결국에는 이 오두막으로 숨어버린 나는 분명 죄인이다.

얼마 전, 수년간 떨어져 있던 그녀가 돌아왔다. 그러나 나는 르포르타주를 쓰기 위해서 이 바이칼 호수로 떠나왔다. 그리고 지금 그녀가 나를 떠나가는데, 나는 여전히 이 호수 앞에 서 있다. 3시간 동안 호숫가를 방황한다. 나는 행복이 날아가도록 놓아두었다. 운명이 선물하는 아주 작은 은혜들에 끊임없이 감사기도를 드린다. 산다는 것은 다만 이런 것이 되어야 하지 않을까? 행복하다는 것은 지금 자신이 행복하다는 사실을 아는 것이다.

오후 5시, 고통이 파도처럼 밀려온다. 그 고통은 이따금 잠시 나를 쉬게도 해준다. 그럴 때면 개들에게 먹이도 주고, 심지어는 낚시도 할 수 있다. 그러나 고통은 자체의 생명을 가진 것처럼 다시 고개를 쳐든다. 존재의 잎맥들을 무겁게 채워오는 납물이라고나 할까.

잠시 꿈을 꾼다. 전나무들이 울타리처럼 둘러싼 교외의 작은 집에 개와 아내와 아이들과 함께 산다면. 소시민들은 매우 좀스럽기는 하지만, 그래도 본질적인 사실 하나는 깨달은 것이다. 어떤 최소한의 행복의 가능성을 확보해두어야 한다는 사실을 말이다.

그러나 나는 어떤가? 멍청한 오리들만이 가득한 이 동굴 속에 갇힌 채로, 오직 나의 고통만을 마주하고 지내야 한다.

1시간을 보내는 것이 사막을 건너는 일만큼이나 힘들다. 책 한 권을 펼치고 그 속에 빠져본다. 그러나 독서를 조금이라도 늦추면, 즉시 그 다섯 줄의 문자 메시지가 아우성친다.

나는 책을 덮어버리고, 개들의 털에 얼굴을 묻고 흐느껴 운다. 짐승의 털이 이렇게 눈물을 잘 흡수하는지 전에는 미처 몰랐다. 눈물은 사람의 피부에 떨어지면 미끄러져내린다. 개들은 보통 이 시간이면 사방을 뛰어다니며 논다. 오늘은 나의 이 한심한 눈물바다 아래에서, 고개를 약간 기우뚱하고는 잠잠히 있다. 지금 나의 머리통을 날려버릴 수 있는 무기라고는 섬광탄 발사총이 전부이다. 그나마 결과는 보장할 수 없다. 호숫가 바로 앞의 수면 위로 물개 한 마리가 나타난다. 나는 아내가 나를 찾아와서 미소짓는다고 생각한다. 그녀와 마지막으로 이야기할 기회를 얻어야 하리라. 우리는 살아가면서 항상 늦는다. 시간은 두 번째 기회를 주지 않는다. 삶은 단 한번으로 결정된다. 그런데 나는 삶은 팽개치고, 이 숲에 들어와서 박혀 있다.

탈진할 때까지 책을 읽는다. 외면하려고 애를 써보지만, 고통이 나의 숨을 턱턱 막히게 하고, 자리에서 벌떡벌떡 일어서게 하기 때문이다. 밤에 배의 모터 소리 같은 것이 들린다. 그러나, 내 눈이 윙윙대는 소리이다.

6월 17일

나는 내가 만든 에덴에 꼼짝없이 갇혀 있다. 하늘은 새파랗지만 또 새카맣기도 하다. 시간이란 어떻게 이처럼 한순간에 모습이 돌변할 수 있는 것일까? 그것은 어제까지만 해도 부드럽게 흘러갔다. 그런데 지금은 일초 일초가 바늘이 찌르는 것처럼 아프다.

서른일곱 살이나 먹어서는, 여자들은 왜 떠나는지를 개들에게 물어보며, 여기 호숫가에서 벌벌 기고 있는 나의 꼴이라니.

아이카와 베크가 없었다면, 나는 죽고 말았을 것이다. 오후 4시 반에서 6시 반까지, 더 이상 도끼를 들 힘이 없어질 때까지 나무를 팬다. "가장 마음이 순수한 자만이 타인으로 인해서 살인범이 될 수 있다." 짐 해리슨이 『델바』에서 한 말이다. 아픔이 다시 밀려온다. 그래도 눈물은 독서에 제압되어 감히 기어나오지 못한다. 횃불 앞에서 뒷걸음치는 영화 속의 늑대들처럼.

나는 내 인생의 배에 구멍을 뚫었고, 뱃전의 윗부분까지 물이 차올랐을 때에야 그 사실을 알았다. 질문. 지금은 7시, 어떻게 해야 8시에 이를 수 있을까? 저녁 날씨는 참 좋다. 물고기들은 숨을 쉬러 수면까지 올라온다. 녀석들이 물결에 입을 맞추자 동심원들이 퍼지고, 또 지워진다.

나는 온종일 작은 검은 수첩에 끼적인다. 고통을 잊기 위해서 뭐든 쓴다. 수첩은 추억과 일화와 생각들이 가득한 인물과도 같다. 『스토아 철학자들』을 읽어본다. 그들의 수행을 읽고 있으려니, 마음이 돌처럼 단단해지는 것이 느껴진다. 위안을 향한 첫걸음인 셈이다. 슬픔이라고는 전혀 모르는 이 숲속에 고뇌를 내던져버리고 싶다. 이곳에는 생명만이 있다. 휴식을 위해서 즐겨 찾는 고지에 올라서 쌍안경으로 내려다보니 오리들과 물개들, 그리고 곰 한 마리가 보인다. 모두가 자기 집으로 들어가면서, 이 생명의 또 하루에 마지막으로 감사인사를 건네는 시간이다.

내 몸은 고통으로 바짝 짜부라져 있다. 고압(高壓)의 슬픔은 심장부종을 초래할 수 있을까?

유일한 희망은 내일로 예정된 베르트랑 드 미올리스와 올리비에 데보의 방문이다. 이 두 화가 친구는 러시아를 방문하게 되면, 나를 찾아오겠다고 약속했던 것이다. 세르게이가 배로 그들을 데려다주기로 되어 있다. 그들의 일정(日程)의 우연에 의해서, 마침 내가 호숫가의 역청 웅덩이처럼 널브러져 있는 때에 맞추어 그들이 오게 되었다.

나는 그들에게 아무것도 말하지 않을 것이다. 눈물을 감추고, 다만 살아 있기 위해서 그들의 존재를 이용할 것이다.

6월 18일

견딜 것. 그리고 견디기 위해서 개들이 보여주는 그 무한한 견고함으로부터 힘을 길어낼 것. 자연은 또 하나의 여름의 용익권을 얻은 것에 대해서 기쁨에 넘쳐 있다. 오후 6시, 모터 소리가 나를 멍한 상태에서 끌어낸다. 남쪽에 검은 점 하나가 나타난다. 해방의 순간이다. 나는 미올리스와 데보를 은총처럼 맞아들인다. 이들이 내 죽음의 무도를 끝내주리라. 큰 파도가 일기 시작하자, 그들을 데리고 온 세르게이는 술 한잔 비우지 않고 떠난다. 나는 두 화가를 호숫가의 나무 탁자 앞에 앉힌 다음, 그들이 이르쿠츠크에서 가져온 음식물을 봉지에서 꺼낸다. 포도주, 맥주, 보드카, 그리고 단단한 치즈. 우리는 취해서 쓰러질 정도로 마신다. 알코올이 우리의 혈관을 초토화시킨다.

나의 혈관 속에 쌓인 슬픔도 싹 쓸어가주었으면.

6월 19일
행복은 한순간이다. 새벽에 잠이 깨어 잠시 기분이 좋았지만, 곧바로 의식이 돌아오면서 가슴이 꽉 멘다.

　6월 16일의 대재앙이 있고 나서, 나는 셰익스피어의 희곡 두 편, 에픽테토스의 『담화록』, 마르쿠스 아우렐리우스의 『명상록』, 조반니의 『건달들』, 그리고 체이스의 추리소설 『에바』를 읽었다. 체이스가 그리는 것은 자신의 고약한 성격이 모든 것을 말라붙게 하여 주위를 사막으로 만드는 어떤 못된 사내이다. 이 사내는 다름 아닌 나 자신이다. 마음이 산산조각으로 부서진 후, 나의 손은 어떤 신비한 움직임에 인도되어 서가에서 나에게 꼭 필요한 책들을 집어들었던 것이다. 마르쿠스 아우렐리우스도 나를 도와준다. 조반니는 내가 어땠어야 했는지를 보여주고, 체이스는 현재의 내 모습을 그려 보여준다. 책들은 정신분석보다도 더 많은 도움이 된다. 책들은 모든 것을, 삶보다도 더 잘 설명해준다. 오두막에서 고독과 혼합될 때, 책들은 완벽한 항신경성 약제가 되어준다.

　간밤에 퍼마신 보드카 때문에 모두들 몸의 상태가 말이 아니다. 오두막 마룻바닥에 뻗어서 잔 미올리스와 데보는 정오가 되어서야 겨우 일어난다. 독기를 빼내기 위해서 우리는 레드나이아 강 쪽으로 걸어가서, 우안의 절벽을 굽어보는 언덕의 풀밭에서 점심을 먹는다. 개들은 오리들을 쫓아서 달린다. 그 즐거워하는 모습이라니!

  수변에 이젤 2개를 세워놓고, 그 앞에 서서 작고 세심한 터치들로 그림을 그리는 흰 옷의 두 화가. 그들의 발밑에 엎드린 개들. 더불어 이 모든 것을 부드럽게 감싸는 시베리아 저녁의 보랏빛 대기. 매우 고전적인 분위기의 광경이 아닐 수 없다. 그들은 한 달 전부터 시베리아를 여행하며, 제정 러시아 시대 순회 화가들의 가장 순수한 전통에 따라서 "소재를 직접 보면서" 그림을 그리고 있다. 그들은 빛과 약간의 시간의 도움을 받아서 공간을 화폭에 옮기는 작업을 하고 있다. 그들이 그림을 완성해가는 동안 나는 이 일기를 쓴다. 오두막은 예술가의 아틀리에 같은 분위기를 띤다. 러시아의 농부 무지크들을 위한 메디치의 별장이라고나 할까?

6월 20일

새벽부터 나는 책상에 앉은 모습으로 포즈를 취해준다. 두 화가는 오두막 안에 이젤을 세웠다. 미올리스는 독일 음유시인처럼 생겼고, 데보는 스위스 목동을 연상시킨다. 신중하고도 꼼꼼하며, 따스한 느낌을 주는 기법을 완벽하게 구사하는 데보는 그리는 그림마다 실패하는 법이 없다. 반면 미올리스는 조금 들쑥날쑥하여, 이따금 그림을 망치기도 하지만, 또 어떤 때는 굉장한 보물을 만들어내기도 한다. 오늘 아침, 두 화가는 심장이 산산조각 나 있는 한 남자를 그린다. 감정을 숨기는 것은 그리 어려운 일이 아니다. 제정 러시아 시대에 관리들은 시골에 "포템킨 마을"이라는 가짜 마을들을 만들었다. 급조하여 겉만 번지르르하게 칠한 외관 뒤에는 허물어져가는 오두막들이 숨어 있었다. 자신의 영토를 시찰하는 중이었던 차르는 이 무대배경과도 같은 껍데기만을 보고 흡족한 마음으로 황궁에 돌아갔다.

쾌활한 미올리스와 온화한 데보와 함께 있으니, 마음이 한결 가벼워진다. 그들이 아니었다면, 슬픔이 나를 삼켜버렸으리라.

그들은 오두막과 개들과 수변을 하루에 다 그린다. 이곳의 아름다움을 어떻게 한 장의 화폭에 담을 수 있을까? 그렇게 할 수 있다고 주장한다면, 열 단어의 아포리즘으로 그럴 수 있다고 주장하는 것만큼이나 뻔뻔스러운 일일 것이다.

6월 21일
오늘 아침, 뭍에서 멀리 떨어진 곳에 커다란 배 한 척이 지나간다. 10분 뒤에는 항적(航跡)이 일으킨 물결이 모래톱에 와닿고, 나는 이 물결을 나의 순결한 영토에 대한 세계의 불쾌한 침범으로 받아들인다.

화가들은 기러기떼가 날아가는 하늘의 미묘한 빛들을 포착하며 하루를 보낸다. 그들 앞에 세워진 이젤은 하나의 창문인 셈이며, 그 창문의 전망을 만들어내는 것은 그들의 몫이다.

나는 허물어진 언덕의 꼭대기에 개들과 함께 올라간다. 그 위에서 녀석들은 호수를 물끄러미 바라본다. 닷새 전 이 작은 녀석들이 발을 내밀어 익사 직전의 나를 구해주었다.

저녁 때는 낚시를 한다. 데보는 사람 셋과 개 둘의 저녁식사를 마련하기 위해서 물고기를 잡는다. 곳의 커다란 물푸레나무 아래, 물 위로 구부정하게 몸을 구부린 그의 실루엣이 보인다. 산비탈 위의 빛은 내려가고 싶지 않은 듯, 절벽 끝에 매달린다. 낚싯대 끝에 은빛이 퍼덕거린다. 호수가 그의 과일을 놓아주고 있다. 글쓰기, 그리기, 고기잡기. 시간에 경의를 표하는 세 가지의 방식이다.

6월 22일
꽃가루가 호수에 내려앉아, 연안을 샛노란 띠로 길게 두른다. 수면에는 죽은 나비들이 떠다닌다. 물개들은 끊임없이 물속에서 솟구쳐올라 기슭을 응시한다. 그들은 세상이 여전히 제자리에 붙어 있는지를 살피고, 심연을 선택한 자신들의 선택이 옳았음을 다시 한번 확인한다.

   아무 소리도 없다. 이따금 나비 한 마리가 팔랑일 뿐, 정말로 아무런 소리가 없다.

   "정적은 신성한 고독의 자랑이다."(『랑세의 생애』)

   미올리스와 데보는 계속 그림을 그려낸다. 그림, 이 장소의 정령에게 잘 어울리는 제물들이다. 그림은 사진보다 무한히 우월하다. 사진은 시간의 흐름 속에서 정확한 한 점을 스냅 사진으로 떼어내, 그것을 채집한 곤충처럼 평판(平版) 위에 박아놓는다. 원시부족들이 사진을 일종의 도둑질로 간주한 것은 일리가 있었다. 그림은 감상자의 감은 눈꺼풀 속에서 오랫동안 살아 있을, 어떤 순간에 대한 하나의 역사적 해석을 제안한다. 그림은 시간의 흐름을 중단시키지 않는다. 그림은 그 제작과정 자체가 유동적이며, 구성 자체도 긴 시간적 간격 속에 펼쳐져 있다.

6월 23일
새벽이 되기 직전, 우리는 모래톱을 따라서 걷는 6시간의 행군을 시작한다.

미올리스와 데보는 이르쿠츠크로 돌아가는데, 오두막에서 25킬로미터 떨어진 자바로트노에에서 오늘 아침 출항하는 배의 선원들이 그들을 태워주기로 약속한 것이다. 우리를 짓누르는 거대한 배낭들 각각은 25킬로그램에 달하는, 구아슈 물감 튜브, 로션, 러시아 미술사전 등으로 채워졌고, 그 위에는 이젤을 올려놓았다. 중앙의 삼나무 숲의 곶을 지나면서, 우리는 은둔자의 유령에게 인사를 건넨다. 폐허가 된 오두막 옆의 연못 가까이에서는 곰의 사체 하나를 발견한다. 남쪽 삼나무 숲의 곶의 그 거대한 물푸레나무에는 생명이 흘러넘치는 개미집 하나가 등을 기대고 있다. 흑기러기들이 모가지가 빠져라고 북쪽을 향해서 날아간다. 나는 V. E.에게서 들은 지질학자들의 길을 찾느라고 공연히 시간을 허비한다. 그 길은 호수를 굽어보는 150미터 높이의 절벽을 따라서 이어지는데, 그 좁은 오솔길이 온통 어린 나무들로 막혀 있어서 호숫가의 자갈밭보다 더 걷기가 힘들다.

자바로트노에에서 미올리스와 데보는 기지에 도착하기 1시간 전부터 디젤 엔진을 예열하는 소리가 들리던 배에 뛰어올랐다. 우리는 제대로 악수를 나눌 시간조차 없었다. 나는 이런 식의 출발을 좋아한다. 꼭 어떤 추락 같다.

저녁에는 세르게이, 슬픈 눈의 유리, 그리고 손가락이 잘린 사샤가 배로 자바로트노에에 찾아온다. 우리는 훈제생선, 모캐의 간, 야생양파를 곁들인 캐비아, 구운 사슴고기 등으로 향연을 준비한다. 사샤는 우리에게 집에서 만든 독주를 부어준다. 러시아인들이 술잔을 비우고 큼직한 고기조각을 집어드는 모습에서는 모든 상업적 사슬에서 벗어난 사람들의 자부심이 느껴진다. 그들은 모든 물품을 숲의 자원에서 얻는다. 필요한 것을 숲에서 얻으며 살 때 행복이 보장된다. 이 사람들은 조상의 전통들에 연결되어 있으면서도, 실제적인 삶에서는 자율적이다. 신과 영주들과의 끈을 잘랐지만, 먹고 이동하고 몸을 따뜻하게 하기 위해서 도시와 다양한 용역들에 의존하는 자유사상가들과 대척점에 있다고 할 수 있다. 어느 쪽이 옳은가? 자신의 영혼은 신에게 맡기지만, 상점에는 들어가는 법이 없는 자급자족적인 제정시대의 러시아 농부들? 아니면 모든 정신적 굴레는 벗어던졌지만, 시스템의 젖꼭지에 매달려야 하고 사회적 삶이 내리는 명령들에 굴복하지 않을 수 없는 무신론자들인 현대인? 신을 죽이고 세상의 입법자들에게 무릎을 꿇어야 할 것인가, 아니면 정령들을 두려워하면서 숲에서 자유롭게 살아야 할 것인가? 실제적이고 물질적인 자율성도 정신적이고 지적인 자율성만큼이나 고귀한 것이다. 토크빌은 『미국 민주주의론』의 "민주국가들이 두려워해야 할 종류의 독재정치"의 문제를 다룬 장에서, "우리는 특히 세부적인 것들에서 사람들을 예속하는 것이 위험하다는 사실을 잊는다. 내 개인적으로는, 큰 일들보다는 오히려 작은 일들에서 자유가 더 필요하다고 생각한다"고 쓰고 있다. 오늘 저녁, 타이가의 사내들과 술잔을 비우며, 나는 나의 진영을 선택한다. 나는 신들과 영주들과 짐승들의 편이며, 형법에는 반대한다!

세르게이가 느닷없이 선언한다. "당신을 집에 데려다주겠어요!" 그리고 우리는 러시아 사람들이 장기로 삼는 그 일을 시작한다. 건배를 한 잔 한 다음, 천막을 급히 걷고, 배낭들을 배에 던져넣고, 아무데로나 전속력으로 달려가기. 바람이 얼굴을 후려치고, 세상이 좌우로 기우뚱대고, 이 길 끝에 뭔가 새로운 것이 기다리고 있다는 희망만을 남기고 모든 것을 날려버리는 취기가 느껴지는 한, 아무데로나.

명상을 위한 장소로는 안개에 덮인 호수 위를 떠가는 배만 한 것이 없다. 이따금 절벽 하나가 안개의 장막을 찢고 가까스로 모습을 드러낸다. 기슭의 여기저기가 잠시 나타났다가 다시 베일에 감싸인다. 나는 시위(示威)를 몹시 싫어한다. 아름다움의 시위만 빼고. 이 항해는 사고과정과도 비슷하다. 정신은 뿌연 안개 속을 헤매는데, 갑자기 터진 틈이 하나 나타나며 뭔가가 보인다. 그때까지는 어렴풋한 공간 속을 떠다니지만, 잠시 안개가 걷히며 마침내 그 막연한 그림자들을 명명할 수 있게 되는 것이다.

세르게이는 엔진을 정지시키고, 우리는 축축한 정적 속에서 다시 한잔 한다. 몇 시간 전부터 술을 들이켜서 모두들 몸을 가누기가 힘들 정도이다. 그러나 술 취한 선장이 안개 속에서 몰고 가는 배 위에서 어지러이 널린 양철통과 그물 위를 뒹굴며 담배를 피우고 있으려니, 마음이 다시 가라앉는다. 아내까지 잃었으니, 더 이상 잃을 것이 없지 않는가? 불행은 닻줄을 풀어버린다. 행복은 평정을 방해하는 족쇄이다. 지금 이 순간 행복하니, 행복을 잃는 것이 더 이상 두렵지 않다.

6월 24일

하지절을 기념하여 하늘은 기막히게 멋진 광경을 펼쳐준다. 푄(föhn) 구름들이 능선 쪽으로 말려올라가고, 모자처럼 산봉우리들을 덮고, 남세스러운 동물들의 사랑의 행위를 가려주고 싶은 듯 손처럼 살그머니 숲을 덮는다.

나는 해먹에 누워서 구름의 형태들을 연구한다. 관조, 그것은 약은 사람들이 자신의 게으름에 갖다붙이는 이름이다. "활동적인 사회 안에서 만인이 제자리를 찾기"를 원하는 근엄한 사람들의 눈에 게으름을 정당화하기 위해서.

6월 25일

하늘을 바라보며 또 하루를 보낸다. 금가루처럼 퍼지는 햇빛 속에서 곤충떼가 구름처럼 날아간다. 그리고 얼마 후에는 연어색 빛깔의 달이 밤의 흐름을 거슬러올라가서 구름의 요람 속에

흉물스러운 알을 하나 낳는다. 간단히 표현하면, 핏빛 보름달이 떴다는 말이다.

6월 26일

익사한 나비떼의 애처로운 광경. 수백 마리의 나비들이 호수면에 떠 있다. 아직 숨이 붙어서 날개를 퍼덕이는 녀석들도 있다. 나는 카약을 구명 보트로 둔갑시켜서, 그 곤충들을 한 마리 한 마리 조심스럽게 건져올린다. 장렬히 산화한 가련한 하늘의 꽃들. 얼마 되지 않아서 나비 서른 마리가 나의 파란 배를 장식해준다. 나는 막시류를 구하는 방주(方舟)의 조타수인 셈이다.

6월 27일

바람을 등에 받으며 옐로신으로 간다. 하늘은 폭풍의 조짐을 보이며, 화창한 날씨에 대한 희망을 날려버린다. 옐로신은 음산한 기지의 모습으로 돌아와 있다. 나는 자연보호구역 감시인 미하일 히폴리토프와 약속이 있다. 그는 능선 너머로 걸어서 하루 걸리는 곳에 위치한 한 오두막에 점검을 나가는데, 그곳에 나를 데려가주겠다고 약속했던 것이다. 정오. 강풍이 몰아치는 가운데 25킬로그램(보드카와 통조림의 무게이다)에 달하는 배낭을 짊어진 나는 타이가를 속보로 걷는 히폴리토프를 따라가느라고 애를 먹는다.

우리는 옐로신 곶 위쪽의, 숲이 우거진 비탈을 오른다. 히폴리토프는 대포알처럼 튀어나갔다가 걸음을 늦추고는 '잠시 휴식!'을 외친 다음, 다시 일어나서 튀어나가기를 반복한 끝에, 결국 나보다 200미터를 앞선 저 아래에 가 있다. 고개 아래의 해발 1,300미터 지점, 돌풍에 실린 비가 거세게 퍼붓자 나의 친구는 차 한잔을 하기로 결정한다. 상황은 매우 러시아적으로 변한다. 휘몰아치는 강풍 속, 소나무 가지 아래에 몸을 눕힌 우리는 기왓장 같은 편암들을 세워놓고 그 사이에다가 불을 피운 뒤에 올려놓은 반 리터의 물이 끓기만을 기다린다.

능선에는 흑연질(黑鉛質)의 경사지로, 말 안장 모양의 고개가 두 군데 있고, 그곳을 지나면 질퍽한 고원에 이른다. 강풍이 더욱 심해지고, 우리는 거센 우박비가 지나갈 때까지 커다란 바위 뒤에 몸을 숨긴다. 몇 킬로미터씩 이어지는 푹신한 이끼 위를 걷는 일은 참으로 관능적이다. 초식동물로 살면 어떨까 하는 생각이 든다. 자고새들이 우리의 발걸음에 놀라서 푸드득 날개를 친다. 수세기에 걸쳐 바람이 무고소나무들에게 구불구불한 형태를 부여했다. 늪 지대의 식물들에게는 하늘로 치솟으려는 힘보다 중력의 법칙이 더 강하게 작용한다. 우리가 건너고 있는 골짜기에는 천년 된 삼나무 한 그루가 그 웅자(雄姿)를 펼치고 있다. 세계를 정복한 몽골 기병들의 시대도 겪은 나무이다. 전나무 숲, 수정같이 맑은 시내, 곤충이 들끓는 언덕, 그리고 장화가 푹푹 빠지는 진창을 지난다.

북위 54°36.106' 동경 108°34.491', 자연보호구역의 경계선이 지나는 지점에 히폴리토프의 오두막이 나타난다. 가로세로 각각 3미터로, 2년 전에 지은 이 대피소는 강이 구불구불 흐르는 어느 골짜기의 경사면에 위치해 있다. 저 앞쪽으로는 수지류 수목들이 삐죽삐죽 자라난 원추형의 산 하나가 우뚝 서 있다. 대황과 야생양파, 그리고 곰파 등이 무성히 자라고 있다. 오두막 경비는 구름처럼 왱왱대는 모기떼가 책임지고 있고. 내가 정말 좋아하는 장소들 중 하나이다. 저녁놀마저도 측은한 마음에서인지 다른 곳보다 더 부드럽게 내려앉는 이 오지.

   미하일은 예우를 다해서 나를 대접한다. 마요네즈로 버무린 산채 샐러드와 돼지기름 수프에 페퍼 보드카를 내온다. 나는 배낭에서 3리터들이 맥주를 꺼내고, 김빠지는 소리가 채 가시기도 전에 우리 둘은 단숨에 그것을 비워버린다.

6월 28일

우리가 다시 거슬러오르는 계곡은 온갖 수목으로 뒤덮여 있다. 우리는 비틀비틀 나아간다. 술집에서 나와서 작심하고 고개 하나를 넘는 두 주정뱅이의 몰골이다. 한 걸음 내딛을 때마다 돌무더기가 무너져내리고, 뒤얽힌 나무뿌리에 발이 걸리고, 웅덩이에 빠진다. 저 아래로 강이 무심히 흐른다. 레나 강을 거쳐서 북극해에까지 이르려면 꽤 먼 길을 가야 하리라. 해발 1,200미터, 숲이 바위를 가리는 임무를 무고소나무에게 넘긴다. 그리고 우리는 그 어떤 일이 있어도 ── 전쟁에도, 집단 이주에도 ── 티타임만큼은 거르지 않는 러시아의 원칙에 따라서, 물기 먹은 잔가지 몇 개에 불을 붙이느라고 1시간 동안 공을 들인다. 그리고 비 내리는 어느 구덩이 안에 몸을 눕히고, 미지근한 물을 홀짝거리며 유쾌한 대화를 나눈다.

"당신 책은 외국어로 번역되었나요?"

"어떤 것들은요."

"어느 나라 언어로?"

"핀란드어, 이탈리아어, 독일어."

"러시아어는?"

"없어요."

"당연하죠. 우리는 아직 원시인이니까요."

곳곳에서 진달래가 길을 막는다. 지나가기 위해서는 그 꽃이 만발한 덤불들을 뚫고 들어가야만 한다. 그갯마루에는 조그만 늪 하나가 고여 있다. 빗줄기가 한층 더 굵어진다. 히폴리토프는 오두막으로 돌아가자고 제안하지만, 나는 저 수초 같은 숲으로 다시 들어가서 하루 종일 축축한 침낭 속에서 뒹굴고 싶은 생각이 없다. 산비탈을 기어올라가니 "고지(高地) 툰드라"로 덮인 고원이 하나 펼쳐진다. 이곳의 이끼는 양탄자보다도 더 보드랍다. 만년설 주변에서 풀을 뜯는 야생순록 네 마리를 발견한 우리는 코만치 족의 방식으로 우회접근을 시도한다. 그렇게 짐승들에게서 100여 미터 떨어진 진달래 덤불 뒤에 숨어 있던 우리는 거기에 우리만 있는 것이 아니라는 사실을 알아챈다. 갈색 곰 한 마리가 순록들에게 접근하고 있다. 녀석은 우리를 보더니, 돌같이 굳는다. 식사 시간의 곰과 경쟁하고 있다는 몹시 기분 나쁜 느낌이 스친다. 나는 섬광탄의 안전핀을 뽑고, 히폴리토프는 그의 7.62미리 구경 장총을 장전한다. 노리쇠가

철컥 하는 소리에 즐겁게 놀고 있던 순록들이 깜짝 놀란다. 곰은 분명 우리에게 욕설을 퍼붓고 있겠지만, 어떤 행동을 취하지는 않는다. 녀석이 갑자기 두 발로 벌떡 일어선다. 녀석이 쳐들어올 것인지, 아니면 돌아갈 것인지를 알기 위해서는 몇 초를 기다려야 한다. 다행히 오늘은 발포할 필요가 없다. 우리는 도망가는 녀석의 모피가 부드럽게 출렁이는 것을 덤불 너머로 오랫동안 응시한다.

2시간 동안 걸은 끝에, 어제 따라내려왔던 지류와 만난다. 히폴리토프에게는 계획이 하나 있다. 1년 전에 그는 주철난로 하나를 거기에 두었는데, 내가 그것을 오두막까지 올려주었으면 한단다. 나는 그 부탁을 들어주기 위해서 2시간 동안 산중 장애물경기를 벌여야 한다. 등에 짊어진 30킬로그램의 주철난로의 아래쪽 두 모서리는 등짝을 후벼대고, 위쪽 두 모서리는 나뭇가지들에 걸려대서 한 걸음씩 내딛을 때마다 건강에 매우 좋은 차가운 물방울이 홍수처럼 쏟아진다. 이런 내 꼴은 가죽 트렁크, 마호가니 전축, 그리고 장교들의 목욕을 위한 욕조 등 기상천외한 물건들을 잔뜩 짊어지고 네팔의 밀림 속을 누비는 히말라야의 짐꾼들과도 비슷할 것 같다.

6월 29일

내가 어느 날 저 우주공간에 떠 있는 우주선에 보내진다면, 하루 종일 동료와 나란히 누워서 보내야 하는 그 지루한 시간을 바로 오늘과 연결짓게 되지 않을까? 나는 키르케고르의 『죽음에 이르는 병』을 가지고 왔는데, 이렇게 비 오는 날에 오두막에 박혀 있어야 하는 사람에게는 절대로 권하고 싶지 않은 책이다. 히폴리토프의 소형 라디오는 제2차 세계대전에 대한 정보들과 러시아 민속음악들을 끊임없이 토해낸다. 비가 내린다. 이놈의 하늘은 왜 이렇게 상상력이 부족할까?

"미하일."

"왜요?"

"우린 운이 없군요. 이렇게 줄창 비만 쏟아지니."

"덕분에 모기가 줄었잖아요."

"아, 그렇군요."

읽을 책을 가져오는 것을 잊은 히폴리토프는 천장만 뚫어지게 노려본다. 그렇게 노려보고 있으면, 거기에서 아름다운 무늬들이 몽실몽실 피어나기라도 하는 것일까? 오후 4시, 마치 어떤 갑작스러운 행동의 열기에 사로잡힌 사람들처럼 우리는 벌떡 일어나서 옛 난로를 새 주철난로로 바꾼다. 그런 다음, 주철난로가 발산하는 훈훈한 공기 속에서 그 "최초의 연기"를 기념해야 하는 이곳 전통에 따라서 보드카를 세 잔씩 마신다.

6시, 비가 이슬비로 바뀌자 우리는 골짜기의 동쪽을 막고 있는 피라미드 모양의 산을 오르기 위해서 오두막을 나선다. 그렇게 걷기 시작하는 순간, 빗방울이 다시 굵어진다. 나뭇가지에서 커튼처럼 늘어진 이끼는 액질의 베일로 바뀐다. 발밑의 이끼는 우리의 장화를 꿀떡꿀떡 삼킨다. 모기들이 날 수 있는 공간조차 없다. 300년 된 삼나무들로 뒤덮인 300미터 높이의 피라미드 산을 오르는 데에 1시간이 걸린다. 나무들은 폐허처럼 보인다. 곰이 살다가 버리고 간 동굴 주변에 피어난 야생 난의 방울 모양의 자주빛 꽃부리들이 이 쓸쓸한 세계에 약간의 즐거움을 선물한다.

밤중에 생쥐 한 마리가 침낭에 들어오는 통에 잠이 깼다. 거미보다는 덜 끔찍하지만, 키로프 발레단의 무희보다는 훨씬 더 불쾌하다.

6월 30일

이르쿠츠크의 거리에서, 사람들은 히폴리토프를 규칙적인 생활을 영위하는 희끗희끗한 머리칼의 평범한 가장으로 여길 것이다. 그러나 그는 110킬로미터의 선을 따라서 배치된 여섯 군데의 오두막들을 전전하며, 1년에 여섯 달을 숲에서 지내는 사람이다. 또 그는 도시생활은 숲에서의 삶에 대한 하나의 간주곡에 불과해야 한다는 러시아인들의 확신을 공유하고 있기도 하다.

우리는 귀로에 오른다. 비는 여전히 내린다. 추워서 바짝 얼어붙은 관목들은 태국을 꿈꾸고 있는 것 같다. 후드 속에 머리를 잔뜩 움츠린 나는 프로방스의 그 냄새 좋은 석회암들 사이로 산을 등반하던 때가 생각난다. 빗속을 걷노라면 오만가지 추억들이 피어오른다.

열대의 정글에서는 열기와 습기 덕분에 생명이 터질 듯이 번성한다. 그러나 타이가에서의 생장은 이런 생물학적 인큐베이터의 조건들을 누리지 못한다. 열대의 정글이 쉬지 않고 생산한다면, 타이가는 보존한다. 식물의 생장은 느리지만 부패 또한 더디게 이루어져서, 숲속은 열대지방에서만큼 빨리 청소되지 않는다. 시베리아 삼나무는 썩는 데에 여러 해가 걸린다. 열대의 정글에서나 타이가에서나 식물의 카오스가 대지에 어지럽게 쌓이는 것은 마찬가지이지만, 저쪽에서 그것이 넘쳐남의 결과라면, 여기에서 그것은 바이오스태시스(생명정지)의 결과이다. 한대의 밀림은 식물의 박물관이고, 열대의 정글은 엽록소의 실험실이다.

옐로신에 도착한 나는 개들과 재회하고, 볼로댜, 이리나, 히폴리토프와 함께 곤들매기 알을 곁들인 블리니스 빵을 먹는다. 늘 그렇듯이 캐비아는 충분하지 않고, 보드카는 너무 많다.

그러고 나서 커피 같은 호수물에 수저를 저어서 씻은 뒤에 나는 오두막으로 도망치듯이 돌아온다.

7월

평화

7월 1일

물고기를 잡으며 하루를 보낸다. 호수에서 먹이를 공급받는 어식성(魚食性) 인간은 정신생리학적 변화를 겪는다. 그의 세포는 인(燐)으로 채워지고, 성격은 물고기의 정수로 정화된다. 혈기와 힘이 줄어드는 대신, 보다 침착해지고 과묵해지고 능란해지고 교묘해지고 신중해진다.

나는 곤들매기 여덟 마리를 잡았다. 녀석들은 뭔가 금지된 것이라도 본 것처럼 눈빛이 새하얗게 질려 있다.

아이카와 베크가 물고기 세 마리를 훔쳐 달아난다. 더 이상 녀석들을 꾸짖을 힘조차 없다. 저 녀석들이 내 자식들이었다면, 분명 사고뭉치가 되었으리라.

7월 2일

사방이 곤충들 천지이다. 여명이 나타날 때부터 왱왱거리는 소리가 일기 시작하여, 밤이 되어서야 수그러든다. 풍뎅이들은 오두막 들보를 기어오르고, 하늘소들은 선반을 점령했다. 그 섬뜩한 눈깔이 꿈에 볼까 무서운 등에들은 개들을 괴롭힌다. 곤충들이 석탄기시대에서처럼 무게가 5-6킬로그램씩 나간다면, 인간들은 따끔한 맛을 보았을 텐데 말이다.

7월 3일
봄은 물의 석방령을 공포한다.

　폭포가 풀려난다.

　물은 높이 50미터에 달하는 암벽 위에 난 조그만 틈을 빠져나와서, 새하얀 실타래들로 편암 덩어리들을 덮는다. 나는 암벽 아래로부터 꼭대기까지 비스듬하게 가로지르는 협로를 마치 곡예하듯이 기어오른 끝에, 마침내 폭포의 머리 부분에 다다른다. 수정같이 맑은 물이 아득한 절벽 아래로 떨어져내리는 광경은 보기만 해도 현기증이 인다. 폭포들이 이렇게 산꼭대기에서 아래로 몸을 던지는 것은 혹시 절망했기 때문일까?

　저녁에는 개들이 서로 싸운다. 그 억센 이빨을 칼처럼 휘두르며 결투를 벌인다. 이 수변은 사람을 도취시킨다. 사무라이들의 결투를 구경하기에, 어떤 단어를 찾기 위해서 서성거리기에, 혹은 시 한 편을 낭송하기에 이보다 더 좋은 장소가 있을까? 나는 드넓은 호수를 바라보는 숲의 언저리, 호수 속 1,500미터 깊이에 뿌리를 박고 해발 2,000미터까지 치솟아 하늘에 닿는 지질학적 급경사면의 한 점에서 살고 있다. 오두막은 공간들이 서로 맞닿는 지점에 있다.

7월 4일

내가 누리는 사치? 그것은 매일, 내 욕망의 처분만을 기다리며 펼쳐지는 24시간이다. 시간들은 나를 섬기기 위해서 햇빛 속에서 일어서는 순백의 처녀들이다. 만일 내가 이틀 동안 침대에 뒹굴며 소설책 한 권을 읽고 싶다면, 누가 그것을 막을 수 있을까? 또 땅거미가 질 때 숲속에 들어가보고 싶은 생각이 든다면, 누가 그것을 말릴 수 있을까? 숲속의 고독한 인간에게는 사랑의 대상이 둘 있으니, 하나는 시간이고, 다른 하나는 공간이다. 첫 번째 것은 그가 마음대로 채울 수 있고, 두 번째 것은 그가 이 세상 누구보다 잘 안다.

사회란 무엇인가? 우리가 탄 배의 키에 압력을 가하여 우리가 원하는 곳으로 가지 못하게 하는 외부의 흐름들 전체를 일컫는 말이다.

나는 뜨거운 햇살 아래(무려 섭씨 22도!), 해먹에 누워 있다. 수변에서 글을 쓰면 개들이 천천히 다가와 내 발치에 엎드린다. 아일랜드의 어느 성관(城館), 책 읽는 여인의 발치에서 쉬고 있는 사냥개의 바이칼 버전이라고 할 수 있으리라.

점점이 일렁이는 돛배들이 이리 오라고 손짓을 한다.

7월 5일

곤충들은 기온이 조금만 높아져도 지진계처럼 민감하게 반응한다. 섭씨 3도가 되자마자 녀석들은 수백만 마리씩 알을 깨고 나와서 미친 듯한 날갯짓으로 공기를 휘젓는다. 하늘소들의 교미. 더듬이들이 서로를 스치는가 싶더니, 곤충들은 석상처럼 꼼짝하지 않고 사랑을 나눈다. 혹시 어떤 슬로베니아 곤충학자 아가씨가 이 현상을 연구하러 이곳을 방문할 의향이 있다면, 나는 반대할 생각이 전혀 없다. 오리들은 안정된 중산층 부부들을 연상시킨다. 녀석들은 말쑥한 옷차림으로 둘씩 짝을 이루어 물 위를 미끄러지면서 다른 커플들에게 가볍게 목례를 건넨다.

숲속의 빈터에서부터 물가에 이르기까지, 내가 매일 밟으며 지나는 세계는 보물들을 숨기고 있다. 수풀 속에서, 모래 아래에서 수많은 군대들이 저마다 열심히 뭔가를 하고 있다. 그 병사들은 하나하나가 보석이다. 모두가 매끈한 갑옷, 금빛 갑각, 공작석 무늬의 사슬 갑옷 혹은 줄무늬 제복을 걸친 모습이다. 북쪽 삼나무 숲에 가면 나도 모르는 사이에 이 패물들, 브릴리언트들(58면으로 가공한 다이아몬드/역주), 카메오들을 밟게 된다. 어떤 녀석들은 화덕에서 꺼낸 브로치나 칠보 장식품에 생명을 부여하기 위해서 파우스트적 연금술사와 거래한 어느 유겐트슈틸(Jugendstill : 1890-20세기 초 독일, 오스트리아 등에서 일어난 유려한 양식의 건축, 디자인, 공예 운동/역주) 보석 세공인의 상상력에서 나온 듯한 모양을 하고 있다.

곤충들에 대한 고찰은 우리에게 기쁨을 안겨준다. 무한히 작은 것에 대한 열정어린 관심은 무한히 범용한 삶을 방지해준다. 곤충을 사랑하는 사람에게는 조그만 물웅덩이가 탕가니카 호수가 되고, 모래 한 무더기가 타클라마칸 사막이 되며, 덤불 하나가 마토그로소의 아마존 정글이 된다. 곤충의 자리 안으로 들어가는 것, 그것은 마침내 풀들에게 한 세계의 차원을 부여하는 것이다.

7월 6일
호수가 기름처럼 잔잔할 때는 수면에 비친 그림자가 너무도 깨끗하여 풍경의 표면과 이면이 서로 혼동될 정도이다. 수정처럼 맑은 공기 덕에, 노 젓는 소리는 숲에까지 메아리친다. 물그림자는 이미지의 메아리이고, 메아리는 소리의 이미지이다.
　나는 3킬로그램짜리 곤들매기를 낚는다. 그리고 모닥불 가까이에서 바슐라르를 읽는다. 아시아 판화의 그것과도 같은 안개가 "모호함처럼 아름답고, 꿈처럼 유동적이며, 사랑처럼 달아나는"(『불의 정신분석』) 호수 기슭에 몰려든다.

7월 7일
불면의 밤. 후회스럽고 의기소침한 사념들이 미친 듯이 춤을 추며 머릿속에서 마녀들의 집회를 벌인다. 새벽 4시 반에 태양이 돌아오자, 빛은 박쥐들을 내쫓고 나는 마침내 잠을 이룬다.
　피로 때문일까? 정오에 일어나자, 어떤 부드러운 몽롱함 속에 둥둥 떠 있는 기분이다. 더없는 행복의 예감. 오늘 하루, 새로운 일은 아무것도 없으리라. 찾아올 사람도 없고, 꼭 마쳐야 할 일도 없으며, 만족시켜야 할 욕구도, 찾아가서 인사를 해야 할 사람도 없다. 기껏해야 오후 6시 반에 나타나는 물개나 참솜깃오리 편대에게 저녁인사를 건네는 정도?

오두막은 사이드스텝의 장소이다. 반드시 모든 것에 대응해야 할 필요가 없는 공백의 피난처이다. 질문들에 대답해야 할 의무에서 해방된 이 나날의 편안함을 어떻게 측량할 수 있을까? 나는 이제 대화라는 것이 얼마나 공격적인 것인가를 분명히 깨닫게 되었다. 누군가가 당신에게 관심이 있다고 주장하면서 정적의 분위기를 깨뜨리며 시간의 기슭으로 침입해서 자기가 묻는 것에 대답하라고 독촉한다. 모든 대화는 하나의 싸움이다.

니체는 『이 사람을 보라』에서 이렇게 썼다. "우연한 요소, 즉 외부적 자극은 최대한 피해야 한다. 자신의 성 안에 갇힌다는 것은 어떤 의미에서는 기본적인 본능적 지혜에, 지적인 임신에 속하는 일이다. 그런데 왜 어떤 외부의 생각이 은밀히 나의 성벽을 기어오르도록 두어야 하는가?" 좀더 뒤로 가면, 무념무상의 상태를 예찬하는 이런 구절이 나온다. "나는 내 미래 —— 아주 드넓은 미래이다 —— 를 어떤 잔잔한 바다의 모습으로 그린다. 그 어떤 바람도 수면에 파문을 일으키지 않는 지극히 평온한 바다 말이다. 나는 사물들이 지금의 모습과 달라지기를 결코 원하지 않는다. 나 또한 다른 존재가 되고 싶지 않다."

어떤 기묘한 신비에 의해서, 나는 최대한의 자유를 획득한 바로 그 순간에 모든 욕망을 벗어나게 되었다. 마음속에 호숫가의 풍경들만이 펼쳐지는 것이 느껴진다. 내 안에서 늙은 중국인이 잠에서 깨어났다.

7월 8일

저녁 때, 나는 물가에 모닥불을 피우고 그 위에 물고기를 굽는다.

저녁은 스러지는 한바탕의 꿈이다. 저녁 8시경이면 낭만적 몽상의 모든 요소들이 눈앞에 펼쳐진다. 잔잔한 호수, 찢어진 천조각들 같은 안개, 파스텔톤의 대기에 가끔씩 이는 바람, 유유히 날아서 둥지로 돌아가는 새들. 자연은 키치에 근접하되, 거기에 완전히 빠지지는 않는다.

오늘은 책들을 내려놓는다. 『이 사람을 보라』에서 니체가 한 경고의 말이 가슴에 와닿은 것이다. "나는 내 눈으로 직접 보았다. 재능 있고 풍부하며 자유로운 천성을 가진 사람들이 독서 때문에 나이 서른에, 문지르기만 하면 불똥들을, 다시 말해서 '생각들'을 일으키는 단순한 성냥개비로 전락하는 모습을." 강박적인 독서는 깨달음의 빈터를 찾아서 명상의 숲속을 헤치고 들어가야 하는 수고를 면하게 해준다. 그럴 때 우리는 책을 계속 읽어나가더라도, 이미 우리 안에 익어가는 직관적 생각들이 책 안에서 모종의 형태로 표현되어 있음을 확인하는 것으로 만족할 뿐이다. 독서는 자신 안에 떠다니는 생각들의 표현을 발견하는 행위로 환원되거나, 서로 다른 작가들의 작품들 사이에서 상응관계를 찾는 행위에 그친다.

니체는 "참조하지 않으면" 스스로 사고하지 못하는 지친 정신들을 묘사한다. 이런 굴들을 깨울 수 있는 것은 오직 레몬즙뿐이다.

이것이 바로 모든 전거(典據)에서 해방된 시각으로 세계를 보는 사람들이 찬연하게 빛나는 이유이다. 이런 사람들과 사물의 본질 사이에서는 독서의 기억이 스크린으로 작용하지 않는다.

　나와 가까운 사람들 중에 자기가 읽은 것을 잊을 줄 아는 여자가 있었다. 그녀는 모든 형태의 생명체에 대해서 신앙에 가까운 존중심을 품었다. 우리는 함께 카마르그(프랑스 남부의 습지대/역주)를 횡단하곤 했다. 둘이서 염수 늪 지대와 운하, 석호 등을 노를 저어 건넜다. 홍학 무리는 노을빛 깃털을 펄럭이며 날아올랐다. 저녁에 야영을 할 때면 모기떼가 구름처럼 몰려왔다. 나는 놈들을 짓눌러 죽이거나 살충제로 폭격을 가했다. 여자는 말했다. "난 녀석들이 좋아. 물기는 하지만, 저들도 먹어야 하지 않겠어? 게다가 녀석들 때문에 이 지역이 인간들로부터 보호되어 다른 동물들이 평화롭게 살 수 있는 거야." 아내는 22일 전에 나를 떠났다.

　저녁이 되자, 나의 친구 토마 구아크와 베르나르 에르만이 세르게이의 배를 타고 내가 사는 기슭을 찾아왔다. 북쪽 삼나무 숲의 전통에 따라서, 우리는 파묻은 사랑과 되찾은 우정의 영광을 위해서 수변에서 술을 진탕 퍼마신다. 구아크는 어떤 잡지를 위해서 이곳에 와 있다. 에르만은 선(禪) 수행자로서 지난 수십 년 동안 해온 일, 즉 세계의 살갗에 비친 빛의 다양한 뉘앙스를 관조하기 위해서 이곳에 왔다. 하얀 면 재킷과 뿔테 안경 차림의 그는 대영제국 인도 주둔군의 대령과도 비슷하다. 또 금빛수염과 푸가초프(돈 카자크 출신. 농노해방과 농민에 대한 토지

분배를 주장하며 농노반란을 일으켰다[1726(?)-1775]/역주)를 연상시키는 눈매 때문에, 러시아 사람들은 그를 돈 강의 카자크 대장으로 여길 것이다. 그러나 그는 그가 브레즈네프와 흐루쇼프 시대의 러시아를 돌아다니며 습득한 알아듣기 힘든 러시아어로 대답할 것이다. 자신의 몸에는 크레올, 유대인, 켈트인, 발트인, 스페인인, 튜턴인의 유전자는 섞여 있지만, 카자크인은 전혀 없노라고.

7월 9일

어제 세르게이는 물개 비계를 약간 남겨놓고 갔다. 나는 구아크와 함께 남쪽으로 노를 저어갔고, 곰을 유인하기 위해서 역한 냄새를 풍기는 그 고깃덩어리들을 바위 위에 널어놓는다. 내 수변의 탁자에서도 쌍안경으로 곰이 오는지를 관찰할 수 있다. 그렇게 곰을 기다리며 몇 시간을 보낸다.

나는 구아크와 베르나르와 함께 사이좋게 지내고 있다. 우리는 함께 낚시도 하고, 물가에 우거진 수풀을 따라서 노를 젓기도 하고, 러시아 허무주의, 불교적 달관, 스토아학파가 말하는 마음의 평정 사이에 존재하는 미묘한 차이점들에 대해서 토론하기도 한다. 이따금 구아크와 에르만은 그들의 군생활을 회상하기도 한다. 그리하여 대화는 수나라가 당나라로 바뀔 때의 수나라의 시가(詩歌)와, SDECE(프랑스의 국외첩보부[1944-1982]/역주)가 제11 타격대가 되었을 때 이 첩보부가 벌인 작전들 사이를 오락가락한다.

7월 10일

동물들을 보내주는 일에 있어서는 하늘이 숲보다 훨씬 더 후하다. 악취가 풍기는 비계를 보러 나온 곰은 한 마리도 없었다. 반면에 흑기러기, 비오리, 흰죽지, 참솜깃오리의 대표단으로 파견된 녀석들은 바글바글하다. 저녁이 되자, 두 독일인이 카약을 타고 북쪽에서 내려온다. 그들은 곶의 수변에 텐트를 치고, 나의 태양열 배터리에 전자기기를 충전하려고 방문한다. 우리는 그들의 사진과 동영상을 들여다보아야 하고, 인터넷 주소를 교환해야 한다. 오늘날에는 누군가를 만나게 되면, 악수를 나누고 슬쩍 한번 시선을 교환하면 곧바로 서로의 인터넷 사이트와 블로그 주소를 적어야 한다. 화면 앞의 시간이 대화를 대체해버린 것이다. 누군가를 만나고서 남는 것은 사람의 얼굴과 목소리의 음색이 아니라 숫자들이 적힌 명함이다. 인간 사회는 개미들처럼 서로의 더듬이를 문지르는 꿈을 이룬 셈이다. 언젠가는 서로의 냄새를 킁킁 맡아보는 것으로 만족하게 되리라.

7월 11일

독일인들은 완벽하게 의장(艤裝)된 카약에 올라서 다시 출발한다. 이와 거의 동시에, 4명의 다른 조정수가 우리 만(灣)으로 진입한다. 이들은 훨씬 더 보잘것없다. 짜깁기를 하듯이, 대충 장비를 갖춘 러시아인들이다. 코밍(물이 들어오지 않게 갑판 주위를 두른 테두리/역주)의 방수 덮개로 쓰레기 비닐 봉지들을 붙였을 정도이다. 파란 줄무늬가 있는 수부복 차림인 그들은, 튜턴 족이 — 너무 시간이 이르다며 — 정중히 사양했던 독주 세 잔을 기꺼이 받아들인다. 독일인과 러시아인. 전자는 세계에 질서를 부여하기를 꿈꿀 것이며, 후자는 혼돈 속에서만 그들의 정수를 표현할 수 있다.

오늘 마지막으로 방문한 사람들은 1990년대 발칸 영화에서나 나옴직한 광경을 보여준다. 북쪽에서 탕탕탕탕 폭음이 요란하기에 고개를 돌려보니, 타이어 튜브들 위에 판자를 얼기설기 얽어서 마치 우랄 트럭처럼 보이는 뗏목 한 척이 우리 모래톱 쪽으로 둥둥 떠온다. 이 떠다니는 섬 위에는 장붓구멍과 케이블 등으로 고정시킨 고물차 한 대가 떡 버티고 있다. 얼룩덜룩한 전투복 차림의 러시아 사내 셋이 수변의 자갈 위로 성큼 뛰어내린다. "우리 뗏목의 이름은 '불굴의 용사'요!" 잠수함 승무원의 줄무늬 내의를 입은 그들은 살인범 같은 인상에 허리춤에는 단검까지 차고 있다. 차축은 20도 정도 비스듬히 기울여 그 끝에 추동 프로펠러 하나를 달아놓았고, 계기판은 차축에서 분리시켜놓았다. 그들은 키 대신에 자동차 핸들을 번갈아 잡아가며 이 난파선 같은 꼬락서니의 콘티키 호*를 몰고 이르쿠츠크 쪽으로 내려가는 중이다. 뒤쪽에서는 공사판 드럼통에 땔감으로 불을 피워서 주방을 대신하고 있다. 그들은 조그만 휴대용

---

* 1947년 노르웨이의 탐험가이자 인류학자인 토르 헤위에르달이 태평양을 건너는 데에 사용한 뗏목. 남태평양의 폴리네시아인의 조상이 남아메리카에서 왔을 수 있다는 이론을 증명하기 위해서 페루를 출발하여 8,000킬로미터의 항해 끝에 폴리네시아 투아모투 제도에 도착했다/역주

대포까지 한 발 발사하며 다시 출발한다. 러시아에서의 삶도 저 뗏목 같은 것이 아닐까? 난파 직전의 상태로, 물결치는 대로 흘러가는, 둔중하고도 위험천만한 어떤 것. 그러나 그 와중에도 항상 차를 끓여 마실 수 있는 어떤 것.

저녁에는 폭포로 간다. 에르만이 오두막을 지키는 동안, 나와 구아크는 폭포 위쪽을 통해서 급류의 건너편으로 넘어가는 데에 성공한다. 우리는 내가 겨울에 발견한, 야영하기에 알맞은 한 편평한 장소로 통하는 화강암 능선에 이른다. 거기에서 목적지까지는 고도차가 50미터밖에 되지 않지만, 온통 무고소 나무들로 덮여 있어 1시간 동안이나 기어올라야 한다. 나뭇가지들이 발목을 붙잡는다.

그 편평한 장소에 도착하여 모닥불을 피운다. 서임을 앞둔 기사가 밤을 새며 기다리는 방과도 같은 곳이다. 어떤 중대한 일을 앞두고 자신과 화해를 하는 그런 곳 중의 하나, 당신의 기분에 따라서 가장 어두운 절망감도, 혹은 반대로 가장 환한 즐거움도 느낄 수 있는 그런 장소이다. 우리는 담배를 피운다. 저녁은 고요한데, 달은 벌써 그 둥근 얼굴을 드러내고 있다. 왜 세계가 꺼져가는 바로 이 순간에 또다시 다른 세계를 만들려고 하는 것일까? 부랴트 쪽 지평선 위로 적운이 한 줄로 쌓여 있다. 그 구름을 노을이 보기 좋게 굽는다. 사원소(四元素)가 그들의 악보를 연주한다. 물은 달에서 떨어지는 은(銀) 부스러기를 받아들이고, 공기는 물보라로 축축하며, 바위는 낮 동안 축적된 열기로 진동한다. 왜 사람들은 신이 이런 해거름의 풍경이 아닌 다른 곳에 있다고 믿는 것일까? 개들은 소나무 아래에 몸을 둥글게 말고 앉아 있다. 불은 올라가고, 밤은 내려온다. 그렇게 서로 만난다.

갑자기 아이카가 벌떡 일어서더니 송곳니를 드러내고 쏜살같이 비탈을 뛰어내려가고, 베크는 길 잃은 애완견처럼 소나무 아래 몸을 웅크린다. 어둠 속에서 검은 보초병이 짖어대는 가운데, 우리는 곰 한 마리가 야영지를 빙 둘러가고 있다고 상상한다.

7월 12일

구아크와 에르만과 함께 중앙의 삼나무 숲으로 간다. 모래톱 위를 말없이 걷는다. 『랑세의 생애』에서 샤토브리앙은 "자신의 정신의 무게에 짓눌려" 길을 갔던 것을 겸허하게 고백한다.

저녁 6시의 태양은 늪들을 아서 왕 전설에 나오는 숲의 연못들로 바꾼다. 전설 속에서처럼 수면을 솜처럼 감싼 안개 장막이 군데군데 열린 곳에는 빛이 물결에 무수한 각도로 굴절되어 반짝거린다. 빅토리아 조(朝)의 고딕 작가가 좋아할 광경이다.

7월 13일

오두막의 삶은 역사적 프로메테우스주의의 대척점에 서는, 에너지에 관한 하나의 신앙고백이다. 여기에서는 나무꾼의 도끼와 태양열 집열판이 빛과 열을 공급해준다. 그리고 에너지적 소식(小食)은 전혀 무겁지가 않다. 자신이 자족적 존재임을 알

때 느껴지는 기쁨, 또 아낌없이 베푸는 태양을 누리고 있다는 종교적 감정 역시 그렇다. 하늘에서는 광자들이 소낙비처럼 쏟아져내리고, 그것을 광전지판들이 포착한다. 또 햇빛이 화석화된 형태라고 할 수 있는 나무는 불 속에 자신의 에너지를 풀어놓는다.

낚시나 채집을 통해서 얻은 에너지, 몸이 흡수한 광자들은 하나도 남김없이, 낚시하고 채집하고 물을 긷고 장작을 패는 데에 소모된다. 숲의 인간은 일종의 에너지 재활용 기계인 셈이다. 숲에 의지하는 것은 곧 자기 자신에게 의지하는 것을 의미한다. 자동차가 없으니 은둔자는 걸어다닌다. 슈퍼마켓이 없으니 낚시를 한다. 보일러가 없으니 손수 장작을 팬다. 이런 비위임(非委任)의 원칙은 정신에도 적용된다. 텔레비전이 없으니 책을 펼친다.

7월 14일

해는 새벽 4시에 그 고운 색들을 하늘로 띄운다. 잠시 후에 나도 그 뒤를 잇는데, 내가 올릴 색은 단 세 가지이다(7월 14일 : 프랑스 최대의 국경일인 대혁명 기념일. 국기를 게양한다/역주). 낚싯대에 매단 조그만 삼색기 ─ 하늘의 색, 눈[雪]의 색, 피의 색 ─ 가 호숫가에 펄럭인다. 구아크와 에르만과 나는 조국을 위해서 아침부터 보드카를 세 잔씩 세 번 마신다. 우리는 보로디노 전투(러시아를 원정한 나폴레옹군과 러시아군이 보로디노에서 맞붙어 전자가 승리하는 대회전[大會戰]. 10여만 명의 희생자가 발생했다/역주)를 추모

한다. 나는 즉석에서 민속무도회를 개최하고, 베크에게 왈츠를 가르친다. 암컷인 아이카는 춤추기를 거부한다.

7월 15일

아침에 구아크와 에르만이 떠났다. 좋은 시간을 함께 보낸 이 두 사람, 그리고 요 며칠간 끊임없이 이 앞을 지나간 조정수(漕艇手)들 탓에 내 내부의 시계가 깨져버렸다. 나의 빈터 주위를 운행하는 태양의 관찰에 기반을 둔 생활 리듬을 되찾기 위해서는 며칠이 필요할 것이다.

7월 16일

오두막의 삶은 일종의 사포(砂布)이다. 영혼의 표피를 벗겨내어 존재를 벌거벗기고, 정신을 야성화하며, 몸을 덤불로 덮는다. 그러나 동시에 홀씨만큼이나 민감한 설유두(舌乳頭)들을 가슴 깊은 곳에 펼쳐놓기도 한다. 은둔자는 문명인보다 행동은 더 거칠어지지만, 감성은 훨씬 더 부드러워진다. "어쩌면 우리의 조상들은 우리보다 고통에는 덜 예민했지만, 그만큼 쾌락에는 더 우아했고, 자신의 행복을 더 강하게 의식했는지도 모른다"라고 바슐라르는 『불의 정신분석』에서 쓰고 있다.

어느 해안에 던져진 은둔자가 정신건강을 유지하고 싶다면, 현재의 순간 속에 살아야 한다. 어떤 계획들을 세우는 순간부터 광기에 빠지게 될 것이다. 현재는 미래의 세이렌들로부터 우리를 보호하는 구속복(拘束服)이다.

저녁 구름들이 잠든 산들에 솜처럼 보드라운 나이트캡들을 씌운다.

숲 언저리의 나무들의 발치에 들장미꽃들이 나란히 피어 있다. 그들은 그들의 신(神)인 태양을 따라서 꽃부리를 돌린다. 『레미제라블』에 등장하는 플뤼메 거리의 정원에 대한 묘사가 생각난다. 장 발장은 그곳의 식물들이 제멋대로 자라게 두는데, 여기에서 위고는 하나의 범신론적 신앙고백을 한다. "모든 것이 모든 것을 위해서 노력한다.······생물들과 사물들 사이에는 놀라운 관계들이 존재한다.······산사나무의 향기가 성좌들에게 쓸데없는 것이라고, 그 어떤 사상가가 감히 생각할 수 있으랴.······"

위고의 질문을 계속해보자. 새끼 사슴의 꿈 속에서 철썩이는 거센 파도가 아무것도 아니라고, 벽에 부딪히는 바람이 아무것도 느끼지 못한다고, 새벽이 박새들의 바이브레이션 섞인 노랫소리에 무감각하다고, 누가 주장할 수 있을까?

7월 17일

콘래드의 『태풍』을 읽고, 비축용 장작을 마련해놓고, 곤들매기 네 마리를 잡고, 개들을 먹이고, 폭풍으로 망가진 추녀 판자들을 수선하기 위해서는 하루면 충분하다. 콘래드가 창조한 맥위어 선장은 안티-에이햅(에이햅 : 허먼 멜빌의 『모비딕』의 주인공/역주)이라고 할 수 있는 인물이다. 맥위어는 몰려오는 운명 앞에서 폭풍우를 묵묵히 받아들이며, 피할 수 없는 일에서 빠져나가려고 안달복달하지 않는다. 왜 내 소관이 아닌 것 때문에 공연히 흥분해야 하는가? 흰 고래 한 마리가 대체 무엇이기에 내가 흥분해야 하는가? 그 어떤 고래도 그럴 만한 가치가 없지 않은가? 지고의 경지에 이른 무관심은 사람들에게 완고한 인상을 부여하며, 맥위어는 콘래드의 펜 아래에서 거칠고도 무뚝뚝한 모습을 띠게 된다.

맥위어 선장은 러시아의 영웅이었으면 딱 알맞았을 인물이다. 러시아어에서는 '일이 어떻게 되든 전혀 개의치 않는다'라는 의미로 "mnie po figou"라는 표현을 쓴다. 그래서 모든 것을 체념하고 받아들이는 태도를 "pofigisme(포피지슴)"이라고 한다. 러시아인들은 격동하는 역사, 요동치는 기후, 그리고 추악한 짓거리들을 벌이는 지도자들에 대해서 포피지슴으로 대응하는 것을 스스로 자랑스럽게 여긴다. 포피지슴은 스토아학파의 체념이나 불교의 달관과는 관련이 없다. 그것은 인간을 세네카식의 미덕으로 이끈다거나, 선업(善業)을 쌓겠다는 야심이 없다. 러시아인들은 단지, 어제보다 내일이 더 나빠질 것이기 때문에 오늘 술 한 병을 비우게 해달라고 요구할 뿐이다. **포피지슴**은 어떤 생명력에 의해서 균형이 맞추어진, 내적 수동성의 상태라고 할 수 있다. 포피지스트는 모든 희망을 깊이 경멸함에도 불구하고, 최소한 오늘만큼은 가능한 모든 즐거움을 맛보기를 원한다. 저녁은 그의 한계요, 지평이 된다. 다가오는 태풍을 기다리며 선장실에서 땀을 뻘뻘 흘리는 맥위어는 이 소망 없는 교회의 신도가 될 수 있을 것이다.

평화   295

7월 18일

카약을 타고 곶들을 지나는데, 갑자기 안개가 덮친다. 해는 후광을 펼쳐 보이는 데에 성공한다. 그것은 구름을 뚫고 나오는 왕관 모양의, 아니 눈을 뜰 수 없을 정도로 찬란한 성게 모양의 햇살을 장식한다. 바이칼의 괴물에게 공격을 당한다고 해도, 이상하게 느껴지지 않을 날씨이다. 나는 버려진 오두막 앞에 배를 댄 다음, 숲속으로 들어가 야생양파, 대황, 곰파 등을 찾아서 늪지 쪽으로 향한다. 모기떼가 달려든다. 나는 모기 퇴치용 로션의 설명문을 쓰는 사람들을 발가벗겨서 이곳에 한번 데려오고 싶다. 그러면 상품에 붙이는 그 호들갑스러운 광고가 조금 줄어들지 모르니까. 연못들이 반짝거린다. 야생장미는 기슭의 분위기를 명랑하게 만들고, 삼나무들은 어둡게 만든다. 나는 배에 향초를 가득 싣고 오두막으로 돌아온다. 호수는 장밋빛으로 물들고, 하늘은 보랏빛 반점들과 푸르른 띠들로 얼룩덜룩하다. 바이칼 호의 석양을 제대로 평가하기 위해서는 법의학자가 되어야 하리라.

7월 19일

호숫가에서의 샤워. 양동이에 받아놓아서 미지근해진 물을 좍좍 부어가며 몸을 씻는데, 옐로신의 볼로댜가 훈제한 물고기를 한 아름 들고 그의 작은 배에서 내린다.

   그가 찾아온 것은 러시아인들이 큰 관심을 가지고 있는 어떤 문제에 대해서 나와 이야기하기 위해서였다. "당신 나라의 도시들에서 소요가 일어났대요! 아랍인들이 혁명을 일으킨 거라고요! 모든 것이 불타고 있어요!" 그에게 실제 상황은 그렇게 심각하지 않으며, 사정은 좀더 복잡하다는 사실을 설명해야 하는데, 쉽지가 않다. 그런데 진짜 사정이 그렇게 복잡하기는 한 것일까? 그에게 이런 움직임은 사회적 분노의 표출이며, 이런 일을 벌이는 사람들의 민족 출신은 러시아인들에게는 인상적일지 모르겠지만, 프랑스 논평가들은 언급조차 하지 않는다고 설명해야 하리라. 이것은 혁명이 아니라고 말해야 하리라. 이 공공질서 문란행위의 목적은 부르주아 세계를 무너뜨리는 데에 있지 않고, 오히려 거기에 접근하는 데에 있다. 젊은이들이 자유와 힘과 영광을 요구하는 것을 본 적이 있는가? 왜 빈민가들에서는 자동차를 불태우는가? 기술과 시장경제가 사회에 초래하는 참화를 비판하려고 하기 위해서인가, 아니면 거기에 세워놓은 차들 중에서 가장 멋진 차를 소유하지 못하는 불만 때문에서인가?

  나는 이런 민감한 동네들에서 강연한 적이 있었다('민감한'이란, 폭력의 냄새가 어른대는 장소들을 완곡하게 표현하기 위한 형용사이다). 그곳의 아이들은 매우 활기에 넘쳤고, 내가 이야기하는 내용에 흥미를 보임으로써 나를 기쁘게 했지만, 동시에 나의 특이한 옷차림을 조롱하고 내가 말하는 방식을 비웃었다. 나는 그들과의 만남을 통해서 몇 가지 사실을 알게 되었다. 그들은 옷차림에 엄청난 의미를 부여하며, **구역의식**으로 똘똘 뭉치며, 행태적인 면에서 순응주의를 보여주며, 값비싼 물건을 좋아하며, 외양에 병적으로 신경을 쓰며, 강자의 법을 믿으며, 타자(他者)에게 별로 호기심이 없으며, 그들 나름의 언어 코드를 가지고 있다. 바로 부르주아 정신의 특징들이다.

그런데 웬걸! 여기에 살면서 이따위 것들에 신경쓰며 산들을 모욕하고 있다니! 볼로댜가 다시 엔진에 시동을 걸자마자, 나는 이런 생각들을 쫓아버리고 책과 숲을 일구는 일로 서둘러 돌아온다.

7월 20일

오늘 나는 1,600미터 높이를 기어오르고, 또 그만큼을 다시 내려온다. 통계적으로 말하면 그렇고, 구체적으로는 오두막 뒤편에 우뚝 솟은 산봉우리를 등반하기로 마음먹었다. 우선 침엽수림을 헤치며 한참을 힘들게 걸어올라야 한다. 해발 850미터 지점에 이르니, 좀더 나지막한 숲이 나타난다. 이 숲의 위쪽 가장자리는 곧 저 높은 세계의 문턱이 된다. 산등성이에서 떨어져 나온 돌들이 나무들의 성벽에까지 굴러내려온다. 사위는 어느 원형극장처럼 고요하다. 개들은 더워서 헐떡댄다. 우리는 실개울에 목을 축인다. 협곡은 가팔라지고, 아이카와 베크는 울퉁불퉁한 산길을 오르는 것이 몹시 힘든 모양이다. 나는 한 무더기 자라난 할미꽃 옆에 앉아서 호수 기슭까지 완만한 경사로 이어지는 돌밭과 숲을 바라본다.

어떤 남자들은 여자를 볼 때 우선 엉덩이를 살핀다고 한다. 그녀가 아기를 잘 낳을 수 있을지 보려고 그런다는 것이다. 또 어떤 남자들은 여자가 매력적인 연인이 될 수 있는지를 보려고 눈을 응시한다. 또 어떤 남자들은 여자가 얼마나 관능적인지를 가늠해보려고 손가락 길이를 평가한다. 그런데 어떤 사람들은 지리에 대해서도 이와 같은 시선들을 적용한다.

이 산들은 즉석에서 느껴야 하는 감각들만을 무한히 제공할 뿐이다. 인간은 이 산들을 결코 개간할 수 없을 것이다. 너무나도 광활한 이 가망 없는 풍경 가운데에서는 아무리 계산기를 두드려도 소용이 없다. 그 무엇도 이 자연을 굴복시키지는 못할 것이다. 이 자연은 아무런 야심 없는 사람들만이 감상할 수 있을 뿐, 그 자체로서 여기 놓여 있다. 타이가는 옥토(沃土)로 만들겠다는 꿈을 꿀 수 있는 땅이 아니다. 토지개발 전문가들이여, 이곳에서 걸음을 멈추지 말고 다시 토스카나로 돌아가시도록! 거기 온화한 하늘 아래에는 전원으로 바뀌기 위해서 인간의 손길을 기다리는 땅들이 펼쳐져 있다. 여기 이 원형경기장에는 태초의 원소들만이 존재하며, 그 원소들의 지배는 영원히 계속될 것이다. 과거 마그마가 분출되던 시대에는 격렬한 싸움이 벌어졌지만, 지금은 정적이 감돈다. 이 풍경이 의미하는 것은 지질학적 휴식이다.

해발 1,700미터 지점에서 나는 돌더미들을 가로질러 능선에 오른다. 그 능선 위, 즉 바이칼 분지와 레나 강 유역을 나누는 경계선 위에서 개들과 함께 훈제생선 세 마리와 야생양파로 점심을 먹는다. 다시 메마른 이끼 위를 1시간 동안 걸어서 해발 2,100미터 정상으로 향한다. 마침내 정상에 오른 나는 이끼 위에 개들과 한데 엉켜 잠이 든다. 모기들이 우리를 몰아낸다. 그 어떤 침입자도 발붙이지 못하게 하는 고지의 수호자들이다. 자연이 이곳에 맹견들이 아니라, 날개 돋친 미니 주사기 부대를 배치한 것은 참으로 기막힌 결정이었다. 개들이 아무리 무시무시하다고 해도 엽총 몇 방이면 끝내버릴 수 있지만, 모기떼가 왱왱거리는 소리는 사람을 미치게 만든다.

우리는 북동쪽 사면으로 퇴각하고, 한 걸음 내딛을 때마다 돌덩이들이 굴러떨어지는 돌밭 위를 구르듯이 내려온다. 그렇게 40도 각도로 기울어진 만년설 비탈에 이른다. 2개의 얇은 편암조각을 사용하여 계단을 파가며 내려온다. 개들은 거세게 짖어대다가 결국 포기하고 장애물을 에둘러 내려오는 편을 택한다. 경사가 완만해지면서 우리는 눈 속에 처박힌다. 900미터 지점에서 얼음 위에 움푹 들어간 부분이 수상하게 느껴져 본능적으로 옆의 바위로 올라간다. 빙설에 개울이 빠끔히 열려 있다. 눈에 덮인 개울이 거기에서 잠깐 모습을 드러냈다가 30미터 깊이의 구덩이로 다시 흘러들어간다.

7월 21일

새 한 마리 노래하지 않는다. 호수에 잔물결 하나 일지 않는다. 안개가 세상을 삼켜버렸다.

7월 22일

두 사람이 불쑥 나타나서 나를 놀라게 한다. 그들은 수변에 조용히 배를 댔고, 나는 카약의 선체가 자갈에 긁히는 소리를 듣고 비로소 누가 온 것을 알아챘다. 머리를 빡빡 민 두 거한이다. 미소는 육식동물 같지만, 눈매가 매우 부드럽다. 하루 50킬로미터의 속도로 올혼 섬으로 노를 저어가는 중이라고 한다. 시바교를 신봉하는 그들은 차 한잔을 부탁한 뒤, 난로 위에 물이 끓는 동안 성스러운 장소들을 찾기 위해서 호안을 따라가는 중이라고 이야기한다. 바이칼 호수는 시바 신의 요람지라고 한다. 그런데 참 우습게도 그들은 그들이 섬기는 신에 걸맞게 괴력의 킬러들처럼 생겼다.

그나마 10년 동안 신부님들 학교에서 주입받은 인내심이 내 안에 찌꺼기로라도 남아 있는 것이 다행이었다. 그렇지 않았다면, 두 거한 중 하나인 사샤가 산스크리트어를 양념처럼 섞어가며 1시간 동안 늘어놓은 그 알쏭달쏭한 영적인 잡설들을 도저히 견디지 못했을 것이다. 그의 설명에 따르면, 바이칼의 산들은 수미산(須彌山 : 고대 인도의 우주관에서 세계의 중심에 있다는 상상의 산/역주)에 이어져 있고, 우랄 산맥 남부는 켈트적 우주론의 비밀이 밝혀지는 장소이며, 차라투스트라는 인도-사르마트 평원에 쿠르간(고총[古冢])을 세웠다고 한다. 이런 종류의 이야기들을 마치 방금 전에 옆 오두막에서 신(神)과 맥주 한잔을 나누고 온 사람처럼 태연하게 늘어놓는 것을 보고 있으니, 감탄을 금할 길이 없다. 소련이 붕괴된 이후로, 러시아인들 사이에서는 뉴에이지 이론이 유행하고 있다. 사회주의적 교조의 붕괴가 남긴 신비주의적 공백을 메워야 했던 것이다. 러시아인들은 세계에 대한 은비주의적 설명을 좋아하며, 서구에서는 오컬트 전문가들조차 선뜻 주장하기 힘든 대담한 이론들을 서슴없이 진리로 받아들인다.

경치의 형태들 가운데에서 전설의 물리적 표현들을 찾아보며 항해한다는 것은 참으로 멋진 생각이 아닐 수 없다. 이 같은 지리의 영적이고 상징적인 접근은 시선을 바짝 긴장하게 만든다. 두 친구는 물 위에서 노를 저으며 기호들을 발견하고, 상응점들을 추적한다. 불쑥 솟은 어떤 것에서는 남근상을, 능선이 갈라지는 곳에서는 시바의 삼지창을, 오두막에서는 힘들이 교차하는 풍압 중심을 본다.

수프를 먹은 후, 사샤와 그의 제자는 수변에 가부좌를 하고 힌두의 주문을 외운다. 사샤는 티베트 소라고둥을 분다. 그 구슬픈 소리에 자고 있던 베크가 깨어나서 맹렬히 짖어댄다.

"우리 개는 소라고둥 소리가 싫은가봐요." 내가 말한다.

사샤의 눈빛이 이상하게 변한다.

"저 녀석은 어쩌면 개가 아닐지도……."

그들은 북쪽 삼나무 숲의 오두막이 아주 강력한 "에너지 매듭" 지역에 위치해 있다고 다시 한번 알려준다. 그들은 남쪽을 향해서 출발한다. 멀리서 소라고둥 우는 소리가 세 번 들려온다.

7월 23일

나는 레드나이아 강 쪽으로 노를 젓는다. 호수는 시체 냄새를 풍긴다. 다시 안개가 끼었다. 숲이 앞으로 나아오다가 뒤로 물러가고, 다시 나아온다. 그곳에서 나는 바위 위에서 낚시를 하고, 인내의 결실들로 저녁식사를 한다. 오늘밤의 야영은 완벽 그 자체이다. 강물은 감미롭게 찰싹대고, 들판은 잔잔한 물 위에 떠 있는 절벽 위까지 이어지며, 자작나무 몇 그루가 미풍을 막아준다. 불 위에는 물고기들이 구워지고, 달―― 칼리송덱스 사탕처럼 연노랑색이다 ―― 은 안개 속을 뒹구는데, 개들은 자신의 몫을 받기만을 기다리고 있다. 나는 시가를 뻐끔거린다. 시가의 맛은 그것을 피우는 장소가 완성한다. 나의 기억은 지리적인 성격이 강하다. 어떤 얼굴이나 대화보다는 장소의 분위기와 풍취가 더 기억에 남는 것이다.

  오늘 저녁에 없는 것은 내 꿈 속의 여인뿐이다.

7월 24일

새벽에 모터 소리가 들린다. 레드나이아 강어귀에 그물을 던지러 온 볼로댜이다. 나는 절벽 위에서 소리쳐 그를 부른다. 우리는 토마토를 보트의 방수덮개 위에 올려놓고 먹으면서 1시간가량 대화를 나눈다. 블라디미르 장켈레비치는 **당장의 순간에** 대한 일련의 인터뷰 중에서, 어떤 풍요한 섬 주위의 암초에 겨우 매달려 있는 상황에서도 오랫동안 식탁 앞에 느긋하게 앉아 있을 수 있는 러시아인들의 능력에 대해서 말했다. 식탁 주위에는 적대적이고도 험한 세상이 출렁대고 있고, 조만간 그는 거기로 몸을 던져야 한다. 얼마 후 식탁이 새로 차려질 때까지 말이다.

나는 안개 속을 항해하여 오두막으로 돌아온다. 호안은 나의 아리아드네의 실이다. 내가 오두막으로 돌아오고 2시간 후에 폭풍이 모든 것을 풀어버린다.

7월 25일

나는 곧 개들과 헤어질 것이다. 녀석들이 오두막 문턱에 머리를 올려놓고 자는 모습을 내려다본다. 왜 모든 것은 결국 오고야 마는가? 피할 수 없는 것을 피하는 방법은 오직 하나뿐이다.

7월 26일

"나는 떠나네. 그리고 길 옆에 늘어선 어린 느릅나무들 중에서 아직 첫 번째 나무도 채 지나지 못했네.……"

    오후에 세르게이가 나를 데리러 온다. 우리는 개들을 옐로신에 데려다줄 것이다. 녀석들은 자연보호구역의 다른 오두막에서 주인을 찾게 될 때까지 거기에 머물 예정이다.

    나는 끝까지 버틸 힘이 있을지 모르는 채로 여기에 왔지만, 이제 떠나면서는 언젠가 다시 돌아오리라는 것을 알고 있다. 나는 침묵 가운데 사는 것이 영원한 젊음의 샘이라는 사실을 발견했다. 또 나는 많은 사람들이 이렇게 갇혀 사는 방법을 행해보지 않고도 알고 있는 사실을 두어 가지 알게 되었다. 아무 표시도 되지 않은 순수한 시간은 보물과도 같다. 반면, 단위시간들의 행렬은 킬로미터들을 주파하는 것보다 더 우리를 정신없게 만든다. 우리의 눈은 아름다운 광경에 결코 질리는 법이 없다. 사물은 우리가 더 깊이 알면 알수록, 그만큼 더욱 아름다워진다.

나는 개 두 마리를 만나서 녀석들을 먹여 키웠고, 어느 날 녀석들은 나를 구해주었다. 나는 삼나무들에게 말을 했고, 곤들매기들에게 용서를 구했으며, 가족들을 생각했다. 나는 자유로웠으니, 타자(他者)가 없으면 더 이상 자유를 제한하는 것이 없기 때문이다. 나는 산들의 시(詩)를 관조했고, 호수가 장밋빛으로 물들고 있을 때 차를 마셨다. 나는 미래의 욕망을 죽였다. 나는 숲의 숨결을 호흡했고, 달의 운행을 좇았다. 나는 눈 속에서 고생을 했고, 산봉우리에 올라서 그 고생을 잊었다. 나는 나무들의 노년에 경탄했고, 박새들을 길들였으며, 아름다움에 대한 경의가 없는 모든 것은 헛되다는 것을 깨달았다. 나는 건너편 기슭에 눈길을 한번 던졌다. 나는 소리 없이 눈이 내리는 몇 주일을 경험했다. 나는 눈보라가 맹위를 떨치고 있을 때 훈훈한 오두막 안에 있는 것이 정말 좋았다. 나는 돌아온 태양과 야생오리들에게 경의를 표했다. 나는 훈제생선의 살을 뜯어먹었으며, 곤들매기의 난유에 목이 시원해지는 것을 느꼈다. 아내가 나에게 작별을 고했고, 나비들이 날아와서 나의 몸에 앉았다. 나는 인생에서 가장 아름다운 시간들을 보내다가, 이별의 메시지를 받고 난 후 가장 슬픈 시간들을 보내게 되었다. 나는 흐느낌으로 땅을 적셨다. 나는 피가 아니라 눈물로 러시아 국적을 획득할 수는 없는지 자문했다. 나는 이끼로 코를 풀었다. 나는 40도나 되는 독주를 수없이 들이켰으며, 부랴트를 바라보며 오줌을 누는 것을 즐겼다. 나는 창문 앞에 앉아 있는 법을 배웠다. 나는 내 왕국에 녹아들었고, 이끼 냄새를 맡았고, 야생마늘을 먹었으며, 곰들과 조우했다. 수염은 길게 자랐고, 시간이 그것을 감아주었다. 나는 도시의 지하묘지를 떠나 타이가의 성당에서 여섯 달을 살았다. 하나의 완전한 삶으로서 여섯 달을 살았다.

저기, 이 세상의 어느 숲에, 삶의 행복과 아주 멀지 않은 무엇인가가 가능한 오두막 한 채가 있다는 사실은 알아둘 필요가 있다.

7월 27일
내 몸 위에 포개어 엎드린 개들과 함께, 수변의 자갈밭에 누워 낮잠을 잔다. 아이카와 베크야! 숙명주의에서의 내 스승이여, 내 위로자들이여, 삶 가운데에서 **당장의 순간**이 제공하는 것 이외에는 아무것도 바라지 않는 내 친구들이여, 나는 너희들을 사랑한다.

강렬한 태양, 새파란 호수, 삼나무들 사이로 부는 바람, 철썩이는 파도. 해먹에 누워 있으니, 마치 지중해 해안에 와 있는 듯한 착각을 일으킨다. 숲에서 나는 로빈슨 크루소적 삶을 위하여 마지막 건배를 한다. 개미집이 하나 보여서 그 꼭대기를 손바닥으로 두드려본다. 그러자 개미들이 방어하며 개미 산(酸)으로 손바닥을 포격한다. 이내 손바닥이 강력한 액체로 번들거린다. 나는 그 액체를 콧속에 집어넣으며 보드카를 마셔본다. 암모니아성 향의 효과는 굉장하다. 숲이 예상하지 못했던 색채들을 띤다.

나는 카약을 분해하고, 배낭들을 싼다. 여섯 달 동안 내 삶이 여기에서 펼쳐졌었다. 이제 그 삶을 다시 접는다. 나는 항상 몇 개의 배낭 속에서 살아왔다. 식량 트렁크들은 텅 비었다. 나는 물고기를 먹는다. 이제는 끝이 났다. 내일은 돌아간다.

7월 28일

호수에 작별인사를 하기 위해서 다시 한번 언덕 위에 올라간다. 여기에서 나는 시간과 화해할 수 있게 도와달라고 이곳의 정령에게 부탁했다. 다시 내려오는 길에 아이카는 참솜깃오리 암컷 한 마리를 푸드득 일어서게 만든다. 암오리는 오른쪽 날개로 수면을 치면서 다친 시늉을 한다. 베크는 그 유혹에 걸려들어 쫓아가다가 물에 빠져서 허우적거린다.

아이카는 둥지를 찾아내고, 내가 미처 달려가서 제지하기도 전에 새끼 오리들을 물어버린다. 나는 털이 삐죽삐죽 솟은 그 작은 몸들을 돌멩이로 쳐서 고통의 목숨을 끊어준다.

암오리의 구슬픈 울음소리가 오랫동안 둔치 위로 솟는다.

암오리는 수천 킬로미터의 여행이 허무하게 끝나버린 것을, 자신의 결실들을 상실한 것을 슬퍼한다. 삶은 소중한 사람들의 죽음을 계속 견뎌내는 일이다.

북쪽 삼나무 숲 위로 거대한 고독의 빛이 드리운다. 조그만 육식동물 한 마리가 기계적으로 움직인 이빨짓 몇 번의 결과였다.

나는 나무 벤치에 앉아서 세르게이의 배를 기다린다. 햇빛이 따갑다. 트렁크와 배낭들. 개들은 모래밭에 엎드려 잠을 잔다. 그리고 어미 암오리는 아직도 빛 속에서 울고 있다.

죽음의 맛을 느끼는 아침이다. 출발의 맛이다.

개들이 고개를 든다. 웅 하는 소리가 희미하게 일더니, 점점 더 분명해진다. 배. 수평선에 점 하나가 굵어진다. **마침표.**

역자 후기

『희망의 발견 : 시베리아의 숲에서(*Dans les forêts de Sibérie*)』는 프랑스의 저명한 문학상 중의 하나인 메디치 상의 2011년도 에세이 부문 수상작이다.

이 에세이는 프랑스 문단의 뛰어난 여행작가이자 에세이스트인 실뱅 테송이 문명의 중심에서 "한 걸음 옆으로 벗어나서" 그러나 공간적으로는 너무나 멀리 떨어진, 시베리아 동남부에 위치한 바이칼 호반의 숲속에서 오두막 생활을 한 2010년 2월부터 7월까지의 두 계절, 곧 겨울과 봄의 6개월 동안의 "은둔"의 기록이다.

가장 가까운 마을과도 100킬로미터쯤 떨어져 있었던 그 오두막은 이웃도, 도로도, 방문객도 없었고, 겨울밤에는 기온이 영하 30도 이하로 하강하고 여름에는 호수의 둔치에 곰들이 돌아다니는 호수 곁에 있었다.

그러나 그곳은 테송에게는 마흔이 되기 전에 꼭 이루어야 했던 꿈의 낙원이었다.

공간과 시간까지 움직이지 않는 밤만이 존재하는 긴 겨울, 그리고 겨울의 동토가 해빙하면서 생명이 움직이기 시작하는 호수의 봄을 그는 느리게 통과한다. 그는 그 오두막에서 사랑하는 아내로부터 온 이별의 편지를 받고 좌절한다. 그 좌절 속에서 그는 진정한 사랑의 의미를 확인한다. 이 에세이는 그가 정신적 상처와 침묵과 고독의 심연에서 때로는 행복을, 때로는 절망을 온몸으로 안으면서 마음의 평화를 얻게 되고, 마침내 희망을 발견하게 되는 절절한 생의 "치유"의 기록이다.

   여행이 그의 삶의 대부분을 차지하는 테송은 "Wanderer(방랑자)"라는 괴테의 별명 중의 하나를 빌려서 이렇게 말한다. "그 어떤 것에도 묶이지 않고, 자기가 버리는 것에 눈길 한번 던지지 않고 바깥의 부름에 대답할 수 있는 사람들만이 진정한 방랑자로 살 수 있다."

임호경